beck'sche reihe

bsr

Das Papsttum erscheint den einen als raffiniert ausgeklügelte Herrschaft über Menschen und Seelen mit durchaus despotischen Zügen, den anderen als Verwirklichung eines göttlichen Auftrags. Der Historiker Horst Fuhrmann erzählt in diesem Buch die spannungsreiche Geschichte der Päpste und des Papsttums mit dem Blick auf das Wesentliche; er charakterisiert Selbstverständnis und herausragende Gestalten dieser zweitausend Jahre alten Institution. Rund 200 ausführlich kommentierte Abbildungen veranschaulichen die Papstgeschichte von Jahrhundert zu Jahrhundert.

Horst Fuhrmann, langjähriger Präsident des Geschichtsinstituts der «Monumenta Germaniae Historica» und Professor em. für Geschichte an der Universität Regensburg, war bis 1997 Präsident der Bayerischen Akademie der Wissenschaften. In der Beck'schen Reihe ist von ihm erschienen: *Überall ist Mittelalter* (^{2}2003) und *Einladung ins Mittelalter* (^{3}2004).

Horst Fuhrmann

Die Päpste

Von Petrus zu Johannes Paul II.

Verlag C.H.Beck

Die erste Auflage dieses Bandes ist in gebundener Form
im Jahr 1998 im Verlag C.H.Beck erschienen.

Mit 191 Abbildungen

1., überarbeitete Auflage in der Beck'schen Reihe. 2004

Satz: Fotosatz Otto Gutfreund GmbH, Darmstadt
Druck und Bindung: Druckerei C.H.Beck, Nördlingen
Umschlagabbildung: Picture-Alliance, Frankfurt
Umschlagentwurf: +malsy, Bremen
Printed in Germany
ISBN 3 406 51097 3

www.beck.de

Inhalt

Einführung

Teil I
GESTALT DES PAPSTTUMS

Einige Grundtatsachen

Die Wahl des Papstes

Teil II
GESTALTEN DES PAPSTTUMS

Das erste Jahrtausend

Auf dem Wege zur päpstlichen Weltherrschaft

Der Übergang zu neuer Kraft

Ein Blick durch die Zeiten. Papstgeschichtsschreibung einst und jetzt

ANHANG

Vorbemerkung

Ich will Ihnen etwas gestehen; aber verraten Sie mich nicht! Ich liebe das Wissenschaftliche, aber nicht das Streng-Wissenschaftliche! Aber verraten Sie mich nicht!
Jacob Burckhardt zu seinem Schüler Arnold von Salis

«Die Päpste. Von Petrus zu Johannes Paul II.», so lautet der Titel dieses Buches. Selbstverständlich hieß der Vorsteher der römischen Gemeinde nicht von Anfang an Papst – papa, und ganz gewiß nannte sich Petrus nicht Papst. Im profanen Latein hatte das Wort einen leicht lächerlichen Klang, konnte es doch u. a. die Kinderspeise ebenso bedeuten wie einen Kraftausdruck abgeben gleich unserem «potztausend» – papae, und die Zuhälter und Sklaven riefen in den römischen Komödien: papae. Bibelfremd wie das Wort ist, hat ihm erst der griechische Osten auf den Weg späterer Bedeutung geholfen, wo jeder Kirchenobere – vornehmlich Äbte und Metropoliten – πάππας (Vater) heißen konnte – und bis heute heißen kann. In der lateinischen Westkirche lief die Entwicklung anders. Vom 5. Jahrhundert an, als das Wort eine Veredelung durchgemacht hatte und so viel wie «Bewunderungswerter» bedeuten konnte, wurde die Bezeichnung immer energischer auf den römischen Bischof eingeengt (siehe unten S. 25), bis dann Gregor VII. (1073–1085) ihn ganz für sich beanspruchte. Der Würzburger Stiftsherr Heinrich der Poet († vor 1288) dichtete: «Papst ist ein kurzer Laut, aber die Wirkkraft des Wortes umfaßt Himmel und Erde» (Papa brevis vox est, sed virtus nominis huius/ Perlustrat quicquid arcus uterque tenet).

Der Name Papst sagt nichts über die Stellung seines Trägers aus, wohl aber der in den Titel genommene Anspruch, Gottes Stellvertreter auf Erden zu sein. Vom 12. Jahrhundert an gilt der Papst als ‹Vicarius Christi›, als Stellvertreter Jesu, angesiedelt zwischen Gott und Mensch, und so verkündet es heute noch der jährlich aktualisierte «Annuario Pontificio»: «Giovanni Paolo II, vescovo di Roma, Vicario di Gesù Cristo». Von Papst Innozenz III. (1198–1216) stammt die Ortsbestimmung «Weniger als Gott, aber mehr als der Mensch». Dank der ihm von Christus übergebenen Schlüsselgewalt öffnet oder schließt der Papst den Himmel. Bevor die Aufklärung den Himmel und das Jenseits aufzuheben begann und Gott in die Ferne rückte – berühmt ist die Antwort des französischen Astronomen Laplace (1749–1827) auf die Frage nach Gott: «Ich brauche diese Hypothese nicht» –, waren die Vorstellungen von Himmel und Hölle von eindrucksvoller Drastik, wie Bilder (man denke an Hieronymus Bosch) und zahllose Beschreibungen belegen, doch der heutige Mensch weiß mit solchen Begriffen wie Himmel, Hölle, Fegefeuer wenig anzufangen. Selbst die moderne Theologie tut sich schwer mit dem Jenseits, mit Hölle und Himmel, wohin die Binde- und Lösegewalt des Papstes reicht. Der jetzige Vorsitzende der Glaubenskongregation Joseph Kardinal Ratzinger beschreibt die Hölle als «Verlust des Inseins der ewigen Liebe Gottes». Aber verbindet der gemeine Christ viel mit dieser abgehobenen Formel? Nicht wenige werden Verständnis und Sympathie für die Kirche von England aufbringen, die 1996 die Lehre, daß es eine Hölle gäbe, in der Sünder immerwährende «körperliche» Folterqualen erlitten, als «nicht mehr zeitgemäß» aufgegeben hat. Heute erscheint der Papst mehr als Sitten- und Glaubensrichter denn als Inhaber des Binde- und Löseprivilegs, als Himmelspförtner gleich Petrus, aber seine Stellvertreterschaft, seine Himmelsherrschaft auf Erden bleibt Glaubenssatz und gehört zum päpstlichen Selbstverständnis. Das ist unverrückbar. Als 1997, 650 Jahre nach seinem Tode, eine Anniversarmesse für Kaiser Ludwig den Bayern gefeiert werden sollte, sah die Amtskirche Schwierigkeiten. Ludwig IV. (1314–1347), den der Papst herabsetzend «Bavarus» nannte, war als Exkommunizierter gestorben, und das gilt bis heute, auch wenn der Ausschluß durch einen Papst zweifelhaften Ansehens erfolgt war, durch den «Schacherpapst» Johannes XXII. (1316–1334). –

Dieses Buch hat eine lange Geschichte. Die erste Niederschrift wurde 1980 vom damaligen Besuch des Papstes Johannes Paul II. in Deutschland ausgelöst; nach rund zweihundert Jahren, seit 1782, betrat das Oberhaupt der katholischen Kirche wieder deutschen Boden, und es wurde die Anregung an mich herangetragen, sozusagen in aufklärerischer Absicht eine knappe Geschichte der Päpste und des Papsttums in einem Lande zu verfassen, das den Kirchenspalter Luther hervorgebracht hat. Der Band trug den Titel: «Von Petrus zu Johannes Paul II. – Das Papsttum: Gestalt und Gestalten»; er wurde bei einer neuen Auflage erweitert (1984) und in einer italienischen Übersetzung «Storia dei papi» bis 1992 fortgeführt. Unter neuem deutschen Titel, verändert und in Wort und Bild erheblich erweitert, stellt sich das Buch jetzt dar. Auf der Auswahl und Kommentierung der Abbildungen liegt besondere Aufmerksamkeit, denn keine Einrichtung hat so viel und bis in die Frühzeit reichendes Anschauungsmaterial zu bieten wie das Papsttum: Mosaiken, Fresken, Handschriften, Bauten, liturgische Geräte und vieles andere mehr. Die Abbildungen verstehen sich geradezu als schlaglichtartige Paralleldarstellung zum Worttext – und sicherlich, verehrte Leserin, geehrter Leser, haben Sie die Bilder betrachtet, bevor Sie diesen Text lesen.

Wer die Geschichte der Päpste behandelt, muß einiger Vorfragen seines Publikums gewärtig sein, z. B. der: Was ist der Autor, Katholik oder Protestant oder nichts von beidem? Als ich in den 60er Jahren an der Universität Tübingen mehrere Semester hindurch Vorlesungen über Päpste und Papsttum am üblichen Schwarzen Brett ankündigte, hat man eines schönen Tages mit dickem Farbstift eben diese Frage quer durch meinen Aushang geschrieben: Katholik oder Protestant oder...? Ich finde die Frage berechtigt. Ich bin Protestant, wenn auch ohne besonderen Bekenntnisdrang. Nun könnte jemand einwerfen: Was geht Sie dann das Papsttum an? Und es liege mir fern, mit Berliner Schnoddrigkeit zu antworten: Mich geht's nichts an, ich red' bloß drüber. Vielmehr stoßen wir hier auf ein Phänomen, dem man eine eigene Betrachtung unter dem Titel gewidmet hat: ‹Von der Faszination der Papstgeschichte, besonders für Protestanten› (Harald Zimmermann).

Der Befund bestätigt sich, wenn wir uns unter den größeren deutschsprachigen Werken der jüngeren Zeit umsehen: Die stilistisch brillanteste Darstellung der Papstgeschichte bis zum 14. Jahrhundert stammt aus protestantischer Feder (von Johannes Haller), ebenso die wohl umsichtigste und quellentiefste Aufarbeitung der Frühzeit bis zum 8. Jahrhundert (von Erich Caspar, Sohn eines evangelisch getauften jüdischen Ministerialbeamten). Und über allen und vor allen wäre Leopold Ranke zu nennen mit seinen ‹Römischen Päpsten in den letzten vier Jahrhunderten›, erschienen 1834–1836, dem Frühwerk des aus einem protestantischen Pastorenhause stammenden Berliner Professors. Es gibt also große und diesen anspruchlosen Versuch legitimierende Beispiele von der Faszination der Papstgeschichte, besonders für Protestanten.

Noch ein Bedenken: zweitausend Jahre Papsttum, dargestellt auf knappstem Raum. Ist das überhaupt möglich? Ist das seriös? Mancher Fachkollege wird ob der hier zutage tretenden Leichtfertigkeit bedenklich den Kopf wiegen; er sei auf die Mahnung Theodor Mommsens verwiesen: Es sei nötig, die Resultate gelehrter Untersuchungen einem weiteren Kreise vorzulegen, «um uns nicht gänzlich vom Platz verdrängen zu lassen.» Gelehrte wissen viel und haben dennoch häufig wenig zu sagen. Sie schreiben selten auf den aufnahmebereiten, Orientierung suchenden Menschen zu, der gerade bei einem solchen Riesenstoff dankbar für einen nicht durch Ausführlichkeit verschütteten Weg ist. Eine Stoffausbreitung, bei der man nachschlägt, die man aber nicht zügig liest, soll hier vermieden werden; die Darstellung will Appetit wecken, nicht sättigen, und noch immer gilt die Mahnung Voltaires: «Das Geheimnis zu langweilen besteht darin, alles zu sagen.» Erweiterungen, der Wunsch, wenn nicht «alles», so doch mehr zu bringen, hätte den, wie ein Rezensent halbernst schrieb, «süffigen» Charakter des Buches verändert, und ich bitte jene Leser der alten Fassung um Nachsicht, die mir wohlmeinend Erweiterungsvorschläge haben zukommen lassen. (Bonifaz VIII. habe beim Jubiläumsablaß noch mehr verkündet, Pius XII. sei zu kurz abgefertigt, die Rolle Johannes Pauls II. an der Abfassung der Texte des Zweiten Vaticanum sollte berücksichtigt werden u. a. m.). Man glaube mir: Ich habe über das, was nicht dasteht, mehr nachgedacht als über das, was dasteht. Das Wichtigste beim Zusammenstellen ist das Weglassen.

In einem «Blick durch die Zeiten» ist schließlich ein Abriß der Papstgeschichtsschreibung gegeben (s. unten S. 239ff.). In seiner alten Form stand am Ende des Buches ein vielseitiger Abschnitt «Quellen, Literatur, Forschungsstand», angefüllt mit bibliographischen Daten, schwer lesbar und wohl nur punktuell benützt. Johannes Haller bezweifelte den Nutzen solcher Angaben; sie fänden «gar keine Beachtung». Auf eine Erschließungshilfe sollte jedoch, trotz Hallers entmutigender Erfahrung, nicht verzichtet werden. Allerdings empfahl es sich, das dichte Konzentrat von Belegen durch einen eingängigeren Text zu ersetzen. An die Stelle des früheren Bombardements von «Quellen, Literatur, Forschungsstand» tritt hier ein darstellerisches Kapitel über die Papstgeschichtsschreibung, das den langen Weg von den frühen chronikalischen Berichten und biographischen Erzählungen über aufwühlend kontroverse Darstellungen bis in die moderne, kritisch untermauerte, aber dennoch von Voreingenommenheiten nicht freie Papstgeschichtsschreibung aufzeigen will. Trotz der unübersehbaren Zahl von Papstgeschichten gibt es so etwas wie Verständnisepochen und Wegmarken; sie sollen sichtbar werden.

Den Abschluß bildet eine «Papstliste» (s. unten S. 277ff.); hier ist von den Schwierigkeiten die Rede, die einer gesicherten Papstliste, nach der immer wieder gefragt wird, im Wege stehen. Aber trotz aller Brüchigkeit der Überlieferung und der Legitimität steht außer Frage, was Thomas Macaulay bewundernd schrieb: «Mit der Linie der Päpste verglichen sind die stolzesten Herrscherhäuser von gestern» (s. unten S. 15 und 252f.). Macaulay schrieb diesen Satz 1840; wir können von unserer Warte, anderthalb Jahrhunderte später, hinzufügen: Obwohl «gestern» gegründet, bestehen viele der «stolzesten Herrscherhäuser» heute nicht mehr, wie das italienische, französische, das deutsche. Die Päpste bilden die einzige «Herrscherreihe», die von der Antike bis in die Gegenwart reicht: «The last Caesars» (P. Collinson).

H. F.

Abb. 1. Cathedra Petri (Stuhl des Petrus) – «Heiliger Stuhl» (Santa Sede) lautet die protokollgerechte Bezeichnung des Vatikans (s. unten S. 25). Der Bischofsstuhl spielte seit der frühen Kirche eine herausragende Rolle, denn er symbolisiert «das Bischofsamt ..., dessen Gewalt derjenige besitzt ..., der den Stuhl einnimmt ...; der Stuhl bleibt stets derselbe, es wechselt nur der Inhaber» (M. Maccarrone). Der abgebildete Holzthron wurde spätestens seit dem 12. Jahrhundert als kostbare Reliquie verehrt. Die Legende gab ihn als den Stuhl aus, auf dem der Apostel Petrus gesessen habe, doch ist er ein Geschenk des westfränkischen Königs Karl des Kahlen, der den im Westfrankenreich hergestellten Thron in Zusammenhang mit seiner Kaiserkrönung 875 nach Rom geschafft und Papst Johannes VIII. (872–882) überlassen hat. G. B. Bernini (s. unten S. 176ff.) verwahrte ihn 1666 in der Apsis der Peterskirche hinter einer bronzenen Cathedra. 1867 holte man den Stuhl in Erinnerung an den Märtyrertod des Petrus vorübergehend heraus und stellte ihn aus. 1968 wurde er abermals ans Licht gebracht und zu gründlichen wissenschaftlichen Untersuchungen freigegeben. Jetzt ruht er wieder hinter Berninis Barock-Cathedra.

Einführung

«Es gibt und gab nie auf dieser Erde ein Werk menschlicher Staatsklugheit, welches unseres Studiums ebenso wert wäre wie die katholische Kirche... Mit der Linie der Päpste verglichen sind die stolzesten Herrscherhäuser von gestern... Noch ist ein Anzeichen nicht zu erkennen, welches darauf deutete, daß das Ende der langen Herrschaft nahte. Hier ist der Anfang aller Regierungen,... und wir möchten nicht verbürgen, ob sie nicht auch das Ende von allen erlebte... Sie mag noch in ungebrochener Kraft bestehen, wenn dereinst ein Reisender aus Neuseeland inmitten unermeßlicher Verwüstung auf einem geborstenen Pfeiler der Londoner Brücke sich niederläßt, um die Ruinen der St. Paulskathedrale zu zeichnen». Dies schrieb 1840 der englische Politiker und Historiker Thomas Macaulay († 1859), als Liberaler und Anglikaner kein besonderer Freund des Katholizismus und des Papsttums (s. unten S. 252f.). Damals war der verbrauchte Gregor XVI. Papst (1831–1846), ein Feind der Liberalen und ein Herrscher über einen verlotterten Kirchenstaat. Was imponierte, war die dauerhafte Institution, die auch schwache Amtsinhaber ertrug.

Von der Dauerhaftigkeit des Papsttums

Die jahrtausendealte Bewährung, die Stabilität der Institution erschien und erscheint selbst Gegnern des Papsttums und der katholischen Kirche so sehr als bewundernswerte historische Leistung, daß sie bereit sind, sich manches sogar zum Vorbild zu nehmen. Um zwei groteske Beispiele anzuführen: Adolf Hitler lehnte zwar die katholische Lehre ab, doch bewunderte er die Kirche und das Papsttum als Organisationsform und dachte z. B. daran, zur Regelung seiner Nachfolge eine konklaveähnliche Einrichtung zu schaffen, und es soll ein entsprechender Gesetzesentwurf formuliert worden sein. Auch Benito Mussolini sah in der katholischen Kirche und dem Papsttum ein Modell der Dauerhaftigkeit für das faschistische Re-

gime, wie er 1939 in einem Gespräch mit Ramón Serrano Suñer (* 1901), dem Schwager und Mitarbeiter Francos, bekannte. Serrano Suñer – gläubiger Katholik – fand den Gedanken vermessen und bemerkte in seinen Memoiren: «Ich gestehe, daß ich dabei eine Enttäuschung empfand, denn gerade dies war ja das große Problem. Seit fast zweitausend Jahren fehlt es auf dem Stuhl von Sankt Petrus niemals an ununterbrochener Nachfolge. Seine übernatürliche Bedeutung, die unmittelbare Hilfe Gottes brachten dies Wunder zustande. Es ist stets eine bemerkenswerte Anmaßung der Menschen, wenn sie ihr eigenes Werk, das in allen Fällen klein und vergänglich ist, damit in Vergleich setzen. Was dort Jahrhunderte hindurch gültig war und stets in Kraft bleiben wird, ist auf bloßes Menschenwerk nur in wenigen Fällen übertragbar».

Abb. 2. Dauerhaft wie das Papsttum selbst ist auch die Hauptaufbewahrungsstätte seiner Dokumente, das Vatikanische Archiv. Die Schriftbestände des Archivio Segreto Vaticano reichen weit zurück, bis zu den Märtyrerakten, und haben heute einen Umfang von 90000 laufenden Metern, wobei die Spezialarchive mancher Kongregationen nicht mitgezählt sind. Die Register der Zeit von 1198 bis 1523 – von Innozenz III. bis Hadrian VI. – umfassen, um ein Beispiel zu geben, mehr als 2 Millionen Briefe und Urkunden der Päpste sowie Bittgesuche. 1985, im Rahmen eines internationalen Historikerkongresses, wurde bekanntgegeben, daß das Material, das fortschreitend geöffnet wird, bis zum Ende des Pontifikats Benedikts XV. (1914–1922) zugänglich sei; freilich fehlen für die letzte Zeit weitgehend die erschließenden Findbücher. Im Januar 1998 kam die überraschende Meldung, daß sogar das bislang schwer zugängliche Archiv der römischen Inquisition, in deren Tradition die heutige Kongregation für die Glaubenslehre steht, seine Bestände für wissenschaftliche Benutzung freigebe; die hier lagernden Akten sind zugänglich für die Zeit von 1542 bis 1903, bis zum Ende des Pontifikats Leos XIII., die für die Bücherverbote bis 1917. Freilich fehlen große Teile. Von den ursprünglich 3700 Bänden Prozeßakten existieren nur noch 100; manches ist in andere Kanäle geflossen, der Galilei-Prozeß z.B. liegt im Vatikanischen Geheimarchiv (zu den schwer durchschaubaren Beständen vgl. A. Cifres, Das historische Archiv der Kongregation für die Glaubenslehre in Rom, in: Hist. Zs. 268, 1999). – Abgebildet ist der obere Teil der 1 m langen und 40 cm breiten Urkunde Kaiser Ottos I. an Papst Johannes XII. vom 13. Februar 962; sie ist mit Goldschrift auf Purpurpergament geschrieben und mit einer Randleiste verziert. Die Urkunde liegt noch heute, nachdem sie Napoleon vorübergehend nach Paris verschleppt hatte, im «Archiv des Empfängers», im Vatikanischen Archiv; sie ist die älteste der circa zehn auf uns gekommenen Purpururkunden und die einzige für die römische Kirche.

Abb. 3. Päpstliche Bleibullen, deren Aussehen sich zu Beginn des 12. Jahrhunderts zu der Form herausgebildet hat, wie sie noch heute besteht. Die Namenseite gibt den Papstnamen meist dreizeilig an, die ikonographische Seite zeigt die mit dem Heiligenschein versehenen Bilder der Apostel Petrus und Paulus: Petrus mit vollem, krausem Haupt- und Barthaar, Paulus mit längerem Bart und häufig mit freier Stirn. Oben: Paschal II. (1099–1118). Unten: Pius X. (1903–1914).

Über das Wesen der Kirchen- und Papstgeschichte

Wie sagt Serrano Suñer? «... gerade dies war das große Problem». Das Papsttum sei nicht Menschenwerk, sondern Gottes wirkender Wille, wie die Kirche auch. Kirchen- und Papstgeschichte können von einem gläubigen Betrachter – und sei er auch Historiker – nicht als Ergebnis von Zufall und Notwendigkeit, entsprechend einem Spiel diesseitiger Kräfte, verstanden werden, sondern als Entfaltung einer im Vorwissen Gottes gestifteten Einrichtung. Darin sind sich protestantische wie katholische Kirchenhistoriker einig: Die Geschichte der Kirche sei «der in der Welt fortwirkende Christus, sein Leib, der vom Heiligen Geist in aller Wahrheit geleitet wird», so ein evangelischer Theologe (Kurt Dietrich Schmidt). Ein katholischer Dogmatiker (Johann Adam Möhler) schrieb: Die Geschichte der Kirche sei «die Reihe von Entfaltungen des von Christo der Menschheit mitgeteilten Licht- und Lebensprinzips». Was immer diese

Abb. 4. Sogenannte Calixtus-Katakombe an der Via Appia Antica; in ihr sind die meisten römischen Bischöfe zwischen Zephyrinus (199–217) und Miltiades (311–314) beigesetzt. Das Grab des Calixtus selbst, vorher Friedhofsverwalter und von 217 bis 222 nicht unumstrittener Papst (s. unten S. 84), ist 1960 in einer anderen Katakombe an der Via Aurelia gefunden worden. Die Calixtus-Katakombe scheint für diese Frühzeit so etwas wie eine Grablege der Päpste gewesen zu sein, die man gleich den Patriarchen der Genesis an einem gemeinsamen Ort bestattet sehen wollte. Zugleich dürfte die Katakombe den frühesten belegbaren römischen Gemeindefriedhof darstellen, zu dem die päpstliche Grabkammer als Teil gehörte.

Abb. 5. Sarkophag Papst Johannes' XXIII. (1958–1963) in den sogenannten Vatikanischen Grotten unter der Peterskirche; der Estrich der Grotten wird vom Fußboden der alten Konstantinsbasilika aus dem 4. Jahrhundert gebildet. In der heutigen Petersbasilika samt den sogenannten Grotten sind 44 Päpste beigesetzt; 24 weitere hatten ursprünglich ihr Grab in der Peterskirche, doch wurden sie von dort in andere Kirchen umgebettet. Die Zahl bezieht sich auf die 261 im Annuario Pontificio als legitim angeführten Vorgänger Papst Johannes Pauls II.; 91 insgesamt haben heute noch intakte Grabstätten. Der erste Papst, der sich in der alten, 1502 abgerissenen Petersbasilika beisetzen ließ, war bezeichnenderweise Leo I. der Große (440–461), auf den die Formel zurückgeht: papa Petrus ipse (Der Papst ist Petrus selbst). Wenn vor dem Eingang der Sakristei von Sankt Peter eine Tafel angebracht ist, daß «in dieser Basilika die Päpste beigesetzt» worden seien (Summi Pontifices in hac Basilica sepulti), und es folgen mit Petrus, Linus, Cletus beginnend über 170 Namen bis Johannes Paul I., so ist wohl mehr an die Weihe des Ortes als an eine präzise Aussage gedacht.

tastende theologische Umschreibung der Geschichte der Kirche bedeutet: Daß die Geschichte des Papsttums zugleich die Geschichte der rechtgläubigen, der katholischen Kirche sei, diese Identität war frühzeitig angedeutet, doch wird sie erst im 13. Jahrhundert unumwunden behauptet. Auch damals war wieder einmal um die Frage gerungen worden, was Kirche sei, Kirche verstanden als die zum gemeinsamen rechten Glauben zusammenfindende Gemeinde. Seit dem 11. Jahrhundert dehnte sich der Begriff der «römischen» Kirche auf die Gesamtkirche aus, ähnlich wie wir als Erben dieser Vorstellung von «römisch»-katholischer Kirche sprechen. Wer stellt die rechtgläubige Kirche dar? Ist es das Kardinalskollegium oder, wie die Konziliaristen behaupteten, ein von der Gesamtkirche beschicktes Konzil? Eine der häufigsten Antworten lautete: «Der Papst, der die Kirche genannt werden kann» (Papa qui potest dici ecclesia). Diese Gleichung gewann immer mehr an Kraft bis zum Ersten Vatikanischen Konzil von 1870, das die Vorstellung dogmatisierte.

Zur Darstellungsform: Papsttum und Päpste

Was ist dieses Papsttum, das den einen als wunderbar ausgeklügelte und nachahmenswerte Herrschaftsform, den anderen als Verwirklichung eines göttlichen Auftrags erscheint? Auf zweierlei Weise wollen wir das Thema angehen. In einem ersten Teil soll über die Gestalt des Papsttums, über die Institution, informiert werden. In einem zweiten Teil geht es um die Personen; es werden aus der langen Reihe der Päpste, deren das amtliche päpstliche Jahrbuch – der Annuario Pontificio – rund 270 zählt, herausragende Gestalten vorgestellt; denn eine Geschichte des Papsttums ist zugleich eine Geschichte der Päpste.

Teil I

GESTALT DES PAPSTTUMS

Einige Grundtatsachen

Papstname und Heiligkeit des Papstes

Beginnen wir mit der Institution: Was ist der Papst? Auch wenn das Wort «Papst» (Vater) während des ersten Jahrtausends in der lateinischen Kirche eine Sakralisierung und eine Einengung auf den römischen Bischof durchlief (s. oben S. 9), so daß schließlich Gregor VII. (1073–1085) seine allein ihm zustehende «Einmaligkeit in der Welt» behaupten konnte, so ist damit über den Inhalt des Amtes wenig ausgesagt. «Papst» ist in diesem Sinne eine ähnliche Funktionärsbezeichnung wie Präsident oder Generalsekretär, und auf diese Stufe möchten ihn manche Kreise gestellt sehen. «Sehr geehrter Herr Papst», so begann kürzlich ein katholischer Theologe einen offenen Brief, ein oppositioneller Theologe selbstverständlich, denn die offizielle Anrede des Papstes lautet «Eure Heiligkeit», «Heiliger Vater» o. ä. Auf das Heiligkeitsattribut wird von offizieller Seite besonderer Wert gelegt. Das Kardinalstaatssekretariat hat vor Jahren die Vereinten Nationen gebeten, in Verlautbarungen nicht von «Vatikanstaat» zu sprechen («Stato della Città del Vaticano», SCV, s. unten S. 34 f., 206), sondern vom «Heiligen Stuhl» («Santa Sede»). Der «Heilige Stuhl» ist Völkerrechtssubjekt und unterhält diplomatische Beziehungen zu 168 Staaten (Stand 1997). Keine andere Glaubensgemeinschaft hat diesen Status.

Eine internationale Kommission katholischer Theologen hat vor einigen Jahren die Empfehlung ausgesprochen, der Papst möge Titel vermeiden, «welche die Gefahr eines Mißverständnisses in sich tragen» (so wörtlich). Als Beispiel abzulegender Titel wurde manch' anderer, nicht aber die Anrede «Heiliger Vater» genannt. Offenbar sieht man hier nicht «die Gefahr eines Mißverständnisses», und in der Tat bezieht sich nach heutigem Verständnis die Heiligkeit auf das Amt, nicht auf die Person. Dennoch gibt es unter den rund 270 anerkannten Päpsten 78 Heilige. Bezeichnenderweise gehören die meisten, 73, in das erste Jahrtausend, als die Heiligsprechung noch nicht in feste Bahnen gelenkt war; nur fünf Päpste des 2. Jahrtausends sind zur Ehre der Altäre erhoben worden; zuletzt wurde Pius X.

I SOMMI PONTEFICI ROMANI

SECONDO LA CRONOTASSI DEL «LIBER PONTIFICALIS»[1] E DELLE SUE FONTI,[2] CONTINUATA FINO AL PRESENTE[3]

S. PIETRO di Bethsaida in Galilea, Principe degli Apostoli, che ricevette da GESÙ CRISTO la suprema Pontificia Potestà da trasmettersi ai suoi Successori: risiedette prima in Antiochia, quindi, a quanto riferisce il Cronografo dell'anno 354,[4] per anni 25 in Roma, dove incontrò il martirio nell'anno 64 o 67 dell'era volgare.

S. Lino, della Tuscia, 67 – 76.[5]

S. Anacleto o Cleto, Romano, 76 – 88.

S. Clemente, Romano, 88 – 97.

Giovanni XXIII, di Sotto il Monte (Bergamo), *Angelo Giuseppe Roncalli*, 28.X, 4.XI.1958 – 3.VI.1963.

Paolo VI, di Concesio (Brescia), *Giovanni Battista Montini*, 21, 30.VI.1963 – 6.VIII.1978.

Giovanni Paolo I, di Forno di Canale (Belluno), *Albino Luciani*, 26.VIII, 3.IX.1978 – 28.IX.1978.

Giovanni Paolo II, di Wadowice (Kraków), *Karol Wojtyła*, 16, 22.X.1978 – Pastore Universale della Chiesa.

Abb. 6. An der Spitze des päpstlichen Jahrbuches steht jeweils eine Papstliste (Näheres s. unten S. 282); abgebildet sind hier der Anfang und das Ende der Papstreihe im Jahrgang 1996.

(1903–1914) 1954 heiliggesprochen. Vor der Grabesnische Johannes' XXIII. (1958–1963) in den Vatikanischen Grotten steht zwar ein eifrig bedienter Opferstock für dessen Kanonisation, und es heißt offiziös: «Das Verfahren seiner Heiligsprechung ist weit fortgeschritten», sogar Wunderheilungen wurden registriert, aber öffentliche Maßnahmen sind noch nicht eingeleitet. Der Abstand zu einer Heiligsprechung scheint immer größer zu werden; war im kurialen Sinne das von Johannes XXIII. eingeleitete allgemeine Vatikanische Konzil ein Ärgernis?

»Heiliger Vater» oder «Eure Heiligkeit»: was heißt das also? Papst Gregor VII. (1073–1085) behauptete, mit der vorschriftsmäßigen

Abb. 7. Fresko in der Gruft der Aurelier am Viale Manzoni aus der ersten Hälfte des 3. Jahrhunderts; Antlitz des Apostels Petrus.

Amtseinführung werde jeder Papst auch persönlich heilig; das Papstamt mache seinen Träger besser, und er selbst habe es an sich gespürt, im Gegensatz zum Königsamt, das selbst gute Menschen schlechter mache. Die kirchlichen Juristen des Mittelalters sahen es nüchterner. Heilig sei der Papst, weil er Heiligkeit vermittle, meinte einer, und ein anderer sah das Papstamt mit den Verdiensten des Apostels Petrus ausgestattet; wo die persönliche Heiligkeit fehle, ja, ein sittlicher Mangel vorliege, träten die Verdienste des Petrus hinzu.

Dennoch: daß ein Papst persönlich von engelhafter Heiligkeit sein sollte, ein papa angelicus, ein Engelpapst, ist stets ein sehnsüchtiges

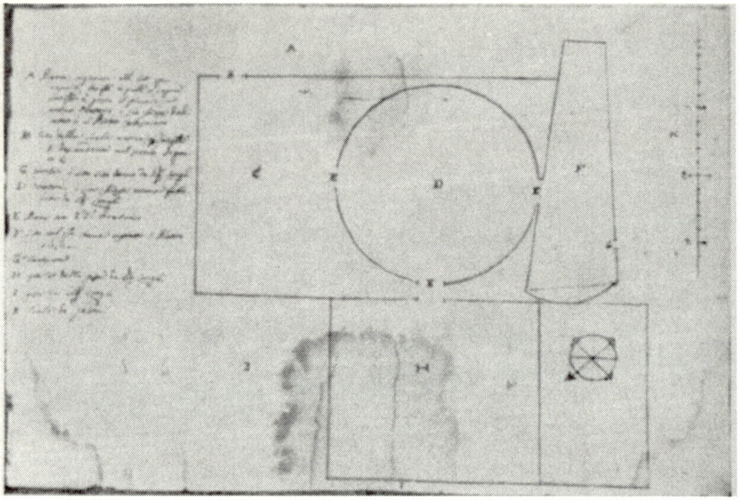

Abb. 8. Grundriß der knapp 4 m^2 großen Zelle (Buchstabe F, daneben die spätere Barockkapelle D) im Kastell von Fumone, in welcher Cölestin V. nach seinem Rücktritt gefangengehalten wurde. Das Kastell gehört heute den Grafen Longhi, die sich von der Familie Bonifaz' VIII. herleiten.

Ideal geblieben, immer wieder beschrieben und zugleich in der Ferne einer Endzeit gesehen. Beides zu sein: heilig durchs Amt und heilig im Leben, blieb ein visionäres Ziel. 1294, in einer äußerst kritischen Situation, holte man den in der Welt unerfahrenen, aber heiligmäßig lebenden Eremiten Peter vom Berg Morrone bei Sulmona aus seiner Einsiedelei, um ihn auf den Stuhl Petri zu setzen. Er nahm den Namen Cölestin, der Himmlische, an. Der ungebildete Einsiedlerpapst Cölestin V., dessen ungepflegte äußere Erscheinung von seiner Umgebung abstach, konnte kaum Latein und hatte von kirchlicher Verwaltung keine Ahnung. Die Kurie mußte sich umstellen, jede Verhandlung in italienischer Sprache führen, wobei der Papst hilflos bald diesem, bald jenem Kardinal die Entscheidung übertrug. Ein nicht einmal bösartiger Beobachter der Szene sagte, dieser Papst regiere nicht aus der Fülle seiner Macht, sondern aus der Fülle seiner Einfalt. Er wollte die Welt einem Zeitalter des Heiligen Geistes entgegenführen und ernannte viele Mönche zu Kardinälen. Die Weltabgewandtheit ließen Chaos und Korruption aufkommen.

Abb. 9. Ein Einsiedler gibt ein Elixier einem Papst, dem ein Fuchs die Tiara vom Kopfe stößt. Mit dem Fuchs, der nach der mittelalterlichen Bibelexegese einen Ketzer anzeigt, dürfte Bonifaz VIII. gemeint sein: eine versteckte Anspielung auf das Gerücht, Bonifaz VIII. habe Cölestin V. gestürzt.

Cölestin V., dessen Gestalt manchem Zeitgenossen als der fleischgewordene «Engelpapst» erscheinen mochte, hat nur fünf Monate regiert. Er resignierte im selben Jahre 1294: der einzige Fall bislang, daß ein Papst zurücktrat. «Am Tage der heiligen Lucia (13. Dezember) verzichtete Papst Cölestin auf sein Amt, und er tat wohl daran», notierte ein Zeitgenosse. Cölestin lebte noch anderthalb Jahre, zuletzt als Gefangener in einer engen Zelle, scharf bewacht und abgeschirmt, damit sich niemand seiner Hilflosigkeit bemächtigte. Er hinterließ eine Verwirrung, größer, als sie vor seiner Wahl bestanden hatte. Der Versuch eines «heiligen», eines «Engelpapstes», war gescheitert,

Abb. 10. Der Amtsverzicht Cölestins V. (1294) ist in vielen Bildern festgehalten. Hier ein Fresko des 15. Jahrhunderts. Cölestin, schon in der Mönchskutte, hat bereits den Mantel abgelegt und fügt, am Knaufe haltend, die Tiara mit dem dreifachen Kronreif hinzu, die in dieser Gestalt freilich erst in den ersten Jahrzehnten des 14. Jahrhunderts aufkam. Dante hat Cölestin die «große Verweigerung» (il gran rifiuto) übelgenommen und ihn in den ersten Zirkel der Hölle versetzt. Durch Cölestins «Verweigerung» war Bonifaz VIII., Dantes Erzfeind, auf den Thron gekommen (s. unten S. 139).

Abb. 11. Im Widerspruch zu der von Cölestin V. (Peter vom Berg Morrone) gelebten Armut wurde ihm in der vor den Toren L'Aquilas gelegenen Kirche S. Maria di Collemaggio 1517 ein prächtiges Grabmal errichtet. «Es ist dem Geist des Einsiedlers vom Morrone ebenso unangemessen wie die riesige Grabeskirche in Assisi dem Geist des hl. Franz» (P. Herde).

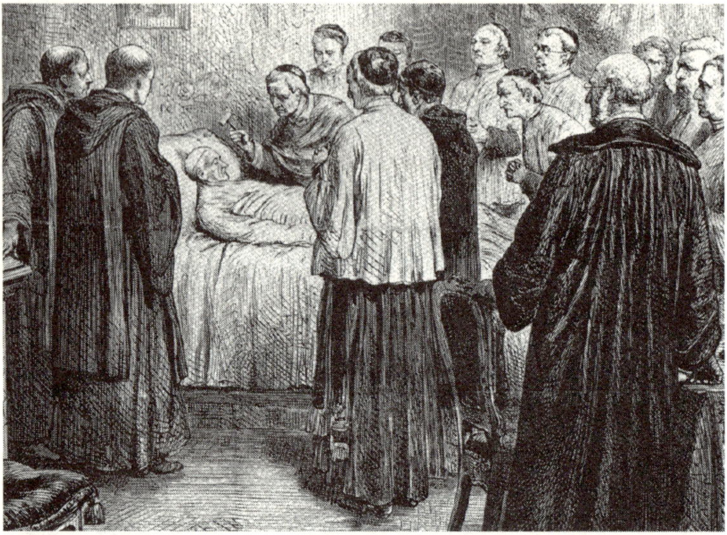

Abb. 12. «Kurz darauf kam (der Kardinalkämmerer) mit zwei anderen Kardinälen und einem kleinen goldenen Hammer ... Sie stellten sich um das Bett auf, klopften mit dem Hammer gegen die Stirn von Johannes und riefen ihn beim Namen: Roncalli – lebst du oder bist du tot?» So der auf G. Manzù (1908–1991) zurückgehende Bericht über den Tod Johannes' XXIII. (1963); erst mit dieser Zeremonie endet offiziell ein Pontifikat. Die hier abgebildete Szene soll das Ritual beim Tod Pius' IX. (1878) darstellen.

Abb. 13. «Il titolo papale» aus dem Annuario Pontificio.

---

die Forderung nach einem sittenreinen Papst blieb, schwärmerisch immer wieder vorgetragen, von Hus, von Savonarola, von Luther.

Das päpstliche Zeremoniell beachtet die mit dem Tode endende Amtsheiligkeit. Der päpstliche Kämmerer fragt angesichts des päpstlichen Leichnams, indem er den Papst mit dem bürgerlichen Vornamen anredet: «Albine, dormisne?» (Albino – so beim 1978 verstorbenen Johannes Paul I., der Albino Luciani hieß –, schläfst du?). Die Reverenz gilt der Heiligkeit des Amtes, nicht der persönlichen Leistung des Papstes, und der Übergang von Ehrfurcht zu ungezügelter Respektlosigkeit konnte so abrupt sein, daß der päpstliche Palast

GIOVANNI PAOLO II

VESCOVO DI ROMA

VICARIO DI GESÙ CRISTO

SUCCESSORE DEL PRINCIPE DEGLI APOSTOLI
SOMMO PONTEFICE DELLA CHIESA UNIVERSALE
PATRIARCA DELL'OCCIDENTE
PRIMATE D'ITALIA
ARCIVESCOVO E METROPOLITA DELLA PROVINCIA ROMANA
SOVRANO DELLO STATO DELLA CITTÀ DEL VATICANO

SERVO DEI SERVI DI DIO

KAROL WOJTYŁA

nato in Wadowice (Kraków) il 18 maggio 1920; ordinato Sacerdote in Kraków il 1° novembre 1946; eletto alla Chiesa titolare di Ombi il 4 luglio 1958 e consacrato il 28 settembre 1958; promosso a Kraków il 13 gennaio 1964; creato e pubblicato Cardinale nel Concistoro del 26 giugno 1967

Seguirono in Roma, nel 1978

la Sua elezione al Pontificato: 16 ottobre

l'inizio solenne del Suo ministero
di Pastore universale della Chiesa: 22 ottobre

und der päpstliche Leichnam bevorzugtes Objekt von Plünderungen gewesen sind. Johannes Paul II. hat kürzlich angewiesen, daß der Hammer wegbleibe – seine Amtsheiligkeit endet unpathetisch.

Ein fast tausend Jahre alter Brauch erinnert den Papst bei der Krönung an seine irdische Existenz. Dreimal wird auf einer Stange ein Wergbüschel angezündet, das zu nichts verbrennt (s. unten S. 63). Und dreimal wird zum neuen Papst gesagt: Heiliger Vater, so vergeht die Herrlichkeit der Welt (Sancte Pater, sic transit gloria mundi). Das Zeremoniell hat einen tiefen Sinn. Kein Mensch wird so hoch erhoben wie der Papst, keiner stürzt durch seinen Tod so tief wie der Papst. Der Papst als Mensch vergeht, die Kirche bleibt. Kaum

Abb. 14. Luftaufnahme des «Staats der Vatikanstadt»; seine Grenze ist fast ganz von einer umlaufenden bastionsartigen Mauer markiert. – Der Souveränitätsbezirks des Papstes ist getrennt vom Immobilienbesitz zu sehen. Auf dem Gelände der Stadt Rom gehören 51 Quadratkilometer religiösen Gemeinschaften der katholischen Kirche, der Stadt Rom selbst vier.

---

ein Papst hat die menschliche Hinfälligkeit so sehr betont wie Innozenz III. (1198–1216), zugleich jedoch von der Notwendigkeit der körperlichen Erholung (recreatio) gesprochen: Er hat den Brauch eingeführt, im Sommer mit der gesamten Kurie aufs Land zu ziehen. Wie sehr auch die Amtsheiligkeit den lebenden Papst umgibt, den toten schützt sie nicht mehr, dessen persönliche Heiligkeit sich erst durch Wunder erweisen müßte.

Der volle Papsttitel

Der Name «Papa» und die Anrede «Eure Heiligkeit» oder «Heiliger Vater» sagen noch nichts über die hierarchische und politische Stellung des Papstes aus; diese kommt in seinem vollen Titel zum Ausdruck: «Bischof von Rom, Statthalter Jesu Christi, Nachfolger des

Apostelfürsten, Summus Pontifex der gesamten Kirche, Patriarch des Abendlandes, Primas von Italien, Erzbischof und Metropolit der römischen Kirchenprovinz, Souverän des Staates der Vatikanstadt...». In diesem Gesamttitel sind Bestandteile jüngeren Datums enthalten, wie z. B. die Bezeichnung «Souverän des Staates der Vatikanstadt». Erst 1929 durch die sogenannten Lateranverträge mit dem italienischen Staat wurde der Papst Herr über ein Territorium um St. Peter in einer Größe von nicht einmal einem halben Quadratkilometer (0,44 km^2); in ihm arbeiten 3600 Menschen, 450 wohnen auch dort. Dieser «Stato della Città del Vaticano», teilweise umschlossen von hohen Festungsmauern, mit Gartenanlagen, Gebäuden, Museen und Plätzen, hat kaum mehr als symbolische Bedeutung, bildet jedenfalls keine ausreichende materielle Basis für das Papsttum, wie sie einst der Kirchenstaat zum großen Teil geboten hat.

Abb. 15. Die Silvesterkapelle in der Kirche SS. Quattro Coronati (Rom) ist im 13. Jahrhundert mit einem Freskenzyklus ausgemalt worden, der die Silvesterlegende und die Konstantinische Schenkung zum Thema hat. Hier ist eine in der Konstantinischen Schenkung begründete Szene dargestellt: Kaiser Konstantin führt den weißen Zelter Papst Silvesters, leistet also eine Art Marschalldienst, was als lehnsrechtliche Huldigung des Kaisers aufgefaßt werden konnte.

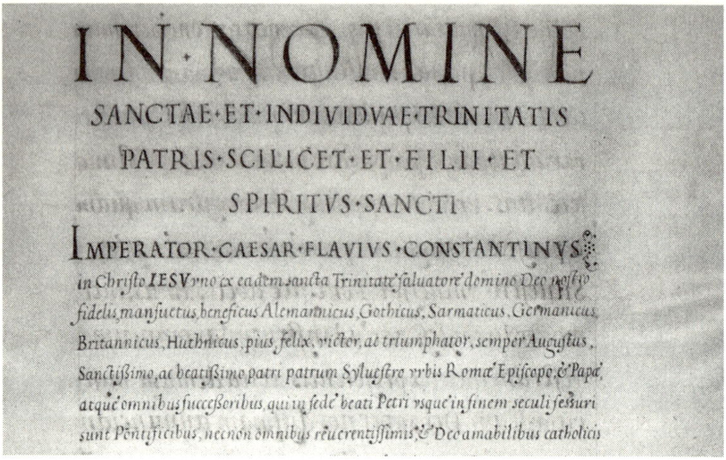

IN·NOMINE
SANCTAE·ET·INDIVIDVAE·TRINITATIS
PATRIS·SCILICET·ET·FILII·ET
SPIRITVS·SANCTI
IMPERATOR·CAESAR·FLAVIVS·CONSTANTINVS
in Christo IESV vno ex eadem sancta Trinitate saluatore domino Deo nostro
fidelis, mansuetus, beneficus, Alemannicus, Gothicus, Sarmaticus, Germanicus,
Britannicus, Huthnicus, pius, felix, victor, ac triumphator, semper Augustus,
Sanctissimo, ac beatissimo patri patrum Syluestro vrbis Romae Episcopo, et Papae,
atque omnibus successoribus, qui in sede beati Petri vsque in finem seculi sessuri
sunt Pontificibus, necnon omnibus reuerentissimis, et Deo amabilibus catholicis

Abb. 16. Anfang eines in Rom zu Beginn des 16. Jahrhunderts hergestellten Prachtexemplars der Konstantinischen Schenkung (Archivio Segreto Vaticano AA. Arm. I–XVIII. 2); es war möglicherweise dazu bestimmt, bei der Kaiserkrönung Karls V. (1530) verwendet zu werden, denn der Kaiser mußte die in Privilegien festgehaltenen Besitztitel der römischen Kirche bestätigen, an deren Anfang – dem mittelalterlichen Verständnis nach – die Konstantinische Schenkung stand.

Die materiellen Grundlagen des Papsttums Kirchenstaat, Spenden, Anlagevermögen

Über ein Jahrtausend hatte der Kirchenstaat Bestand. Hervorgegangen aus einzelnen, allmählich erweiterten Domänen des 6. Jahrhunderts, erhielt er den entscheidenden Zuwachs unter Karl dem Großen († 814) und seinen Nachfolgern vom 9. Jahrhundert an. Eine berühmte Fälschung war mit dem Ausbau des Kirchenstaats eng verbunden: die sogenannte Konstantinische Schenkung. Sie gibt vor, eine Urkunde zu sein, mit der Kaiser Konstantin um das Jahr 330, als er seine Residenz von Rom nach Konstantinopel verlegte, Rom und das Abendland an Papst Silvester geschenkt habe; diese angebliche Schenkungsurkunde dürfte in der zweiten Hälfte des 8. Jahrhunderts von römischen Geistlichen verfertigt worden sein. Die offizielle Kirche hielt später diesen den Kirchenstaat scheinbar begründenden Schenkungsakt für so wichtig, daß jeweils der künftige Kaiser die

Urkunde bestätigen mußte und daß als Ketzer angesehen wurde, wer die Echtheit des Dokuments bezweifelte.

Fälschung: das hat in unserer Zeit einen üblen Klang. Im Mittelalter war eine Fälschung zuweilen Ausdruck einer anderen, uns weitgehend fremden Mentalität: Sie konnte den Versuch darstellen, die durcheinandergeratene kleine oder große Welt wieder in eine rechte, von Gott gewollte Ordnung zu bringen. «War es denn nicht sozusagen aus Vernunft, Rechtsgefühl, leisen oder lauten Überlieferungen usw. klar und einleuchtend, daß jener Acker nicht dem bösen Vogt gehören kann, da er doch so geschnitten ist, daß er zu dem anstoßenden Klostergut ursprünglich gehört haben muß? Ist nicht klar, daß Konstantin, als er nach Neurom (= Konstantinopel) ging, in Altrom den Papst zum Erben einsetzen mußte?» So etwa stellt sich ein moderner Historiker (F. Kern) die Überlegungen einiger mittelalterlicher Fälscher vor. Ob echt, ob falsch: stets wurde geprüft, ob ein Dokument in das Bild hineinpaßte, das man sich von der göttlichen Ordnung machte.

Hier setzte der Widerspruch ein. Wer im Mittelalter die Konstantinische Schenkung ablehnte, hatte den Fälschungscharakter nicht mit Mitteln historisch-philologischer Kritik aufgedeckt; er ließ sie nicht gelten, weil sie nicht in sein Weltbild paßte. Weltliche Stimmen verwiesen auf den Kaisertitel «semper Augustus», was mit «stets Mehrer des Reiches» wiedergegeben wurde, und der sendungsbewußte Kaiser Konstantin soll das Reich statt «vermehrt» vermindert

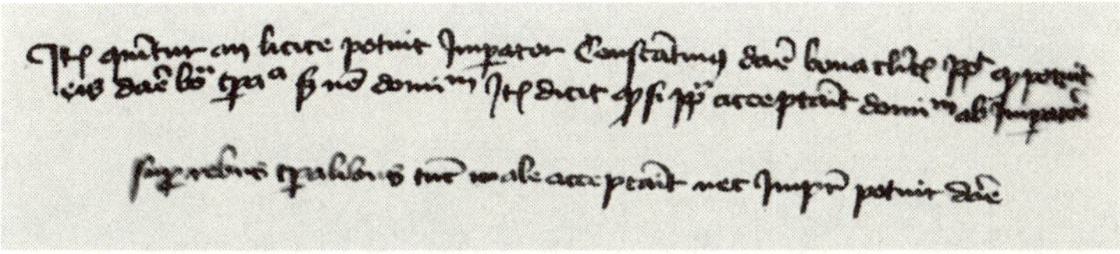

Abb. 17. Auszug aus dem Protokoll des Verhörs, dem in Heidelberg vom 13. bis 17. Februar 1425 ein Johannes Drändorf wegen des Verdachts hussitischer Ketzerei unterworfen wurde. Drändorf wurde für schuldig befunden, schwor nicht ab und wurde am Schlußtag des Prozesses verbrannt. Der Text (Item queritur an licite potuit Imperator Constantinus usw.) lautet zu deutsch: «Ebenso wird gefragt, ob Kaiser Konstantin den Geistlichen hat Güterbesitz übergeben dürfen» (Ms. Kassel 2° iurid. 58). Der in Straßburg 1458 mit einigen seiner Anhänger verurteilte und verbrannte oberdeutsche Waldenserführer Friedrich Reiser nannte sich «Bischof der Gläubigen, die die Konstantinische Schenkung verwerfen».

Abb. 18. «Schlüsselsoldat. Soldat des Kirchenstaates nach dem Schlüssel im päpstl. Wappen, oft in verächtlichem Sinne gebraucht» (Der Große Brockhaus, 15. Aufl., Bd. 16, 1933). Bei der hier wiedergegebenen Miniatur einer Bologneser Rechtshandschrift des 14. Jahrhunderts überwacht ein «Schlüsselsoldat» die Verbrennung eines Ketzers, dem ein Ketzerhut aufgesetzt und die Urteilssentenz um den Hals gehängt ist. Nach rechts werden eine Frau und ein Mann gefesselt abgeführt.

Abb. 19. Papst Pius IX. segnet 1868 die Truppen des Kirchenstaates auf deren Exerziergelände, den Campi d'Annibale (bei Rocca di Papa).

haben? Das könne nicht sein. Anders die geistlichen Vorbehalte. Die Apostel haben die Armut gepredigt, und der Herr soll eine vor Länderbesitz berstende Kirche gewünscht haben? Mit einem solchen «Nein» wiesen Ketzer, die dem Ideal der Armut anhingen, die Konstantinische Schenkung und die offizielle Kirche zurück. Die Konstantinische Schenkung war ein Symbol für die irdische Machtstellung der Kirche, für ihre Diesseitigkeit, kein Besitztitel für den Kirchenstaat.

Im 14. Jahrhundert, als die Päpste in Avignon residierten, drohte der während des Hochmittelalters gewaltig angewachsene Kirchenstaat zu verschwinden, um am Ende des Mittelalters großräumig wieder aufgebaut zu werden. Bis zum 19. Jahrhundert ging dann Stück für Stück verloren, bis den letzten Rest 1870 italienische Truppen eroberten.

Heute lebt das Papsttum vergleichsweise ärmlich: von Geldern der Gläubigen wie dem sogenannten Peterspfennig, vom Verkauf von Briefmarken, von den Eintrittsgebühren für die Vatikanischen Museen usw., vor allem aber von der Rendite eines Anlagevermögens, das auf rund 2 Milliarden DM geschätzt wird. Ob durch verfehlte Spekulationen in jüngster Zeit Verluste eingetreten sind, muß offen bleiben, denn der Vatikan legt seine Vermögensverhältnisse nicht dar. «Die Nachteile, die dem Vatikan aus der Veröffentlichung seiner Bilanzen entständen, sind größer als die Vorteile, deshalb bleibt es dabei: Schweigen.» So verlautet aus der Redaktion des «Osservatore Romano», des offiziösen Organs des Heiligen Stuhls.

Das Papsttum als göttliche Stiftung

Mit dem Titel eines «Souverän des Staates der Vatikanstadt» ist die politische Stellung und Geschäftsfähigkeit des Papstes als eines Staatsoberhaupts angezeigt. Andere Teile des umfangreichen Papstnamens gehören zur Lehre von der Kirche, zur Ekklesiologie, so z. B. der Titel «Statthalter Jesu Christi» (Vicarius Jesu Christi). Erst im 12. Jahrhundert ersetzte er die bis dahin gängige Bezeichnung: «Statthalter des seligen Petrus» (Vicarius Beati Petri). Der Papst erscheint fortan als der unmittelbare Vermittler zu Christus, wie Petrus, der erste Papst. Als der Bibliothekar der Vatikanischen Bibliothek Bartolomeo Platina im Auftrag Sixtus' IV. (1471–1484) eine Papstgeschichte verfaßte, gab er dem Werk den bezeichnenden Titel:

REGNI CAELORVM TV ES PETRVS

Abb. 22. Hochverehrte Bronzestatue des heiligen Petrus in der Peterskirche, Arnolfo di Cambio zugeschrieben, der sie im Auftrag Papst Bonifaz' VIII. für das Jubeljahr 1300 geschaffen haben soll; sie wurde früher für ein Werk des 5. Jahrhunderts gehalten, weil sie sich anlehnt an das Modell eines antiken Philosophen. Der vorgestreckte rechte Fuß ist von den Küssen und Berührungen abgenutzt und verkürzt.

Abb. 20. Die Schlüsselübergabe gemäß Matth. 16, 18f. (Tu es Petrus usw.) ist häufig dargestellt worden. Hier ein Fresko Pietro Peruginos (1482) in der Sixtinischen Kapelle: Christus reicht Petrus die doppelten Schlüssel der irdischen und himmlischen Binde- und Lösegewalt vor dem Tempel Salomos.

Abb. 21. Auf dem unteren Kuppelarchitrav läuft um das Kuppelrund von S. Peter die 1,40 Meter hohe Inschrift, blau auf Gold: TV ES PETRVS usw.

«Buch über das Leben Jesu und aller Päpste» (s. unten S. 241 f.). Die meisten Namen im Titel entstammen dem Bereich der kirchlichen Verfassung: «Bischof von Rom» ist der Papst als Leiter seiner Diözese Rom, seines Amtsbezirks als einfacher Bischof; er ist weiterhin Erzbischof einer aus vielen Diözesen bestehenden Kirchenprovinz, Primas der katholischen Kirche Italiens usw. Seine Einmaligkeit besteht jedoch in dem Auftrag, den Christus dem Apostel Petrus erteilt hat: «Du bist Petrus, der Fels, und auf diesen Felsen werde ich meine Kirche bauen, und die Pforten der Hölle werden sie nicht überwinden, und ich werde dir die Schlüssel des Himmels geben, und was du auf Erden bindest, wird auch im Himmel gebunden sein, und was du auf Erden lösest, wird auch im Himmel gelöst sein». Diese Verse des Matthäus-Evangeliums 16, 18–19: «Tu es Petrus et super hanc Petram aedificabo Ecclesiam meam…» laufen als Inschrift um das riesige Kuppelrund des Petersdomes in Rom über der sogenannten Confessio des Apostels Petrus, wo das Märtyrergrab des Apostelfürsten verehrt wird. Wenige Verse der Bibel dürften so häufig zitiert worden sein: Sie bilden das zentrale Zeugnis für den göttlichen Auftrag des Papsttums. Dabei gibt die Überlieferung der Verse einige Probleme auf. Man hat sie sogar für einen späteren Einschub gehalten – so zum Beispiel der protestantische Theologe Adolf von Harnack (1851–1930) –, denn dieses Christuswort findet außerhalb von Matthäus in den Parallelevangelien des Markus, Lukas und Johannes keine Entsprechung. Auch außerhalb der Bibel kommt dieses Wort in den ersten zwei Jahrhunderten nicht vor. Der erste, der mehr nebenbei auf Matthäus 16, 18 anspielt, ohne wörtlich zu zitieren, ist der kurz nach 220 gestorbene afrikanische Schriftsteller Tertullian; der afrikanische Märtyrerbischof Cyprian – im Jahre 258 in Karthago enthauptet – gibt die früheste Auslegung der Verse: rund 200 Jahre nach dem Tod des Petrus.

Petrus in Rom

Aber was hat Petrus samt seiner Binde- und Lösegewalt mit Rom zu tun? War Petrus überhaupt in Rom? Obwohl die Bibel keinen direkten Beleg bringt, hat sich frühzeitig eine Tradition über die Anwesenheit und den Tod des Petrus in Rom herausgebildet, angereichert durch Legenden wie jene ergreifende des «Quo vadis»: Petrus, eben gerade aus dem Kerker entflohen, entweicht vor dem drohen-

Abb. 23. Zum Fest Peter und Paul (29. Juni) wird die auf der Seite 41 abgebildete Petrusstatue mit den prunkvollen Gewändern päpstlicher Würde behängt; Papst Johannes XXIII. küßt den Fuß am Vorabend des Festes.

---

den grausamen Tod aus Rom. Auf dem Wege erscheint ihm Christus, und Petrus fragt überrascht: «Domine, quo vadis?» (Herr, wohin gehst du?). Der Herr antwortet: «Venio Romam iterum crucifigi» (Ich komme nach Rom, um abermals gekreuzigt zu werden). Petrus kehrt beschämt um, und ihn ereilt das Schicksal. Als das Todesurteil vollstreckt werden soll, bittet er darum, mit dem Kopf nach unten ans Kreuz geschlagen zu werden, um für seine Schwäche zu sühnen. Heute steht an der Stelle, wo Petrus dem Herrn begegnet sein soll, am Beginn der Via Appia Antica, eine kleine Kirche mit dem Namen «Domine, quo vadis?»

Die Stadt Rom ist voll solcher Erinnerungsstätten an Petrus: Hier ist es der Kerker, in welchem Petrus gelegen haben soll, dort sind es seine Eisenfesseln, von denen im Laufe der Jahrhunderte Päpste hin und wieder einige kostbare Feilspäne oder gar Kettenglieder an fer-

Abb. 24. Szene mit Kreuzigung Petri auf der Bronzetür des Hauptportals von Sankt Peter, ein Werk von Filarete (†1469); rechts zwischen den Säulen thront Kaiser Nero. Ein Gegenstück auf der Tür zeigt die Hinrichtung des Paulus, der nicht den Verbrechertod der Kreuzigung starb, sondern als römischer Bürger enthauptet wurde.

Abb. 25. Ketten des Apostels Petrus in der nach diesen Reliquien genannten Kirche S. Pietro in Vincoli. Der Schrein stammt erst aus dem Jahre 1856. Auf dem Dach eine plastische Gruppe: ein Engel führt den von den Fesseln befreiten Petrus aus dem Gefängnis (Apostelgeschichte 12, 7ff.).

Abb. 26. Petrus-Statuette im Domschatz zu Aachen, ein Werk des kaiserlichen Siegelschneiders Hans von Reutlingen (um 1500); das Glied von Petrus' Kettenfessel soll Papst Leo III. Karl dem Großen verehrt haben.

---

ne Könige geschickt haben, um sie enger an den Stuhl Petri zu binden. Dennoch sind schon im Mittelalter Zweifel geäußert worden, ob Petrus überhaupt nach Rom gekommen sei und ob der römische Bischof in Nachfolge zum petrinischen Auftrag stehe. Einleuchtender sei es doch, so eine Stimme um 1100, wenn in Jerusalem, dem Wirkungs- und Sterbeort Christi, eine Tradition begründet worden wäre.

Abb. 27. Straße mit Mausoleen aus heidnischer Zeit (2. Jahrhundert) unter dem Gelände der Peterskirche.

Abb. 28. «Tropaion» des Petrus. Mit dem Ausdruck «Tropaion» hat ein indirekt überlieferter griechischer Bericht aus der Zeit um 160 die Grabmäler der Apostel umschrieben, die man in Rom fände, «wenn du an den Vatikan gehen willst oder auf die Straße nach Ostia». Man nimmt an, daß mit dieser Beschreibung das hier in der Rekonstruktion wiedergegebene Monument unter der Peterskirche gemeint ist.

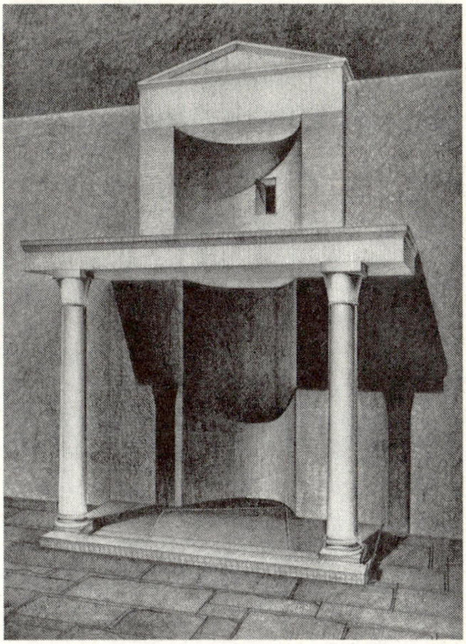

Die Suche nach dem Petrusgrab

Unter Papst Pius XII. (1939–1958) hat man in zwei großen archäologischen Grabungskampagnen – von 1940 bis 1957 – unter dem römischen Petersdom Spuren einer Petrusverehrung zu ermitteln gesucht und in der Tat unter der Confessio von Sankt Peter ein Denkmal gefunden, dem einst offenbar besondere kultische Verehrung zuteil geworden war. Das in die Mauer einer Gräberstraße eingefügte Monument läßt sich ungefähr auf das Jahr 160 datieren. Benachbart finden sich etwas jüngere Einritzungen, und eine von ihnen kann als Petrusname gelesen werden. Der Ort kann nicht mit Gewißheit als Grablege des Petrus angesprochen werden, wohl aber als Platz besonderer Verehrung, möglicherweise für einen Petrus, denn ein griechischsprachiger Besucher hat (als wollte er späteren Archäologen einen Fingerzeig geben) die Worte eingeritzt: ΠΕΤΡ[ΟΣ]ΕΝΙ (Petrus ist hier) – vorausgesetzt, die Kritzelei ist richtig aufgelöst. Das Grab lag benachbart zum Circus des Nero, in welchem nach der frühchristlichen Chronistik Petrus im Jahre 64 oder 67 hingerichtet worden sein soll.

Der petrinische Auftrag und die Gefahr des Episkopalismus

Aber das Papsttum ist nicht auf einem Grabmonument errichtet, sondern auf einem Bekenntnis: daß der Gottessohn den Fischer Simon Petrus aus Bethsaida und seinen Nachfolger auf dem römischen Bischofssitz als Garanten für das Seelenheil der Menschheit eingesetzt habe, ihn und keinen anderen. Kein anderer Apostelsitz kann sich rühmen – so wurden mittelalterliche Päpste nicht müde hervorzuheben –, vom Herrn selbst gestiftet zu sein. Der Anspruch der römischen Kirche, «ohne Fehler und Runzel», wie eine häufige Wendung lautet, stets den rechten und heilsgewissen Glauben zu verkünden, setzte sich freilich in weiten Teilen der abendländischen Kirche erst allmählich durch und blieb nie unumstritten. Hatten denn die anderen Apostel keinen seligmachenden Missionsauftrag? Der besonnene Kirchenvater Cyprian († 258) sah das Matthäuswort nicht als an Petrus allein gerichtet an, sondern «in Petrus», wie er schreibt, sei die Binde- und Lösegewalt allen Aposteln erteilt worden, und die Apostel hätten sie an die ihnen nachfolgenden Bischöfe weitergereicht. Die Heilsgewißheit liegt nach Cyprian, dessen Schriften einen großen Einfluß auch im Osten des Reiches ausübten, bei allen Bischöfen, nicht allein beim römischen: Petrus sei nichts anderes als «der erste unter gleichen», ein Primus inter pares.

Es ist die Idee des «Episkopalismus», die hier formuliert ist und die dem päpstlichen Primat immer wieder im Wege stand. Vor allem in Krisenzeiten ist dieses Thema behandelt worden, teilweise unter wörtlicher Anführung Cyprians (so im 11. Jahrhundert, als Papst und Kaiser aneinandergerieten); zu Beginn der Reformation publizierte Ulrich von Hutten († 1523) eine Streitschrift mit dem cyprianischen Gedankengut. Nicht durch eine ausgefeilte Theologie, sondern durch einen konsequent vertretenen und zunehmend akzeptierten Primatsanspruch begegnete das römische Papsttum dem Episkopalismus. Die Päpste nahmen das Weisungs- und Entscheidungsrecht für sich in Anspruch und wurden in dieser Kompetenz auch angerufen.

Am kräftigsten und für die Zukunft am wirkungsvollsten hat Papst Leo I. (440–461) in der Mitte des 5. Jahrhunderts den römischen Standpunkt formuliert. Hatte Cyprian davon gesprochen, daß in der Person des Petrus alle Apostel und Bischöfe teilhätten an der göttlichen Binde- und Lösegewalt, so trennt Leo den Apostel Petrus

Abb. 29. Nach seiner Auferstehung hat Christus gemäß dem Johannes-Evangelium 21, 15 ff. zu Petrus dreimal gesprochen: Weide meine Lämmer (Szene von Raffaels Entwurf für die Vatikanischen Bildteppiche). Neben Matth. 16, 18 f. und Lucas 22, 32 (Ich habe für dich gebetet, daß dein Glaube nicht aufhöre usw.) gehören die Johannes-Verse zu den zentralen Einsetzungsworten.

von den übrigen Jüngern und den Bischöfen und verkündet: Petrus allein habe die Gewalt von Christus empfangen, und er habe sie an die anderen Apostel und damit an die Bischöfe weitergereicht. Ohne Petrus keine episkopale Gewalt. Mögen die Bischöfe auch gleich sein an Weihegewalt, so sind sie doch ungleich an Hirtengewalt. Die Vollgewalt, die plenitudo potestatis, habe nur ein einziger Bischof: der Petrusnachfolger in Rom. Die griffige Formel Leos I. zog sich durch die Zeiten und mündete schließlich in den Beschluß des Ersten Vatikanischen Konzils von 1870 vom päpstlichen Universalepiskopat. Gegen den Widerstand einer zunächst nicht kleinen Minderheit von Bischöfen wurde als Dogma, als Glaubenssatz der katholischen Kirche, angenommen, daß der Papst die unmittelbare und ordentliche bischöfliche Gewalt über die ganze Kirche und sämtliche Einzelkirchen besitze, ohne jedoch die unmittelbare und ordentliche Gewalt des einzelnen Bischofs in seinem Sprengel aufzuheben. Hier ist der Bischof einerseits Jurisdiktionsträger eigenen Rechts und andererseits Teilhaber an der gesamtkirchlichen Gewalt des Papstes: eine schwierige Formel. Das von Johannes XXIII. begonnene und von Paul VI. fortgesetzte Zweite Vatikanische Konzil (1962–1965) hatte die Absicht, den Bischöfen wieder größere Eigenständigkeit zu verleihen, aber über anderen Fragen ist diese weitgehend liegengeblieben. Der einzelne Bischof, ernannt vom Papst, lebt aus der Vollgewalt des Petrusnachfolgers.

Der Papst und das allgemeine Konzil

Stärker noch als der Episkopalismus konkurrierte mit dem Anspruch päpstlicher Allgewalt eine andere Anschauung: die des Konziliarismus. Sie besagt, daß die höchste Entscheidungsinstanz nicht ein einzelner sein könne, sondern nur eine Versammlung vieler, in der sich die ganze Kirche darstelle. In der Tat war es feste Überzeugung der frühen Kirche, daß die Beschlüsse der großen Kirchenversammlungen, der «ökumenischen Konzilien», nach der Bibel, nach Gottes Wort, den höchsten Rang besäßen. Man zählt acht Universalsynoden im ersten Jahrtausend; vor allem die ersten vier – im vierten und fünften Jahrhundert gefeiert – genossen eine dem Irdischen geradezu entrückte Autorität. Papst Gregor I. bekannte um 600, man verehre sie «wie die vier Bücher des heiligen Evangeliums».

Am Zustandekommen und an der Durchführung dieser so hochgeschätzten Konzilien hatten die Bischöfe von Rom wenig bis gar keinen Anteil. Schon die Tagungsorte lagen allesamt im Osten des alten römischen Reiches auf dem Territorium der heutigen Türkei: Nikäa, Konstantinopel, Ephesus, Chalkedon. Sie waren staatliche Veranstaltungen, der römische und später der oströmische Kaiser hatte sie berufen. Auf allen waren Glaubensfragen zur Sprache gekommen, und die bischöflichen Konzilsmitglieder handelten in eigener Verantwortung kraft ihres apostolischen Amtes. Die Beschlüsse sind vom Kaiser bestätigt und als Reichserlasse verbreitet worden. Erst einer späteren Zeit, der eine entscheidende Beteiligung des Papsttums für die Wirksamkeit der Beschlüsse unabdingbar erschien, stellte sich der Sachverhalt so dar, als seien alle diese allgemeinen Konzilien des ersten Jahrtausends «durch des Papstes Autorität gefeiert worden». So schreibt wörtlich ein päpstlicher Parteigänger um 1100, und schon mittelalterliche Kirchenrechtler

Abb. 30. Das berühmteste allgemeine Konzil der Kirchengeschichte, das ökumenische Konzil von Nikäa 325: Kaiser Konstantin (mit Heiligenschein) thront als Vorsitzender vor der Bischofsversammlung, zu seinen Füßen verurteilte arianische Ketzer (Cod. Vercelli CLXV).

Abb. 31. Das spätere Kirchenverständnis definierte den Papst als Leiter eines ökumenischen Konzils. Cesare Nebbia stellte deshalb im 16. Jahrhundert in der Vatikanischen Bibliothek das Konzil von Nikäa unter dem Vorsitz des Papstes Silvester I. (314–335) dar, obwohl dieser gar nicht anwesend war. Auch die behauptete Zahl von 318 versammelten Bischöfen ist fiktiv und heilsgeschichtlich zu verstehen; wie Abraham 318 Knechte hatte (Genesis 14,14), so diese «Papstsynode» 318 Bischöfe. In Wirklichkeit dürften es um 220 gewesen sein.

Abb. 32. Der Kaiser – nicht der Papst – hat die allgemeinen Konzile des ersten Jahrtausends einberufen und geleitet. Die Miniatur des beginnenden 11. Jahrhunderts (Cod. Vat. lat. 1339) zeigt das Konzil von Chalkedon (451): Kaiser Marcian führt den Vorsitz, auf dem Boden liegen die verurteilten Ketzer Dioskur und Eutyches.

Abb. 33. Fiktive Darstellung eines Konzils. Auf den zwei Pulten liegt jeweils ein aufgeschlagenes Buch. Zwischen den Pulten eine Szene, bei der eine Person von zwei neben ihr Stehenden ein schmales Tuch umgehängt erhält. Es ist die Vermutung geäußert worden, es handle sich um die Vergabe des Palliums an den Erzbischof von Reims auf einer Synode um die Mitte des 9. Jahrhunderts (Utrechter Psalter, 9. Jahrhundert).

Abb. 34. Prachtexemplar des Defensor Pacis (Verteidiger des Friedens) von Marsilius von Padua, der das Werk 1324 in Paris verfaßte und nach Bekanntwerden seiner Autorschaft an den Hof des vom Papst gebannten Ludwig des Bayern floh, den er bei dessen papstfreier Kaiserkrönung (17. 1. 1328) beriet. Marsilius starb 1342/43 in München. – Gegenstand des Werkes ist die Frage des Staatsaufbaus zum Zweck irdischen Glücks. Der Papst und die Kirche – diese «Wurzel allen Übels» (pestifera radix) – sind in diesem Staatsentwurf ohne weltliche Macht und irdischen Besitz; von den Bischöfen gewählt, kommt der Papst ins Amt, und nicht er, sondern ein Konzil, gebildet aus Klerikern und Laien, hat die höchste Entscheidung.

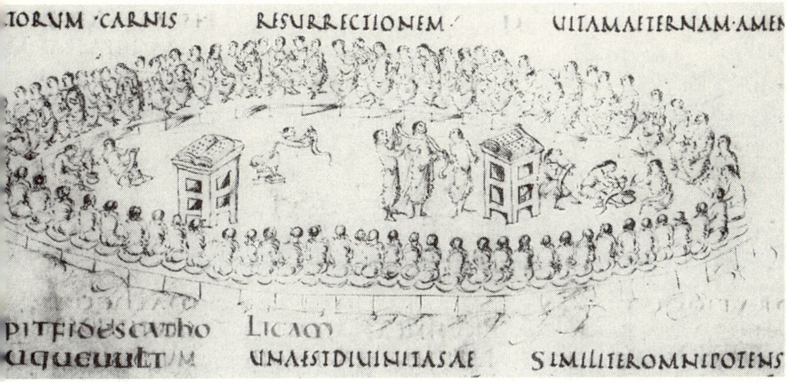
IORVM ·CARNIS
RESURRECTIONEM
UITAMAETERNAM·AMEN
UNAESTDIUINITASAE
SIMILITEROMNIPOTENS

Abb. 35. Das im November 1414 von Papst Johannes XXIII. (Baldassare Cossa) eröffnete Konstanzer Konzil wurde zum «größten mittelalterlichen Kongreß des ganzen Abendlandes» (K. A. Fink). Der hier auf dem Bild zwischen den Disputanten thronende Papst Johannes XXIII. versuchte ein Vierteljahr später, verkleidet «uff ainem klainen rösly», vom Konzil zu entweichen, wurde jedoch aufgegriffen und im Mai 1415 abgesetzt (Wiener Handschrift, 1465–70, der Konzilschronik des Konstanzer Bürgers Ulrich von Richental, † 1437).

halten fest: «Das allgemeine Konzil wird vom Herrn Papst oder von einem Legaten gefeiert»; die Universalsynode der Kirche wurde zur Papstsynode.

Aber durch die bloße Behauptung war das Problem nicht zu lösen. Was stand höher, der Papst oder die Repräsentanz der Gesamtkirche? Hatte nicht der Herr selbst gesagt, «wenn zwei oder drei versammelt sind in meinem Namen, so bin ich mitten unter ihnen»? Und wer kann leichter in einen Irrtum verfallen, der einzelne Papst oder die Gesamtkirche? Überhaupt: was geschieht, wenn der Papst selbst ketzerische Lehren verbreitet? Muß nicht ein Universalkonzil an seine Stelle treten? Daß der Papst nicht verurteilt werden dürfe, war um diese Zeit, im Hochmittelalter, schon fester Grundsatz. Aber es gab juristische Kniffe, die es in praxi doch möglich machten. Hat

Can. 222.

§ 1. Dari nequit Oecumenicum Concilium quod a Romano Pontifice non fuerit convocatum [2].

§ 2. Eiusdem Romani Pontificis est Oecumenico Concilio per se vel per alios praeesse, res in eo tractandas ordinemque servandum constituere ac designare, Concilium ipsum transferre, suspendere, dissolvere, eiusque decreta confirmare [3].

Abb. 36. Kanones des bis 1983 gültigen Codex Iuris Canonici, die vom allgemeinen Konzil handeln; wichtig Kanon 222, der den Papst als Herrn des Konzils definiert.

Can. 338 – § 1. Unius Romani Pontificis est Concilium Oecumenicum convocare, eidem per se vel per alios praesidere, item Concilium transferre, suspendere vel dissolvere, eiusque decreta approbare.

§ 2. Eiusdem Romani Pontificis est res in Concilio tractandas determinare atque ordinem in Concilio servandum constituere; propositis a Romano Pontifice quaestionibus Patres Concilii alias addere possunt, ab eodem Romano Pontifice probandas.

Abb. 37. Bis in den Wortlaut hinein ist der Text im neuen, am 27. 11. 1983 in Kraft getretenen Codex Iuris Canonici Kanon 338 übernommen.

---

nicht ein ketzerischer oder verbrecherischer Papst sich selbst abgesetzt, so daß ein Absetzungsspruch ein bloßer Formalakt ist? In diesem Falle, so wurde man belehrt, sei der Grundsatz der Nichtabsetzbarkeit des Petrusnachfolgers unverletzt geblieben.

Der Konziliarismus – die Überzeugung, daß eine allgemeine Kirchenversammlung das höchste Beschlußorgan der Kirche darstelle – gewann gerade in einer Zeit, als die Entscheidungsschwäche des Papsttums offen zutage lag, im 14. und 15. Jahrhundert, immer stärkeren Zulauf. Aus dem römisch-kanonischen Recht übernahm die Bewegung die Kampfformel: «Was alle angeht, muß auch von allen gebilligt werden», eine geradezu radikaldemokratische Devise, die damals in staatstheoretischen Schriften erörtert wurde. Das Konzil von Konstanz (1414–1418) hat tatsächlich über die

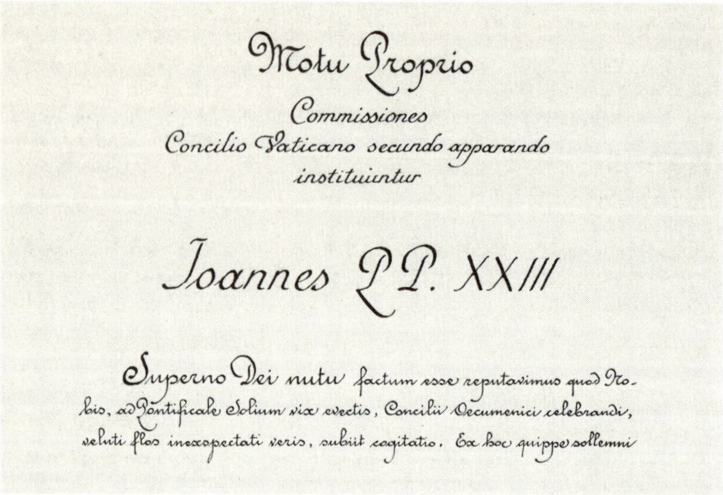
Motu Proprio

Commissiones

Concilio Vaticano secundo apparando

instituuntur

Joannes PP. XXIII

Superno Dei nutu factum esse reputavimus quod Nobis, ad Pontificale Solium vix evectis, Concilii Oecumenici celebrandi, veluti flos inexspectati veris, subiit cogitatio. Ex hoc quippe sollemni

Abb. 38. Für das Zweite Vatikanische Konzil hat Papst Johannes XXIII. mit dem Motu proprio «Superno Dei nutu» vom 5. Juni 1960 zehn Kommissionen zur Vorbereitung eingesetzt; der Gedanke zu dem angesagten ökumenischen (= allgemeinen) Konzil sei ihm, sagte der Papst, dank göttlicher Fügung «wie die Blüte eines unerwarteten Frühlings» gekommen.

Rechtmäßigkeit dreier Päpste entschieden und die Wahl eines neuen Papstes veranlaßt. Weithin sichtbar stand das Konzil über dem Papst. Aber die Idee des Konziliarismus verbrauchte sich in geistreichen Konstruktionen und politischen Interessenkämpfen. Stück um Stück wurde der Konziliarismus bis zum Ersten Vatikanischen Konzil von 1870 abgebaut. Was in dem 1917 erlassenen Codex Iuris Canonici, der ersten nachmittelalterlichen Kodifikation, über das ökumenische Konzil stand, war bestes Mittelalter, war «die Rückkehr», so hat es ein Jurist umschrieben, «zu dem mittelalterlichen Recht».

Im neuen und jetzt gültigen Codex Iuris Canonici von 1983 hat das ökumenische Konzil eine optische Aufwertung erfahren; es ist im Kapitel über die Bischofskollegien untergebracht. Aber es bleibt dabei (c. 338): Herr des allgemeinen Konzils ist der Papst; er allein hat das Recht, das Konzil einzuberufen, ihm in eigener Person oder durch einen Stellvertreter zu präsidieren, die Gegenstände und die

Abb. 39. Eröffnungszeremonie des Zweiten Vatikanischen bzw. 21. allgemeinen Konzils am 11. Oktober 1962; 2540 Bischöfe waren zusammengekommen, davon wenig mehr als ein Drittel aus Europa. Der Papst wurde unter einem Baldachin auf einer Sedes gestatoria hereingetragen, die man wenig später abschaffte. Die Arbeit des Konzils begann mit der Wahl der Mitglieder der Konzilskommissionen, die der Papst nach thematischen Gesichtspunkten errichtet hatte.

Reihenfolge ihrer Beratung zu bestimmen usw. Vor allem aber: Beschlüsse des Konzils müssen von ihm bestätigt und verkündet werden, erst dann haben sie Gesetzeskraft. Praktisch ist selbst das ökumenische Konzil eine Darstellungsform des Papsttums. Paul VI., in dessen Amtszeit das Zweite Vatikanische Konzil 1965 abgeschlossen wurde, hat nichts anderes deutlich werden lassen, und der neue Codex bewegt sich auf der alten Linie.

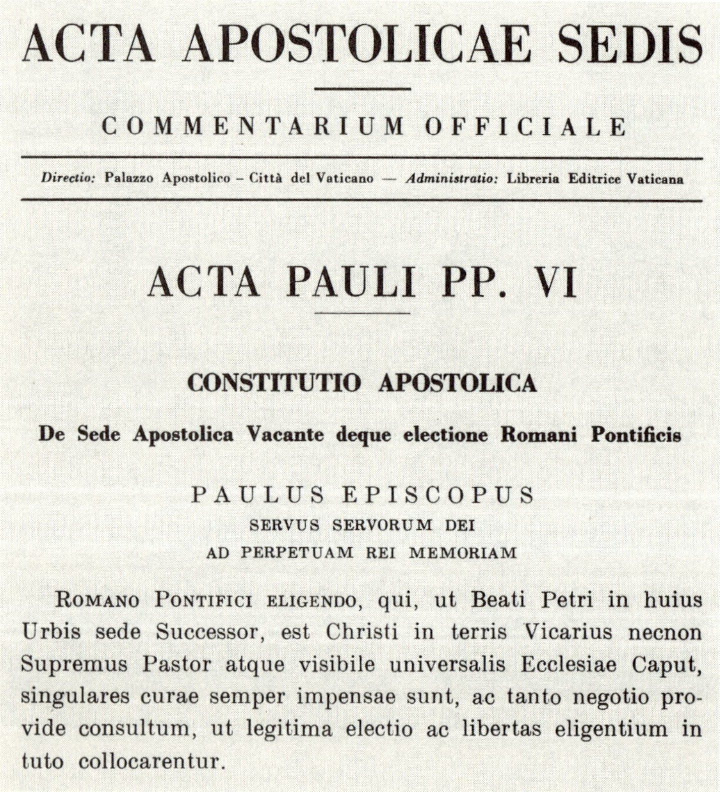

ACTA APOSTOLICAE SEDIS

COMMENTARIUM OFFICIALE

Directio: Palazzo Apostolico - Città del Vaticano — *Administratio:* Libreria Editrice Vaticana

ACTA PAULI PP. VI

CONSTITUTIO APOSTOLICA

De Sede Apostolica Vacante deque electione Romani Pontificis

PAULUS EPISCOPUS
SERVUS SERVORUM DEI
AD PERPETUAM REI MEMORIAM

Romano Pontifici eligendo, qui, ut Beati Petri in huius Urbis sede Successor, est Christi in terris Vicarius necnon Supremus Pastor atque visibile universalis Ecclesiae Caput, singulares curae semper impensae sunt, ac tanto negotio provide consultum, ut legitima electio ac libertas eligentium in tuto collocarentur.

Abb. 40. Die päpstliche Konstitution «Romano Pontifici eligendo» von 1975 zur Papstwahl, veröffentlicht im einzigen amtlichen Organ zur Verkündung päpstlicher Gesetze, in den seit 1909 erscheinenden Acta Apostolicae Sedis, wurde 1996 durch das Gesetz «Universi dominici gregis» ergänzt, das nur die Wahl durch Zettel zuläßt.

Die Wahl des Papstes

Episkopalismus und Konziliarismus waren gleichsam aus der Kirchenstruktur kommende Gefahren für ein universales Papsttum. Sie wurden überwunden. Aber bedeutet nicht jeder Papstwechsel eine neue Krise? Wie ist der Mechanismus beschaffen, der es fertiggebracht hat, Nachfolger auf den Stuhl Petri zu erheben, bei denen über menschliche Schwächen hinweg stets das Amtscharisma aufleuchtete? Es ist jene Stabilität, die Hitler und Mussolini bewundert haben.

Am Anfang jeder päpstlichen Regierung steht die Wahl. Sie wird nach Regeln vollzogen, die erst allmählich im Laufe von beinahe einem Jahrtausend zu einem festen Verfahren zusammengewachsen sind. Immer wieder ergänzt, soll es persönliche und außerkirchliche Motive zurückdrängen, um die Institution rein zu erhalten. Nahezu jede Vorschrift innerhalb der gesamten Wahlprozedur – die letzte wurde 1996 erlassen – ist irgendwann einmal Antwort auf eine besondere, zu einer Reform zwingende Situation gewesen. Jahrhundertelange Erfahrung ließ eine Wahlordnung von unvergleichlicher Ausgewogenheit entstehen. Nicht ausgedachte Eventualitäten also, denen man von vornherein zu begegnen suchte, sondern geschichtliche Ereignisse haben die heutige Papstwahlordnung geprägt: Sie ist gleichsam das Werk historischer Vernunft.

Das erste Jahrtausend

Wer Papstwahl hört, denkt an Kardinalskolleg und Konklave, doch diese Einrichtungen treten erst zu Beginn unseres Jahrtausends auf. Davor, im ersten Jahrtausend, galt für die Wahl des Bischofs von Rom dasselbe wie für die jedes beliebigen Bischofs, für die eine Beteiligung von «Klerus und Volk» vorgeschrieben war. Aber bei diesem Verfahren war fremdem Einfluß Tür und Tor geöffnet. Römische Kaiser und germanische Könige haben den Papststuhl besetzt. Um profanem Einfluß vorzubeugen, bestimmten manche Päpste noch zu Lebzeiten und zeitig ihre Nachfolger.

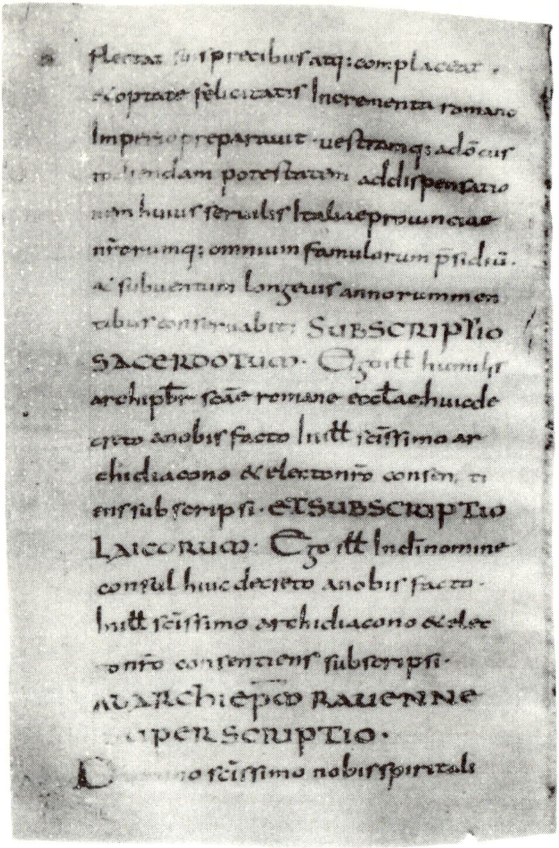
pietas ... precibus atq; complaceat
... optatae felicitatis incrementa romano
imperio praeparavit · vestramq; ad ...
...dam potestatem ad dispensatio
nem huius servilis Italiae provinciae
nostrorumq; omnium famulorum p̄sidiū.
... subvenerit longevus annorum me
... SUBSCRIPTIO
SACERDOTUM · Ego ill humilis
archiptr · scae romanae ecclae huic de
creto a nobis facto in ill sanctissimo ar
chidiacono et electo nro consen ti
ens subscripsi · ET SUBSCRIPTIO
LAICORUM · Ego ill in dei nomine
consul huic decreto a nobis facto ·
in ill sanctissimo archidiacono et ele
cto nro consentiens subscripsi ·
AD ARCHIEPM RAVENNE
SUPERSCRIPTIO ·
D... sanctissimo nobis spiritali

Abb. 41. Meldung der Sedisvakanz und der Neuwahl eines Papstes an den oströmischen Exarchen in Ravenna gemäß dem vom 6. bis zum 8. Jahrhundert verwendeten Formular des sogenannten Liber Diurnus (Tagebuch) mit der Unterschrift der Geistlichkeit, der Laien und des Konsuls von Rom: Formel 60 im Cod. XI 19 des Archivio Segreto Vaticano. Erst wenn er ein Glaubensbekenntnis abgelegt hatte, durfte der neugewählte Papst geweiht werden. In dem Glaubensbekenntnis des Liber Diurnus ist von einem Honorius die Rede, der ketzerische Lehren «begünstigt» habe. Die Papstbezeichnung fehlt. Es handelt sich um Papst Honorius I. (625–638), dessen Verhalten dem Grundsatz der Unfehlbarkeit des römischen Bischofs widersprach. Obwohl die Formel keine große Verbreitung erlangt hat, wurde seit der Mitte des 17. Jahrhunderts die Drucklegung dieser Handschrift aus diesem Grunde verhindert. Erst nach der Öffnung des Vatikanischen Archivs 1881 erschien eine kritische Edition.

In byzantinischer Zeit, vom 6. bis 8. Jahrhundert, mußte der gewählte Papst sein Credo an den Kaiser nach Konstantinopel schicken, wo die Rechtgläubigkeit geprüft wurde; erst dann durfte er sich weihen lassen. Anschließend, vom 9. bis 11. Jahrhundert, haben fränkische und dann deutsche Herrscher auf die Papstwahl wiederholt Einfluß genommen. Am abträglichsten aber war der Streit der römischen Adelsparteien um das Amt. Nicht nur daß mehrere Päpste, hineingezogen in die stadtrömischen Kämpfe, ermordet worden sind: krasse Unregelmäßigkeiten kamen vor. Johannes XI., wahrscheinlich ein Papstsohn, wurde von seiner energischen und politisch einflußreichen Mutter 931, kaum zwanzigjährig, als Bischof von Rom durchgesetzt (s. unten S. 107), obwohl das Kirchenrecht ein Mindestalter von 30 Jahren vorschrieb. Wahrscheinlich noch jün-

Abb. 42. Hochgrab Papst Clemens' II. (1046–1047) im Bamberger Dom. Clemens-Suidger hatte auch als Papst die Leitung seines Bistums beibehalten. Das Monument stammt wahrscheinlich vom Hauptmeister des Bamberger Domes. Die kurzen Pontifikatszeiten von Clemens II. bis Nikolaus II. (1059–1061), als sechs Päpste nur wenige Jahre regierten, ließen Alexander II. (1061–1073) an Kardinal Petrus Damiani die Frage stellen, «Warum lebt das Haupt der römischen Kirche nicht länger?» Petrus Damianis Antwort: die Kürze des Lebens ist Wesensmerkmal des Papstes. Bei Clemens II. hat man freilich guten Grund, einen gewaltsamen Tod anzunehmen (s. S. 62); in seiner «Knochenmasse» hat man Bleiazetat in hoher Konzentration gefunden.

ger war der berüchtigte Johannes XII. (955–964), der seinen bürgerlichen Namen Octavian ablegte und damit einen Brauch begründete, der sich bis heute gehalten hat: Der Papst legt sich bei seiner Wahl einen Amtsnamen zu.

Auf dem Gipfel stadtrömischen Durcheinanders griff 1046 der deutsche König Heinrich III. (1039–1056) ein: Da war ein Papst, der vor Jahren angeblich als minderjähriger Knabe auf den Stuhl von Sankt Peter gesetzt worden war und der jetzt seine Würde – bedrängt von dem Gegenpapst einer feindlichen Familie – für angeblich 2000 Silberpfunde (das wären rund 50 000 Goldmark nach dem Stand vor dem 1. Weltkrieg; nicht so sehr teuer also) verkauft hatte. Der Käufer war ein durch und durch frommer und reformeifriger Priester, dem vielleicht eine jüdische Familie das Abstandsgeld hatte zukommen lassen. Heinrich III. ließ sie alle drei der Reihe nach absetzen und bestimmte nacheinander mehrere deutsche Bischöfe zu Päpsten: als ersten den in seinem Gefolge mitgereisten Bischof Suidger von Bamberg, der als Clemens II. (1046–1047) den Papstthron bestieg. Zwölf Jahre regierten fünf deutsche Päpste mit auffallend kurzen Pontifikaten. Gerüchte, es sei beim Ableben dieser fremden Deutschen manches nicht mit rechten Dingen zugegangen, sind früh aufgekommen. Als der Sarkophag des in seinem Heimatbistum beigesetzten Clemens II. 1942 geöffnet und ein hoher Bleigehalt in den Skelettknochen gefunden wurde, schien der Verdacht auf Giftmord bestätigt.

Das Papstwahldekret von 1059
Die Kardinäle als Wähler

So reinigend 1046 der deutsche Eingriff in die römischen Verhältnisse wirkte, so wurde er doch als störend und anmaßend empfunden: Stärker noch als vorher hatte er deutlich gemacht, wie sehr die Papstwahl dem Laieneinfluß ausgesetzt war. Die Antwort der selbstbewußten Reformgeistlichkeit blieb nicht aus. 1059 wurde auf einer römischen Synode ein Papstwahldekret beschlossen: Es bestimmte, daß beim Tode eines Papstes die Kardinäle die Wahl eines Nachfolgers besorgen sollten.

Was war damals ein Kardinal? Cardinalis leitet sich ab von Cardo, die Türangel; die Kardinalgeistlichen waren Geistliche an einer Kirche, die einen Angelpunkt bildete, an einer Hauptkirche, und das nicht nur in Rom, denn bis in das Hochmittelalter hinein gab es auch

Abb. 43. «So geht der Ruhm der Welt dahin» (Sic transit gloria mundi). Seit dem 11. Jahrhundert in Andeutungen, seit dem 15. Jahrhundert als fester Brauch ist für die Krönungsfeierlichkeiten des Papstes bezeugt, daß vor dem Papst ein Büschel Werg abgebrannt wird, wobei diese Worte gesprochen werden. Das Gemälde von Pinturicchio im Dom von Siena zeigt, wie vor dem auf der sedes gestatoria thronenden Papst Pius II. (1458–1464) ein mit einer Alba bekleideter Diakon kniet und auf einer Stange ein brennendes Wergbüschel hochhält.

in anderen Bischofsstädten Kardinäle. Diese Kardinäle hatten hauptsächlich liturgische und karitative Aufgaben. Ihr Kollegium umfaßte in Rom in der zweiten Hälfte des 11. Jahrhunderts etwa 50 Mitglieder. Aus diesen Helfern des römischen Bischofs wurde durch das Papstwahldekret von 1059 eine Art Senat der katholischen Kirche, der den Papst bestimmte.

Zwar war auf diese Weise das Wahlgremium festgelegt, aber eine geregelte Wahlhandlung mit einem klaren Ergebnis war noch nicht garantiert. Daß die Stimmenzahl nicht festgelegt war, die ein Kandidat mindestens brauchte, um für gewählt zu gelten, offenbarte sich als gefährlicher Mangel. Immer wieder kam es zu Doppelwahlen. Die Erhebung des berühmten Juristenpapstes Alexanders III. 1159 artete sogar in Handgreiflichkeiten aus. Als sich Alexander, dem die meisten Kardinäle ihre Stimme gegeben hatten, mit dem purpurnen Mantel bekleiden lassen wollte, dem damals wichtigsten Amtszeichen eines Papstes, verstieg sich der von nur zwei Kardinälen gewählte Gegenpapst Viktor IV. – so berichtete später Alexander selbst voller Wut – «zu solcher Unverschämtheit und solchem Wahnsinn, daß er den Mantel… wie ein Besessener von unserem Nacken mit eigenen Händen brutal herunterriß und unter lautem Getöse mit sich schleppte». Dieses Erlebnis war Alexander eine Lehre. Auf dem großen römischen Konzil von 1179 ließ er beschließen, daß als Papst nur anerkannt werde, wer von zwei Dritteln der Kardinäle gewählt worden sei. Wer die Papstwürde mit weniger Stimmen beanspruche, verfalle der Exkommunikation.

Das Gebot der Zweidrittelmehrheit bewährte sich. Während die 120 Jahre vom Papstwahlgesetz von 1059 bis zum Konzil von 1179 ein rundes Dutzend Gegenpäpste sahen, kamen Doppelwahlen in den nächsten zwei Jahrhunderten kaum vor. Erst bei der großen abendländischen Kirchenspaltung nach 1378 traten wieder – aus mancherlei Gründen – mehrere Päpste gegeneinander auf.

Das Aufkommen der Konklaveordnung

Das dritte Element, das der Papstwahl neben Kardinalskollegium und Zweidrittelmehrheit eine besondere Stabilität verleiht, ist das Konklave: der Vollzug der Wahl in einem verschlossenen Raum (daher der Name). In einem Konklave ließen manche italienischen Stadtgemeinden – abgeschirmt gegen Umtriebe der Bevölkerung –

Abb. 44. Überreste des Septizoniums, eines vom römischen Kaiser Septimius Severus (193–211) errichteten Prachtbaus an der Südostecke des Palatin, in welchem das möglicherweise erste Papstwahl-Konklave stattfand. Von der Qual der eingeschlossenen Kardinäle erzählt der im Text wiedergegebene Bericht. Das Septizonium hat Papst Sixtus V. für seine Bauten abtragen lassen (s. unten S. 172).

Abb. 45. Papstpalast in Viterbo, dessen Dach über dem Konklave-Saal die Bürger der Stadt abgedeckt haben, als sich die Kardinäle nach dem Tod Clemens' IV. (1268), der in Viterbo gestorben war, durch Jahre nicht auf einen Nachfolger einigen konnten. Am 29. 11. 1268 war Clemens IV. gestorben, erst am 10. Februar 1272 zog sein Nachfolger Gregor X. in Viterbo ein, wo in diesen Jahrzehnten die Kurie sich oft aufhielt.

---

ihren Bürgermeister wählen; in Venedig wurde auf diese Weise der Doge erhoben. Das erste Papstwahl-Konklave, von dem wir mit Sicherheit wissen, fand 1241 statt – es war zugleich das qualvollste Konklave, das Kardinäle je haben durchstehen müssen.

Beim Tode Papst Gregors IX. im Sommer 1241 herrschte in der Stadt Rom der Senator Matteo Rosso, der Stammvater des Hauses Orsini, zwar ein Freund des heiligen Franz von Assisi, dennoch ein brutaler Politiker. Ihm war daran gelegen, möglichst schnell einen neuen Papst zu erhalten. In einem Handstreich setzte er die in Rom anwesenden Kardinäle in einem verlotterten antiken Prachtbau, in dem heute verschwundenen Septizonium, fest. Den Kardinälen stand der Tod vor Augen, wenn sie sich nicht schnell einigten, und die Leiden der Eingeschlossenen waren so groß, daß einer von ihnen starb und fast alle anderen schwer erkrankten. Nach einem immerhin zweimonatigen Konklave hatten sie sich endlich auf einen Papst geeinigt. Kaum waren die Kardinäle frei, verließen die meisten fluchtartig Rom, um vor dem Zugriff des Matteo Rosso sicher zu sein. Der Orsini hatte Pech. Nach nur siebzehntägigem Pontifikat starb sein Papst, auch er aufgezehrt vom Konklave. Die aus der Stadt entwichenen Kardinäle wurden aufgefordert, zu einem neuen Wahlgang nach Rom zurückzukehren. Diese aber lehnten ein neues römisches Konklave rundweg ab und erinnerten an die soeben ausgestandenen Leiden; ihr Absagebrief ist erhalten.

»Sollen wir denn vergessen, wie würdelos wir behandelt worden sind? Wie wir an Händen und Füßen zum Wahlkerker geschleppt und schmählich geschlagen worden sind gleich Dieben? Wie einer unserer Brüder an seinen verehrungswürdigen weißen Haaren zu Boden gerissen und auf der Erde... gezerrt worden ist gleich einem Strauchdieb auf dem Weg zum Galgen? Wie auf dem Dach über un-

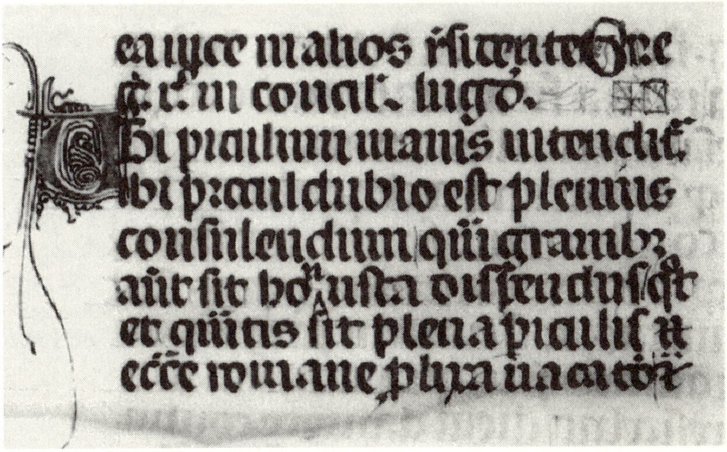

Abb. 46. Anfang der Dekretale «Ubi periculum» Papst Gregors X., erlassen 1274 auf dem zweiten Konzil von Lyon, dem 14. allgemeinen. In ihr ist der Ablauf des Konklaves bis in Kleinigkeiten hinein geregelt: «Wenn der Papst an demselben Ort, wo sich die Kurie befindet, die Tage beschließt, dann sollen die Kardinäle auf ihre abwesenden Kollegen nur zehn Tage warten. Nach Ablauf dieser Frist haben sie sich alle ... in dem Palast, in dem der Papst wohnte, jeder jeweils nur mit einem Diener, ... zu versammeln» usw.

seren Köpfen von der dort einquartierten Wachmannschaft die Notdurft verrichtet wurde, die durch die Ritzen und Spalten auf das Lager eines unserer Brüder als stinkende Jauche tropfte und sich des Nachts bei Regen auf das Bett eines anderen ergoß? Wie ein anderer ehrwürdiger Bruder mit Gewalt in die Totenkammer geschleppt worden ist, während man ihn bespie und auf ihn höhnische Klage- und Begräbnislieder gröhlte und ihn auf der (stoffernen) Tragbahre von unten her grausam mit den Armbrüsten stieß?» usw.

Die Kardinäle verweigerten also die Rückkehr nach Rom, und die Sedisvakanz dauerte noch 2 Jahre bis 1243. Das längste und für die Zukunft wichtigste Konklave aber war das von Viterbo, das Ende 1268 begann und sich bis zur Weihe eines neuen Papstes 1271 fast drei Jahre hinzog. Hoffnungslos zerstritten nach nationalen Gruppierungen waren die Kardinäle in den Papstpalast zur Wahl eingezogen. Im zweiten Jahr schlossen Rat und Bürgerschaft von Viterbo das Wahllokal hermetisch ab, vermauerten die Türen, deckten schließlich das Dach ab und setzten die Wähler auf Wasser und Brot. Die Kardinäle blieben hart und erreichten sowohl eine Aufhebung der Sperre wie eine Wiederherstellung des Gebäudes.

Aber der neue, in Viterbo 1271 gewählte Papst Gregor X. (1271–1276), der selbst nicht Kardinal gewesen ist und deshalb frei war von irgendwelcher Rücksichtnahme gegenüber früheren Standeskollegen, zog aus den Wahlvorgängen von Viterbo seine Lehre; er erließ 1274 eine strenge Konklaveordnung (Ubi periculum). Darin heißt es z. B., daß alle Kardinäle gemeinsam mit jeweils nur einem Diener den Konklaveraum bewohnen sollten, der überall geschlossen zu sein habe. Wenn nach drei Tagen vom Beginn des Konklaves ab keine gültige Wahl zustande käme, dann «sollen die Kardinäle für die unmittelbar folgenden nächsten fünf Tage zum Mittag- und zum Abendessen mit nur einem Gericht zufrieden sein, und nach ergebnislosem Ablauf auch dieses Zeitraumes mag ihnen nur noch Brot, Wein und Wasser gereicht werden, bis die Wahl erfolgt».

Abb. 47. Unmittelbar nach dem Tod eines Papstes wurden von geschäftstüchtigen Verlegern «Konklave-Pläne» auf den Markt gebracht. Auf ihnen war der Ablauf eines Konklave durch Skizzen und Bilder erklärt (A = Aufbahrung des toten Papstes; F = Huldigung der Kardinäle vor dem neu gewählten Papst); unter den Namen der in das Konklave einziehenden Kardinäle befand sich selbstverständlich stets auch der des künftigen Papstes.

Hier ist ein Plan nach dem Tod Clemens' XII. (6. 2. 1740) wiedergegeben; als Datum des Einzugs in das Konklave ist der 18. 2. 1740 genannt. Gewählt wurde nach halbjährigem Konklave der in der zweiten Spalte unten links aufgeführte Bologneser Prospero Lambertini (* 1675), ein auf dem Gebiet des Kirchenrechts glänzend ausgewiesener Gelehrter, der sich Benedikt XIV. (1740–1758) nannte.

Den drei zentralen Elementen der Papstwahlgesetzgebung – Kardinalskolleg, Zweidrittelmehrheit, Konklave – sind nur Kleinigkeiten hinzugefügt worden. So bestimmte Sixtus V. 1586, daß die Zahl der Kardinäle 70 nicht überschreiten dürfe, und Pius XII. ergänzte 1945: Gewählt sei, wer die Zweidrittel und eine Stimme darüber hinaus auf sich vereinige. Eine Selbstwahl sollte verhindert werden. Johannes XXIII. änderte die Vorschrift: die schlichte Zweidrittelmehrheit genügte. Nur wenn die Zahl der anwesenden Kardinäle nicht durch drei teilbar sei, sollte eine zusätzliche Stimme nötig sein. Aber es blieb nicht dabei. Die jetzt geltende Regelung der Papstwahl brachte die Konstitution «Romano Pontifici eligendo» Pauls VI. vom Jahre 1975, der wieder zur Bestimmung Pius' XII. zurücklenkte: zwei Drittel und eine Stimme, was Johannes Paul II. beibehielt.

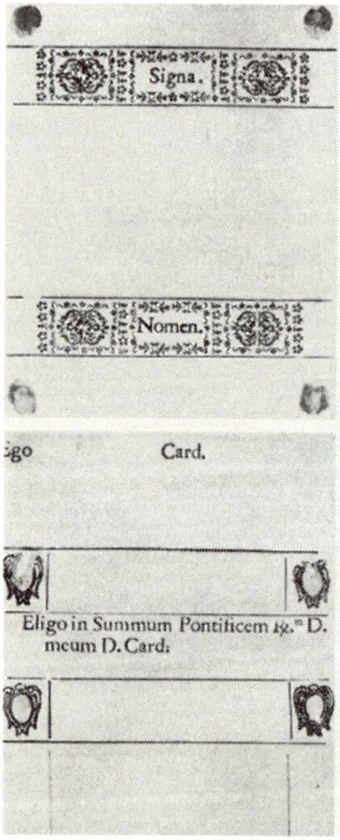

Abb. 48. Wahlzettel für das Konklave von 1800, aus dem Pius VII. als Papst hervorging.

Abb. 49. Der Ofen, in dem die Wahlzettel verbrannt werden, verbunden mit einem Mechanismus, der schwarzen oder weißen Rauch erzeugt, entsprechend einem negativ oder positiv verlaufenen Wahlgang.

Eine Papstwahl heute

Wie steht es heute um die Papstwahlmodalitäten? Die Unbekümmertheit Papst Johannes' XXIII. hat neue Perspektiven eröffnet: Er kreierte Kardinäle weit über die seit Jahrhunderten festgelegte und für sakrosankt gehaltene Zahl 70 hinaus – bis 135. Paul VI. ließ es bei der hohen Zahl, doch bestimmte er, daß die Kardinäle mit dem 80. Lebensjahr ihr Wahlrecht verlören, so daß es Kardinäle mit und ohne Papstwahlrecht gibt. Die Zahl der Kardinäle unter 80 Jahren wurde auf 120 begrenzt, doch wird sie häufig überschritten.

Theoretisch kann jeder Geistliche, ja jeder männliche, unbescholtene und gesunde Laie, wenn er Glied der katholischen Kirche ist,

Abb. 50. Eine weiße Rauchfahne, wie sie vom Petersplatz von der wartenden Menge wahrgenommen wird. Der neue Papst ist gewählt, aber wer es ist wird erst von der Benediktionsloggia verkündet (s. unten S. 74).

zum Papst gewählt werden. Allerdings wurde seit 600 Jahren stets ein Kardinal erhoben; der letzte Nichtkardinal war Urban VI. (1378–1389), vorher Erzbischof von Bari. Wie sehr mit der Wahl eines Kardinals gerechnet wird, zeigt der Wahlzettel, wo bereits vor dem einzutragenden Namen der lateinische Text gedruckt ist: «Ich wähle zum Papst meinen Hochwürdigsten Herrn, den Kardinal X.»

Von der Zusammensetzung der zum Konklave zugelassenen Kardinäle her gewinnt die Papstwahl heute eine neue, eine weltweite Dimension. Auf Grund des Übergewichts der Italiener im Kardinalskolleg und zugleich des kirchlichen Selbstverständnisses war bislang die Wahl eines Italieners so gut wie sicher, auch wenn bereits unter Pius XII. die italienischen Kardinäle in der Minderzahl waren. Durch Johannes XXIII. und durch Paul VI. ist die Internationalität des wahlfähigen Kardinalskollegs umstoßend erweitert worden, und Paul VI. sah für die nächsten Konklaven die Gefahr heraufziehen, daß man sich angesichts der Heterogenität des Wahlgremiums nur schwer auf einen Kandidaten würde einigen können. Es gibt deshalb die Möglichkeit, daß auch mit einfacher Mehrheit gewählt wird: Wenn insgesamt 26 Wahlgänge ohne Ergebnis geblieben sind (was einem Konklave von mindestens einer Woche entspricht), wenn zwei in gewissen Abständen gehaltene Mahnreden des jeweils rangersten Kardinaldiakons und Kardinalpriesters nichts gefruchtet haben und wenn schließlich nach einer Mahnrede des rangersten Kardinalbischofs alle Konklave-Kardinäle ohne Ausnahme damit einverstanden sind, dann erst darf zu dieser Notlösung der einfachen Mehrheit plus einer Stimme Mehrheit gegriffen werden, die manche Kirchenrechtler bedenklich finden. Es werden weitere Vereinfachungen erwogen.

Bei der Wahl Johannes Pauls I. (26. 8. 1978–28. 9. 1978) wirkte offensichtlich noch das Bewußtsein eines italienisch-römischen Zentralismus nach. Mit der Erhebung des Polen Karol Wojtyla, der – ablesbar an der Dauer des Konklave – mindestens mit einer Zweidrittelmehrheit gewählt worden ist, der Notlösung der einfachen Mehrheit also nicht bedurfte, ging eine jahrhundertelange Tradition zu Ende.

600 Jahre hindurch sind, mit einer wenig ins Gewicht fallenden Ausnahme im 16. Jahrhundert, sämtliche Päpste Italiener gewesen, was schon das Papstwahldekret von 1059 nahelegte, wo es heißt, das Kirchenhaupt sei nach Möglichkeit aus dem Schoße der römischen Kirche zu wählen. Das höchste geistliche Amt erschien dem Spätmittelalter so natürlich eine italienische Domäne, daß der Kölner Domherr Alexander von Roes im 13. Jahrhundert von den drei Vorherrschaften in der Welt sprach, der weltlichen, der geistlichen und

Abb. 51. Papst Gregor X. hatte bestimmt, daß die Wahl eines neuen Papstes am Sterbeort des alten stattfinden sollte (s. oben S. 67), doch wurde diese Regel oft durchbrochen, und der Ort wechselte. Zuletzt diente die Sixtinische Kapelle als Wahllokal, die für die Wahlprozedur hergerichtet werden mußte. Die nächste Papstwahl findet im eigens dafür vorbereiteten Palazzo di Santa Marta statt, der über alle notwendigen hygienischen und technischen Einrichtungen verfügt, deren Fehlen bei der Sixtinischen Kapelle als Wahl- und Unterkunftsort der Kardinäle zu Unzuträglichkeiten führte. – Hier ist das Konklave von 1963 zu sehen; über jedem Kardinal ein Baldachin, der nach erfolgter Wahl einzuklappen ist; nur der Baldachin des gewählten Kardinals bleibt aufrecht stehen.

---

der wissenschaftlichen, die den Deutschen, den Italienern und den Franzosen gebühre.

Die geistliche Vorherrschaft den Italienern: Noch im vorigen Jahrhundert konnte die römische Jesuitenzeitschrift La Civiltà Cattolica schreiben: «Wie einst die Juden das auserwählte Volk Gottes waren, so ist es im neuen Bund das römische Volk. Es ist von übernatürlicher Würde.» Die Idee, daß das Haupt der Kirche von dem Volk von Rom, von den Italienern, nicht zu trennen sei, ist mit der Wahl Johannes Pauls II. sichtbar aufgegeben.

CITTA' DEL VATICANO, LUNEDI' 16 OTTOBRE 1978 - UNA COPIA L. 200 EDIZIONE STRAORDINARIA ORE 18,43

L'OSSERVATORE ROMANO

GIORNALE QUOTIDIANO POLITICO RELIGIOSO

UNICUIQUE SUUM NON PRAEVALEBUNT

Habemus Papam

CAROLUM WOJTYLA

qui sibi nomen imposuit

IOANNEM PAULUM II

Abb. 52. Der dienstälteste Kardinaldiakon verkündete von der Loggia über dem Mittelportal des Petersdomes «dem wartenden Volk» die traditionellen Worte: «Wir haben einen Papst (den hervorragenden und hochwürdigsten Herrn Kardinal): Karol Wojtyla, der sich den Namen Johannes Paul II. gegeben hat.» Sonderausgabe des Osservatore Romano vom 16. Oktober 1978, 18.43 h, mit der entsprechenden Überschrift.

Das Papsttum in den Endzeitberechnungen

Wie wird es weitergehen? Das ist in der Geschichte des Papsttums und der Kirche stets eine bedrängende Frage gewesen. Das Mittelalter kannte einen Endkaiser und einen Endpapst, einen Papst am Weltende, und rechnete sich den mit diesem Papst verbundenen Jüngsten Tag aus.

Luther sah in den Päpsten seiner Zeit den Antichrist der Endzeit am Werk, der die Voraussage des Thessalonicherbriefes erfüllte: «die Zukunft des Bösen geschieht nach der Wirkung des Satans... Darum wird... Gott kräftige Irrtümer senden, daß sie glauben der Lüge.» Verkünder dieser Irrtümer ist nach Luther der Papst als Antichrist, der mit Lügen wie mit der als Fälschung erkannten Konstantinischen Schenkung Erfolg gehabt habe und das Ende der Tage einleite.

Im 16. Jahrhundert dürfte auch die berühmte Papstprophetie des Malachias entstanden sein. Sie gibt sich als Weissagung eines iroschottischen Mönches und späteren Erzbischofs von Armagh aus

Abb. 53. Dem kalabresischen Abt Joachim von Fiore († 1202) sind viele Prophezeiungen zugeschrieben worden, so auch «Weissagungen über die Päpste». Das Blatt zeigt einen zweiköpfigen Drachen. Das eigentliche Kopfende mit Kaiserkrone und Eselsohren steht für Urban VI. (1378–1389): unter ihm begann das Doppelpapsttum des Großen Abendländischen Schismas. Entsprechend deutet der Kopf am Schwanzende auf den Gegenpapst Clemens VII.: der Drachenleib am Schwanzende umschließt sieben Sterne (Handschrift von ca. 1490 aus Norditalien).

Abb. 54. Selbstverständlich sind diese «Papstprophezeiungen» ex eventu formuliert. Von Clemens V., der das «Avignonesische Exil» (1305–1377) einleitete, ist gesagt: «Er wird den Turm über die Berge tragen.» Zurück bleibt die trauernde Braut Rom in einer Art Kirchenportal.

Liber Secundus. 311

co, Cardin alis creatus à Pio. IIII. qui pila in armis geſtabat.

Axis in medietate ſigni. Sixtus. V. qui axem in medio Leonis in armis geſtat.

De rore cœli. Vrbanus. VII. qui fuit Archiepiſcopus Roſſanenſis in Calabria, ubi māna colligitur.

Ex antiquitate Vrbis.	Gregorius. XIIII.	
Pia ciuitas in bello.	Innocentius. IX.	
Crux Romulea.	Clemens. VIII.	
Vndoſus uir.		Paſtor & nauta.
Gens peruerſa.	Animal rurale.	Flos florum.
In tribulatione pacis.	Roſa Vmbriæ.	De medietate lunæ.
Lilium & roſa.	Vrſus uelox.	De labore ſolis.
Iucunditas crucis.	Peregrin⁹ apoſtolic⁹.	Gloria oliuæ.
Montium cuſtos.	Aquila rapax.	In pſecutione. extrema S.R.E. ſedebit.
Sydus olorum.	Canis & coluber.	
De flumine magno.	Vir religioſus.	Petrus Romanus, qui paſcet oues in multis tribulationibus: quibus tranſactis ciuitas ſepticollis diruetur, & Iudex tremēdus iudicabit populum ſuum. Finis.
Bellua inſatiabilis.	De balneis Ethruriæ.	
Pœnitentia glorioſa.	Crux de cruce.	
Raſtrum in porta.	Lumen in cœlo.	
Flores circundati.	Ignis ardens.	
De bona religione.	Religio depopulata.	
Miles in bello.	Fides intrepida.	
Columna excelſa.	Paſtor angelicus.	

Quæ ad Pontifices adiecta, non ſunt ipſius Malachiæ, ſed R.P.F. Alphonſi Giaconis, Ord. Prædicatorū, huius Prophetiæ interpretis.

Abb. 55. Bis heute am meisten beachtet ist die Papstweissagung des Pseudo-Malachias. Sie taucht zum erstenmal bei Arnoldus Wion, Lignum vitae (Venedig 1595), auf. Es handelt sich um 112 kurze Sinnsprüche, mit denen jeweils ein Papst charakterisiert wird; sie setzen mit Cölestin II. (1143–1144) ein und enden mit einem «römischen Petrus». Wiedergegeben ist der Schluß der Prophetien mit «Petrus Romanus» und dem Jüngsten Gericht, von dem Johannes Paul II. nur noch durch einen Papst getrennt ist.

dem 12. Jahrhundert, wurde in Wirklichkeit aber kurz vor 1590 erfunden. Mit einer knappen Devise ist darin jeder einzelne Papst charakterisiert. Die Reihe der Sprüche reicht bis zum Jüngsten Gericht, bis, wie es heißt, in der letzten Verfolgung Petrus selbst auf dem römischen Stuhle sitzen wird. Ordnet man die bisherigen Päpste bis auf den jetzt regierenden den einzelnen Sprüchen zu, so fällt auf Johannes XXIII. (1958–1963) zum Beispiel der Spruch: «Pastor et nauta» (Hirte und Seemann). Tatsächlich haben bei der Wahl Angelo Giuseppe Roncallis ernsthafte Zeitungen auf die Papstprophetien des Malachias hingewiesen, da der Erwählte ja Patriarch der Seestadt Venedig gewesen sei.

Der heutige Papst Johannes Paul II. erhält bei entsprechender Zuordnung die reichlich mystische Devise «De labore solis» (Von der Arbeit der Sonne). Nach Johannes Paul II. bis zur Wiederkehr des Petrus am Ende der Kirchen- und Weltgeschichte ist nur noch ein einziger Spruch frei: «Gloria olivae» (Der Ruhm der Olive, des Friedensbaums). Die Kirche und unsere Welt haben viele solcherart irrationaler An- und Abkündigungen ihres Endes überlebt. Aber die Spannung und Erwartung bleibt: Wie wird sich das Papsttum künftig darstellen?

Teil II
GESTALTEN DES PAPSTTUMS

Abb. 56. Die alte Basilika S. Paolo fuori le mura (Sankt Paul vor den Mauern) war ein Bau von ungewöhnlicher Pracht: die Flachdecke war vergoldet, die Wände hatten Marmor- und Goldauflage, der Hauptaltar einen silbernen Baldachin mit silbernen Figuren. Das obige Bild zeigt die Basilika in der restaurierten Form. Im Mittel- und im Querschiff: Papstbildnisse in Medaillonform von 1,90 m Durchmesser; jeder neue Papst läßt sein Bild hier nachtragen.

Das erste Jahrtausend

Die lückenlose Reihe der Petrusnachfolger

Eine der schönsten Kirchen Roms, die der Pilger aufsucht, um vollkommenen Ablaß zu erlangen, ist die Basilika Sankt Paul vor den Mauern. Hier soll die Römerin Lucina die sterblichen Reste des Apostels Paulus, der der Überlieferung nach im Jahre 65 in der Nähe enthauptet worden war, beigesetzt haben. Um 385 wurde die Kirche zu einer der größten der abendländischen Christenheit erweitert und hatte Bestand, bis eine Feuersbrunst sie 1823 zerstörte. Mit weltwei-

Abb. 57. 1823 verwandelte ein Brand die Basilika Sankt Paul vor den Mauern, die in den Jahren nach 384 auf Veranlassung des Papstes Damasus (366–384) errichtet worden war, innerhalb von drei Stunden in ein Trümmerfeld. Ein Teil der Papstmedaillons wurde vernichtet, ein Teil abgelöst und im Lapidarium des Klosters verwahrt. Die Zeichnung zeigt den Zustand unmittelbar nach dem Brand; links oben im Mittelschiff sind die Papstbildnisse zu erkennen.

Abb. 58. Drei der rund 40 abgelösten Papstbildnisse aus der alten Basilika S. Paolo fuori le mura (von links): Zephyrinus (199–217), Calixtus I. (217–222), Marcus (336). Die Rundform erklärt sich aus dem vorchristlichen römischen Bildnis; es war ursprünglich ein Bild auf einem wirklichen Rundschild (clipeus), der im Tempel als Weihegeschenk aufgehängt wurde.

ter Unterstützung wurde sie sofort zu großen Teilen wiederaufgebaut. Restauriert wurde auch ein besonderer Schmuck der Kirche: ein mit Petrus beginnender Kranz von Papstbildnissen, der im 5. Jahrhundert geschaffen und bis heute fortgeführt worden ist. Große medaillonartige Bilder zeigen eine ununterbrochene Reihe römischer Bischöfe. Seit der frühen Kirche versichern uns Listen mit Regierungszeiten der Päpste, daß die Kette nie abgerissen sei, und in der bildenden Kunst sind diese Papstbildnisreihen geradezu eine eigene Gattung.

Dabei wissen wir von den ersten Päpsten sehr wenig. Wir können nicht einmal sicher sagen, wer nach Petrus der römischen Gemeinde vorstand: Linus, Cletus, Anacletus? Übrigens alles nichtrömische Namen, deren Träger gewiß nicht zu den ersten einheimischen Familien gehört haben. Wie immer: auf die Geschlossenheit der Namenreihe wurde Wert gelegt, denn sie bewies, daß die mit Pe-

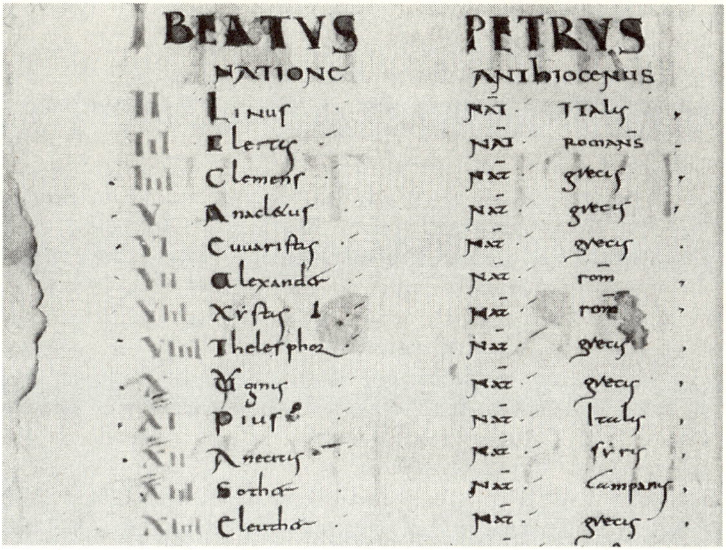
BEATUS PETRUS
NATIONE ANTHIOCENUS
II Linus nat Italus
III Cletus nat Romanus
IIII Clemens nat grecus
V Anacletus nat grecus
VI Euaristus nat grecus
VII Alexander nat rom
VIII Xystus I nat rom
VIIII Thelesphor nat grecus
X Yginus nat grecus
XI Pius nat Italus
XII Anecetus nat Syrus
XIII Sother nat Campanus
XIIII Eleuther nat grecus

Abb. 59. Papstkatalog, einsetzend mit Petrus bis Eleutherus (175–189); hinter dem Namen steht jeweils das Ursprungsland (Eleutherus natione grecus). Aus einer um 800 im Kloster Saint-Amand (Nordfrankreich) entstandenen Handschrift, heute in der Universitätsbibliothek Leiden. Die Namen irrgläubiger Päpste wurden getilgt.

---

trus einsetzende Tradition ohne Unterbrechung fortlebte. Aus der römischen Bischofsliste entstand durch Anreicherung das sogenannte «Papstbuch», der Liber Pontificalis, in welches Name, Herkunft und Regierungszeit der einzelnen Bischöfe von Rom eingetragen wurden, häufig ergänzt durch Angaben über Ereignisse und Leistungen.

Für die bauliche Veränderung der Stadt Rom in frühkirchlicher bzw. spätantiker Zeit ist dieser Liber Pontificalis eine hervorragende Quelle, sonst aber formelhaft ermüdend, ja langweilig. Der Durchschnittstext beginnt etwa bei Leo I. (440–461): «Leo, von Geburt ein Toscaner, Sohn des Quintianus, saß 21 Jahre, einen Monat, dreizehn Tage auf dem römischen Bischofsstuhl. Zu seiner Zeit errichtete die Magd Gottes Demetria auf ihrem Besitztum am 3. Meilenstein dem heiligen Stephan eine Kirche. Er deckte zwei Ketzereien auf, die des Eutyches und die des Nestorius.»

Das mechanische Abspulen der Pontifikatszeiten und die Quellenarmut dürfen nicht darüber hinwegtäuschen, daß es sicherlich in der Frühzeit hinter den Kulissen um die Führung der römischen Gemeinde Zank und Streit gegeben hat. Von einer solchen Konkurrenzsituation zu Beginn des 3. Jahrhunderts erfahren wir zum Beispiel durch die Schmähschriften eines schlecht Weggekommenen, des Hippolyt von Rom, eines Griechisch schreibenden Intellektuellen, der im Kampf um den römischen Bischofsthron gegenüber dem in der Papstliste geführten Calixt den Kürzeren gezogen hat. Der geschmähte Calixt («ein Schwindler, zu allem fähig») sei aus dem Sklavenstand hervorgegangen, habe anvertraute Gelder veruntreut, sei in ein sardinisches Bergwerk gesteckt worden; nach seiner Begnadigung habe ihn der wohlmeinende Bischof Zephyrin als Friedhofsverwalter an der Via Appia eingesetzt, und Calixt habe «durch heuchlerisches Gebaren» schließlich erreicht, daß er Nachfolger des Zephyrin (199–217) wurde (Calixt I. 217–222). Hier standen offenbar nicht nur «zwei Karrieremacher gegeneinander» (E. Caspar); der Widerspruch lag auch in der Gesinnung. Hippolyt zeigte sich als überheblicher Gelehrter und in Fragen der Disziplin als unnachgiebiger Rigorist, während der Praktiker Calixt milder verfuhr: Er war tolerant bei der Aufnahme von Glaubensabweichlern, ließ mehrmals Verheiratete zu kirchlichen Ämtern zu und erlaubte die Eheschließung Geweihter. In der Zelotensprache Hippolyts hieß es dann, Calixt habe es gewagt, «den Menschen die Fleischeslust freizugeben». Von all dem steht im Liber Pontificalis, im offiziösen Papstbuch, nichts.

Die beiden «Großen» der Papstgeschichte Leo I. und Gregor I.

Man hat den Gang durch die frühe Papstgeschichte mit einer Wanderung durch eine «allmählich ansteigende Hochebene» verglichen, aus der einzelne Gipfel aufragen, die dem Gebirge Profil und Charakter geben. Wer in dem Bilde bleibt und nach den ersten Gipfeln der frühen Papstgeschichte fragt, wird wahrscheinlich eine erstaunlich einhellige Antwort erhalten: Leo I. in der Mitte des 5. Jahrhunderts und Gregor I. um 600 überragten ihre Umgebung und bestimmten die weiteren Geschicke von Papsttum und Kirche. Nur zwei römischen Bischöfen hat die Geschichte den Beinamen «der

Große» gegeben, eben Leo I. und Gregor I., und bei beiden setzte diese Huldigung zeitig ein. Schon die Zeitgenossen standen im Bann ihrer Leistung.

Von Leo und Gregor sind mehr Briefe und Schriften erhalten als von allen anderen Päpsten der ersten sechs Jahrhunderte zusammengenommen, obwohl ihre Regierungszeiten insgesamt sich nur auf rund 35 Jahre belaufen. Beide prägten das Bild des Papstes für ihre Zeit und für die Zukunft, beide in sehr verschiedener Art: Leo hierarchisch und dogmatisch als selbstbewußtes Oberhaupt der Kirche und vollmächtiger Nachfolger des Apostels Petrus, Gregor als demütiger «Diener der Diener Gottes», als ‹Musterpapst›.

Der Verkünder der päpstlichen Vollgewalt Leo I. (440–461)

Leo war ein Mann der Aristokratie mit guten Beziehungen zum Kaiserhof und zu den Zivilbehörden. Während einer Gesandtenreise in Gallien wurde er in Abwesenheit zum Papst erhoben. Mit Stolz und Freude sprach er von seinem Amt, und an seinem Weihetag, den er seinen «Geburtstag» nannte, predigte er über den Psalmvers: Das Lob des Herrn soll mein Mund singen. Er vermittelte Mit- und Nachwelt eine präzise Vorstellung vom Papstamt. Der Papst sei mit Petrus identisch, daher dürfe er die diesem zukommende Devotion fordern. Petrus allein habe die Binde- und Lösegewalt erhalten, die er an die anderen Apostel weitergeleitet habe, wie auch die Bischöfe ihre Amtsgewalt vom Petrusnachfolger erhielten.

Leo und der Sturz des Hilarius von Arles

Das blieb nicht leere Formel. Rücksichtslos setzte Leo seine Amtsgewalt gegen einen Bischof durch, der sich aufrieb, um die Not der Zeit zu lindern: gegen Hilarius von Arles. Hilarius – ein asketischer Mönchstyp, der weite Strecken zu Fuß reiste und es fertigbrachte, im Winter barfuß über die Alpen zu wandern – versuchte, die kirchliche Ordnung aufrecht zu erhalten, während Germanenheere nach Gallien drängten und Bauernbanden sich zusammenrotteten, um sich mit Mord und Plünderung den Lebensunterhalt zu verschaffen.

Abb. 60. Fresko der heiligen Päpste Leo I. und Silvester I. in der römischen Kirche Santa Maria Antiqua, wohl aus dem 8. Jahrhundert; als Hüter des Glaubens halten die Päpste jeweils eine Papyrusrolle in ihren Händen. Kleidung und Beischrift sind griechisch, kamen doch fast alle Päpste der ersten Hälfte des achten Jahrhunderts aus dem Osten. Von den acht Päpsten zwischen Sergius I. und Zacharias, von 687 bis 752, waren vier Syrer, drei Griechen und nur einer Römer, Gregor II. (715–731).

Als Metropolit von Arles war Hilarius mit besonderen Vorrechten ausgestattet. Er griff hart durch, wenn er die kirchliche Ordnung gefährdet sah, ohne sich darum zu scheren, ob er vielleicht seine Kompetenzen überschritt. Als einer seiner Mitbischöfe auf den Tod krank war, bestellte er den Nachfolger und dispensierte diesen nicht, als der Schwerkranke gegen alle Erwartungen wieder genas; den Bischof eines entfernten und außerhalb seiner Gerechtsame liegenden Sprengels ließ er absetzen, weil dieser – gegen die Bestimmungen des damaligen Kirchenrechts – mit einer Witwe verheiratet war. Dessen Appellation nach Rom nahm Leo auf, um auf einem sofort einberufenen Konzil die Amtsanmaßung des Hilarius, wie er es sah, zu behandeln. Hilarius war ein mutiger Mann; er wanderte nach Rom und stellte sich unaufgefordert dem Gericht: «um öffentlich Zeugnis abzulegen», wie er sagte. Als er spürte, daß ihm der Wind ins Gesicht stand, verließ er die Stadt über Nacht. Ehe Hilarius in seiner Heimat Stimmung für sich machen konnte, handelte der Papst. Ein eilig verbreiteter Beschluß des päpstlichen Konzils erklärte Hilarius aller Rechte, die über die eines einfachen Bischofs hinausgingen, für verlustig und ermahnte ihn, nichts zu unternehmen, was außerhalb der Rechte eines schlichten Bischofs lag. Leo bewog überdies Kaiser Valentinian III., eine entsprechende staatliche Verordnung hinausgehen zu lassen. Hilarius hatte viele Freunde und Bewunderer; man wurde bei Leo vorstellig, um ihn zur Milderung des Beschlusses zu bewegen. Aber Leo blieb hart, und Hilarius starb wenig später als einfacher Bischof.

Papst Leo und Bischof Hilarius in der Legende

In der geschichtlichen Wirklichkeit hat Papst Leo gesiegt, aber die Legende nahm sich des unglücklichen Hilarius an. In frivoler Unbekümmertheit – ein historisches Zeugnis für sich –, mit der ein heutiger Autor einen Blasphemieprozeß riskieren dürfte, erzählt eine Wundergeschichte, wie Papst Leo ein böses und hämisches Ende genommen habe. Die im 13. Jahrhundert entstandene «Goldene Legende», deren ungemein weite Verbreitung mit der Bibel konkurrieren konnte, berichtet: «Zu den Zeiten war Leo Papst, der... rief alle Bischöfe zusammen zu einem Concil, und Hilarius kam auch dazu, ob er gleich nicht geladen war. Da Hilarius nun in den Saal trat,... sprach zu ihm der Papst: ‹Du bist Hilarius von Gallien; ich bin Leo,

Abb. 61. Zeichnung eines zerstörten Reliefs (Mitte 12. Jahrhundert) der Kirche Saint-Hilaire-La-Celle in Poitiers: Die Bischöfe blicken auf den nicht mehr sichtbaren Hilarius, während in der Ecke der Papst «an einer schmählichen Statt» von einem grinsenden geflügelten Teufel geholt wird (Bodleian Library, Oxford; Sammlung Gaignières).

Abb. 62. Handgreiflicher Glaubensstreit auf dem Konzil von Chalkedon (451): Ein rechtgläubiger und heiliger Bischof reißt einen irrgläubigen Bischof an seinem Bart (heute verschwundenes mittelalterliches Fresko in der Kirche Peter und Paul in Tirnowo, Bulgarien).

---

des apostolischen Stuhles Herr und Richter›. Antwortete Hilarius: ‹Wiewohl du Leo, der Löwe, heißest, so bist du doch nicht der Löwe vom Stamme Juda, und wiewohl du zu Gericht sitzest, so sitzest du doch nicht auf dem Stuhle der Gerechtigkeit›. Da stund der Papst mit Grimm auf und sprach: ‹Wart ein wenig, bis ich wiederkomme›. Sprach Hilarius: ‹So du nicht wiederkommst, wer soll mir für dich antworten?› Sprach der Papst: ‹Ich werde alsbald wiederkommen und deine Hoffahrt demütigen›. Also ging der Papst an einen heimlichen Ort, daß er die Notdurft der Natur verrichte; da fuhr in ihn die rote Ruhr und ging ihm all sein Eingeweide zum Leibe heraus; also starb er eines jähen Todes an einer schmählichen Statt…

Darnach ward der jämmerliche Tod des Papstes gemeldet; da stund Hilarius auf und predigte den Bischöfen und stärkte sie im rechten Glauben und sandte jeglichen wieder auf sein Bistum.»

Die römische Kirche als Hort rechten Glaubens

Die Legende hat sich hier an Leo I. gerächt, aber seine historische Leistung wurde davon nicht berührt. Leo hat den päpstlichen Primat und die römische Jurisdiktion weithin sichtbar gemacht. Er spielte auch bei dogmatischen Entscheidungen eine wichtige und allseits respektierte Rolle. Die Glaubenskämpfe hatten im 5. Jahrhundert ständig zugenommen. Erst war es die Frage, ob die Jungfrau Maria Jesus als Gott oder als Menschen geboren habe; dann der Streit um die Natur Christi: «Wie der Mensch nur eine Natur ist, so auch Christus; seine Gottesnatur ist eins mit dem Leibe und wird nicht in zwei Naturen geteilt», verkündeten die Vertreter der Einnaturenlehre (Monophysiten) im Widerspruch zur bisherigen Lehrmeinung.

Für den heutigen Menschen ist es schwer nachvollziehbar, daß in der Auseinandersetzung um Fragen solcher Art Hunderttausende auf die Straßen gingen, daß es darüber zu Mord und Totschlag kam und daß selbst die gesitteten Bischöfe, die der Kaiser 451, um endlich Ruhe zu stiften, in Chalkedon bei Konstantinopel zu einem Konzil zusammenrief, sich wie von Sinnen stritten. Die kaiserlichen Kommissäre, die die Sitzungen leiteten, konnten sich nur mühsam, wie es wörtlich heißt, «gegen das pöbelhafte Gebrülle» durchsetzen.

Auch Papst Leo hat an dem berühmten Konzil von Chalkedon mitgewirkt, nicht in eigener Person, wohl aber durch gut instruierte Abgesandte. Von ihnen wurde der Versammlung eine dogmatische Schrift Papst Leos überreicht, und die Konzilsväter akzeptierten diese Eingabe spontan als ihren eigenen Beschluß: «Den Fluch über die, die so nicht glauben», wurde gerufen und: «Petrus hat durch Leo gesprochen». Ein berühmter Satz, den gleichfalls die Legende sich nicht entgehen ließ: Leo habe, erzählt sie, seine Schrift auf das Grab Petri gelegt, wo man sie mit den Verbesserungen des Apostels auffand.

Rom in päpstlichem Schutz

Die gut zwei Jahrzehnte der Regierung Papst Leos (440–461) brachten dem römischen Bischofssitz einen ungeheuren Zuwachs an Macht und Ansehen: den über die Bischöfe erhobenen päpstlichen Primat, die universale Jurisdiktion und die Rolle Roms als Bewahrerin des rechten Glaubens. Eine spätere Zeit hat Leo dem Großen noch mehr zugetraut. Raffael hat in der Camera d'Eliodoro die Szene gemalt, da Papst Leo die unter ihrem König Attila im Jahre 452 bis nach Norditalien eingedrungenen Hunnen zur Umkehr bewegt habe. Leo war jedoch nur Teilnehmer einer von zwei hohen kaiserlichen Beamten angeführten Gesandtschaft, und die Hunnen sind

Abb. 63. In der von Raffael ausgemalten Stanza d'Eliodoro zeigt die Eingangswand die Begegnungsszene zwischen Leo I., der die Züge Leos X. (1513–1521) trägt, und Attila: entsetzt sieht der Hunnenkönig die angreifenden Apostelfürsten über dem Papst und gibt den Truppen ein Handzeichen zum Rückzug; daß Leo I. «ganz Italien von der Gefahr der Feinde befreit» habe, behauptet schon das Papstbuch im 6. Jahrhundert. Im Kreuzträger hat Raffael sich selbst dargestellt (Vatikan).

---

nicht unter dem Eindruck der Persönlichkeit Leos umgekehrt, sondern weil die Römer sie im Rücken in ihren ungarischen Stammsitzen angriffen. Immerhin: als Geiserich mit seinen Vandalen 455 bereit zum Angriff vor Rom lagerte, hat Leo wenigstens ausgehandelt, daß beim Sturm auf die Stadt nicht gemordet und gebrandschatzt werde, auch wenn er die Plünderung nicht abwenden konnte.

Musterpapst in mönchischer Demut
Gregor I. (590–604)

Neben den amtsbewußten Leo den Großen stelle man den anderen Papst mit dem Beinamen des Großen, Gregor I. (590–604). Auch Gregor stammte aus den ersten Kreisen, aus einer reichen und besonders frommen Familie: drei Schwestern seines Vaters waren ins Kloster eingetreten, und er selbst hatte nach dem Tode seines Vaters

Abb. 64. Gregor der Große mit seinen frommen Eltern: In seinem Wohnhaus richtete Papst Gregor ein dem Heiligen Andreas geweihtes Kloster ein. Auf ein bereits im Mittelalter zerstörtes Bildnis im Atrium dieses Klosterhauses geht diese, durch mehrere Zwischenquellen vermittelte, moderne Nachzeichnung zurück.

---

allein in Sizilien sechs Klöster gestiftet. Hier deutet sich bereits ein Unterschied zu Leo an: Gregor begriff sich als Mönch, und das Widerstreben bei seiner Erhebung dürfte echt gewesen sein: «Ich bin in die Tiefe des Meeres geraten, und die Flut verschlingt mich», rief er mit dem Psalmisten aus und bestimmte mit seiner Haltung das päpstliche Selbstverständnis bis heute. Denselben Vers zitierte Gregor VII. 1073 und setzte hinzu: «Furcht und Zittern sind über mich gekommen, und die Finsternis bedeckt mich.» 1958 sprach Johannes XXIII., als man ihn im Konklave fragte, ob er die Wahl zum Papst annehme: «Ich vernehme Deine Stimme mit Furcht und Zagen. Das Wissen um meine Armseligkeit erklärt meine Verwirrung». Demütig im Amt: diesen Stil hat Gregor in seiner mönchischen Gesinnung eingeführt, wie er sich auch den Titel «Knecht der Knechte Gottes» (servus servorum Dei) beilegte, als der Patriarch von Konstantinopel anspruchsvoll und überheblich von sich als dem «Patriarchen der Gesamtkirche» sprach: eine «törichte und anmaßende Bezeichnung», wie Gregor seinen Amtsbruder in Konstantinopel wissen ließ.

Abkehr von der heidnischen Antike – Hinwendung zum christlichen Mittelalter

Gregor der Große war der Musterpapst des Mittelalters. Kein Papst – auch nicht Leo I. – wurde so oft zitiert wie er, und neben Ambrosius, Hieronymus und Augustin ist er als vierter unter die «vorzüglichen Kirchenlehrer» erhoben worden. In dieser Rolle erscheint er meist auf Bildern. Kein Papst wurde so häufig dargestellt: ein Schreibender, über dessen Haupt der Heilige Geist in Gestalt einer Taube schwebt; fromme Beobachter wollen gesehen haben, wie eine Taube ihm die göttliche Weisheit, die durch seine Schriften weht, zugeflüstert habe.

Die moderne Wissenschaft ist Gregor häufig nicht gerecht geworden. Theodor Mommsen († 1903) nannte Gregor «einen im Grunde kleinen großen Mann», und der protestantische Papsthistoriker Johannes Haller († 1947), dem Urteile von alttestamentlicher Strenge in die Feder geflossen sind, pflichtete ihm bei: «Den Schriftsteller Gregor haben die Zeitgenossen bewundert und die Nachlebenden noch höher erhoben... Dieses Urteil spricht jedoch weniger für ihn als gegen die, die es fällten und wiederholten. Gregors Schriften sind Erzeugnis und Denkmal einer Zeit des Verfalls. Er ist der erste Schriftsteller, bei dem man von antiker Bildung keine Spur findet, ja er hat sie ausdrücklich abgelehnt... Sogar die Sprache richtig zu handhaben, verschmähte Gregor: der Heilige Geist sei an die Regeln der Grammatik nicht gebunden... Unwissend und abergläubisch, geistlos und geschmacklos, machen seine Schriften in peinlicher Weise fühlbar, auf welchen Tiefstand der Bildung Rom... herabgesunken war».

Haller hat an Gregor gerade das auszusetzen, was ihn in den Augen der Zeitgenossen und des Mittelalters so anziehend gemacht hat:

Abb. 65. Papst Gregor I. diktiert hinter einem Vorhang, dem damals üblichen Raumteiler, seinem Schreiber, dem Diakon Petrus, heiligmäßige Texte. Der Schreiber war neugierig, bohrte mit dem Griffel in den Vorhang ein Loch, durch welches er den Papst sah, dem eine auf der Schulter sitzende Taube – der Heilige Geist – die Worte eingab. Die Miniatur stammt von einem der größten Künstler jener Zeit, vom Meister des Registrum Gregorii (Trier, Stadtbibliothek, Ende 10. Jahrhundert). – Kein anderer Papst hat die Schriftauslegung so beeinflußt wie Gregor I.; er verband die Ereignisse mit Lebensregeln, so daß seine «Moralia in Hiob» als ein «Repertorium der Moral» gelten können.

Abb. 66. Gregor I. (rechts) neben Hieronymus und Augustin auf dem Boethius-Diptychon aus dem 7. Jahrhundert (Brescia, Museo Civico). Es ist nicht «unwahrscheinlich, daß das Bild Gregors dessen Lebenszeit noch nahe steht und daß man bei seiner Herstellung auf ein zeitgenössisches Bildnis zurückgegriffen hat» (G. Ladner).

«Unwissend und abergläubisch». Gregor ist der Typ des Schriftstellers, der nicht aus sich heraus schreiben will, sondern was ihm die göttliche Inspiration – angezeigt durch die Taube – zuträgt; nur der hochmütige und gottferne Autor baut auf seine eigenen Fähigkeiten. Guter Stil läßt den Verdacht aufkommen, daß Kraft auf eitlen Welt-Putz verschwendet wird. Die Inspiration gibt die rechte Weltdeutung, die nicht rationalen Regeln folgt, sondern Raum läßt für die Einwirkung Gottes in das Diesseits, für das Wunder, und so hat Gregor auch die vielleicht wirksamste Sammlung von Wundererzählungen zusammengetragen.

Wäre Gregor ein Papst nach dem Herzen Hallers gewesen: ein brillanter Stilist, geistvoll, mit einem vernünftigen Witz, aller Art von Wunderglauben abgeneigt, ein Feind jener allegorischen Sprache, die bei Gregor so üppig wuchert: Zeitgenossen und Nachwelt wären achtlos an ihm vorübergegangen. Er hätte ihrer Gläubigkeit nichts zu geben vermocht. So aber prägte er das Bild des wahren Christen und Seelenhirten: seine Pastoralregel verkündet Maximen der Lebensführung, in deren Mittelpunkt – gänzlich unantik – die «Zerknirschung» (contritio) stand: das Eingeständnis unendlicher menschlicher Schwäche, die der Mönch ständig vor Augen hat.

Die Anfänge päpstlicher Mission

Es mag mit dieser pastoralen Fürsorge zusammenhängen, daß Gregor auf einem Felde tätig wurde, das die Päpste vorher vernachlässigt hatten: in der Mission. Auf dem Sklavenmarkt zu Rom soll Gregor Jünglinge, wie es heißt, «aus Anglien» gesehen haben, die ihm durch ihre Schönheit auffielen. Er habe den Entschluß gefaßt, in die Heimat dieser jungen Sklaven Missionare zu senden, deren Land, so der Gregor der Legende, von Engeln bewohnt sei. Augustin, Prior des in Gregors Haus eingerichteten Andreasklosters, brach im Jahre 596 mit 40 Begleitern auf, empfing unterwegs die Bischofsweihe und hatte in England sogleich einen großen Missionserfolg, als sich der König von Kent angeblich mit 10 000 seiner Untertanen taufen ließ.

Für den Ausbau der Organisation hatte der Papst einen Plan entworfen, den Augustin in die Wirklichkeit umzusetzen suchte: Unter zwei Metropolen, London und York, sollten jeweils 12 Bistümer zusammengefaßt werden. Aber Augustin konnte nur mit Mühe einen Sitz in Canterbury einrichten, das auf diese Weise unvorhergesehen zu hohem kirchlichem Rang aufstieg, und nur wenig für den Ausbau einer großen Kirchenprovinz tun. Die englische Mission hatte europäische Folgen. Von der Insel kamen später jene angelsächsischen Missionare, die sich durch eine besondere Anhänglichkeit an Rom auszeichneten und deren reinster und erfolgreichster Repräsentant Bonifatius, der Apostel der Deutschen, gewesen ist. Hier haben Gregors Nachfolger geerntet, was er gesät hat.

Abb. 67. Die Engelsburg – ursprünglich das Grabmal des Kaisers Hadrian († 138) – empfing ihren Namen von einer Legende. Im ersten Jahr der Regierung Gregors I. habe in Rom die Pest gewütet. Um sie abzuwenden, habe Gregor eine Bittprozession veranstaltet. Da sei über dem Hadriansmausoleum der Erzengel Michael erschienen und habe zum Zeichen, daß die Seuche ein Ende habe, sein Flammenschwert in die Scheide gesteckt. Der heutige Bronzeengel auf der Spitze der Engelsburg stammt aus dem 18. Jahrhundert.

Fürsorge und Besitz der römischen Kirche

Über dem Schriftsteller und dem Missionar, dem Seelenführer und dem Mönch sollte man nicht den Gregor eines drückenden Alltags vergessen. Im Norden Italiens hatte sich die venetisch-istrische Kirche von Rom gelöst. Ständig lauerten vor den teilweise zusammengestürzten Mauern Roms die Langobarden, die nicht nur von barbarischer Wildheit waren, sondern zudem Ketzer, Arianer. Nur reiche Ablösungsgelder, die immer neuen Appetit weckten, konnten sie bewegen, die Stadt nicht zu überfallen. Andauernd mußte Gregor strenge Direktiven vom tatenlos zusehenden oströmischen Kaiser Mauricius entgegennehmen. Bei dessen Ermordung durch einen Usurpator empfand er schließlich solche Erleichterung, daß er in unchristlicher Weise seiner Freude über die Untat offen Ausdruck gab, obwohl der Usurpator und Mörder, ein Mann von abstoßender Primitivität und Barbarei, auf den Kaiserthron kam.

Der Papst in Rom war zugleich der Ernährer der Stadt; die römische Kirche war der größte Grundbesitzer Italiens, und Gregor reorganisierte die Domänenverwaltung von Grund auf. Eingesetzte Rektoren – alles Geistliche, die am Grabe des Petrus Redlichkeit geloben mußten – hatten jährlich Rechnung zu legen und wurden von der römischen Zentrale angewiesen. Gregor drang darauf, daß ein Teil der Einnahmen den Armen zufloß, aber ständig brachen Hungersnöte und Seuchen aus, und Gregor verteilte Getreidevorräte gratis – zuweilen das Saatgut für das nächste Jahr.

Die Erschöpfung nach dem heiligen Gregor I.

Gregor ging es so wie dem «guten Menschen von Sezuan». Die selbstlose Nächstenliebe hatte auch eine Kehrseite: Gregor hinterließ die römische Kirche in einem jämmerlichen Zustand: die Getreidespeicher waren ausgeräumt, die Kassen leer und die Langobarden immer dreister und fordernder. Dem Volk in den Straßen war Gregor mit seinen Idealen fremd geblieben. Unmittelbar nach seinem Tod rottete es sich vor dem päpstlichen Palast zusammen, um Gregors Schriften öffentlich zu verbrennen: die damals übliche Art, das Andenken eines Menschen zu vernichten. Nur mit Mühe waren die Hungernden von ihrem Vorhaben abzubringen.

Von Gregors Nachfolger kursierte der Ausspruch: Gregor habe Getreide aus Ruhmbegierde verschenkt, er könne sich das nicht leisten, und er verkaufte den Scheffel Korn zu einem angemessenen, das heißt teuren Preis. Die Geistlichkeit Roms war Gregors Mönchsgehabe so leid, daß unter den 13 Nachfolgern der nächsten 70 Jahre kein einziger Mönch erhoben wurde. Unwillkürlich denkt man an den Stoßseufzer eines Kurialen beim Tode Pius' X. 1914: «Mein Gott, nur nicht so schnell wieder einen heiligen Papst.»

Mit der Wanderung über eine Hochebene mit hin und wieder aufragenden Gipfeln war der Gang durch die Papstgeschichte verglichen worden. Wir haben jetzt viel freie Fläche vor uns. «Gregors des Großen kleine Nachfolger», so hat der Verfasser einer der umfangreichsten Papstgeschichten über die anschließende Zeit geurteilt. Nicht ganz zu Recht. Politisch war Gregors Leistung nicht bedeutend, und zur Herausbildung der päpstlichen Primatialrechte in sei-

Abb. 68. Päpste des 6. bis zum Beginn des 8. Jahrhunderts waren häufig dem Druck des byzantinischen Kaisers ausgesetzt, so auch Johannes VII. (705–707), von dem das offizielle «Papstbuch» sagt, er habe «furchtsam aus menschlicher Schwäche» sich dem Kaiser gefügt. Das hier wiedergegebene Bildnis (Alte Peterskirche, Marien-Oratorium) lasse ihn entsprechend «in Ausdruck und Haltung geradezu ängstlich-unterwürfig» erscheinen (G. Ladner). Der viereckige Nimbus erweist den Papst als lebend: das erste Beispiel einer solchen Kennzeichnung.

---

ner Zeit hat er kaum etwas beigetragen: Er hat auf spätere Jahrhunderte stärker gewirkt als auf seine Zeit. Er habe, so schrieb ein moderner Biograph (E. Caspar), «aus dem reichen Schatz seines Menschentums die päpstliche Idee seelisch erweitert».

Das abendländische Kaisertum eine päpstliche Stiftung? Leo III. und Karl der Große

Aus dem reichen Schatz seines taktischen Geschicks hat die päpstliche Idee zweihundert Jahre später ein anderer Papst politisch erweitert: Leo III. (795–816) durch die Kaiserkrönung Karls des Großen am Weihnachtstage des Jahres 800. Leo III., Sohn eines Mannes namens Atzupius, wahrscheinlich von kleinasiatisch-griechischer Abkunft also, war 795 offenbar als Außenseiter gegen mancherlei stadt-

Abb. 69. Leo III. ließ schon vor der Kaiserkrönung des Jahres 800 in einem Mosaikbild des Lateranpalastes sein Programm darstellen: Während der Heilige Petrus ihm, dem Papst, das Pallium als Zeichen geistlichen Amtes übergibt, empfängt «König Karl» die Fahne der Stadt Rom. Das mehrfach überarbeitete Mosaik, das ursprünglich den Speisesaal (triclinium) des Lateranpalastes schmückte, erhielt sein heutiges Aussehen im 18. Jahrhundert; die letzte Restaurierung fand unter Pius XI. (1922–1939) statt.

Abb. 70. Überfall auf Papst Leo III. am 25. April 799. Die Attentäter versuchen, ihn zu blenden (spätmittelalterliche Miniatur).

römische Widerstände Papst geworden. So recht sicher konnte er seines Amtes und seines Lebens nicht sein, zumal wenige Jahrzehnte vorher ein römischer Bischof Opfer blutiger Unruhen geworden war. Er brauchte einen Beschützer, als welcher sich der Frankenkönig anbot, der das Langobardenreich 774 seiner Herrschaft einverleibt hatte und – freilich widerwillig genug – den Ausbau des Kirchenstaates förderte. An den Frankenkönig Karl schickte Leo III. die Schlüssel zum Petrusgrab und das Banner der Stadt Rom, dessen Inhaber – im Verständnis dieser Insignie – «Herr der römischen Miliz» war. Aber diese mehr symbolische Vorkehrung genügte nicht; der Schutz war unzureichend.

Am Markustag – dem 25. April – des Jahres 799 wurde Leo bei der feierlichen Bittprozession vom Lateran nach St. Peter aus dem Hinterhalt überfallen und in all seiner Pracht vom Pferde gestoßen. Man versuchte, ihm die Augen auszustechen und die Zunge abzuschneiden. In seinem Blut ließ man ihn zunächst liegen, schleppte ihn dann in ein nahegelegenes Kloster. Aber die Angreifer waren nicht rücksichtslos genug vorgegangen: dem Papst blieben das Augenlicht und die Sprechfähigkeit erhalten; der Hagiographie erschien das fehlgeschlagene Attentat als ein Wunder. Leo konnte fliehen, und er floh nach Paderborn, wo Karl gerade Hof hielt. Leo tat gut daran,

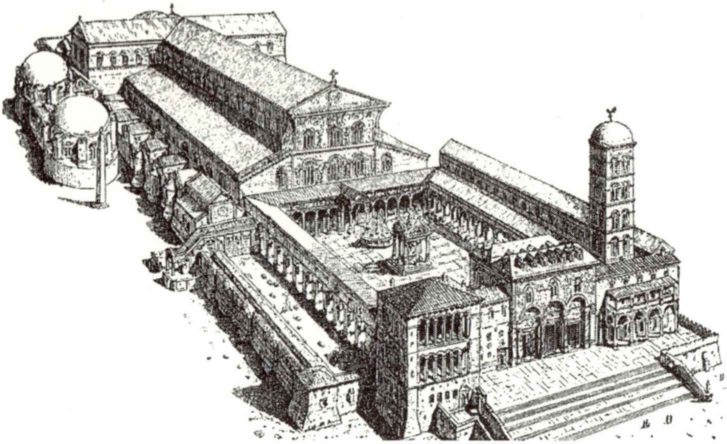

Abb. 71. Die römische Peterskirche im Mittelalter: der angestrebte Ort für eine Kaiserkrönung. Vor der fünfschiffigen, von Konstantin († 337) gestifteten Basilika ein großes von Säulen umstandenes Atrium; den Zugang über dreimal sieben Stufen stiegen die Pilger auf Knien empor; so hat es auch Karl der Große gehalten.

in eigener Person vor König Karl zu erscheinen, denn es liefen Gerüchte um, daß des Papstes Lebenswandel nicht gerade einwandfrei sei. Von seiner fränkischen Umgebung wurde Karl an den Rechtssatz erinnert, daß der Papst von niemandem gerichtet werden dürfe.

Karl ließ Leo im November 799 mit militärischer Eskorte nach Rom zurückgeleiten und befahl eine genaue Untersuchung, deren Ergebnisse ihm unterbreitet werden sollten. Das Urteil behielt er sich vor. Ein Jahr später, im November 800, kam er selbst nach. Wie sollte man nun verfahren? War der Papst schuldig? War er es nicht? Und ein Urteil konnte man ohnehin nicht über ihn sprechen. Da verfiel man auf den Reinigungseid, den bereits einige Jahrhunderte früher ein Papst geleistet hatte, dem man vorgeworfen hatte, er habe seinen Vorgänger umgebracht. Am 23. Dezember bestieg Leo III. in Anwesenheit Karls des Großen, fränkischer Magnaten und einer großen Menge römischen Volks den Ambo – die Kanzel zur Schriftlesung – und beteuerte unter Eid seine Unschuld, indem er zugleich das Evangelienbuch dachartig über seinen Kopf hielt. Da das Ritual des Reinigungseides ohne Zwischenfall verlief, Gott also Leos Beteuerung annahm, galten die Ankläger Leos als überführt und wurden verurteilt.

Zwei Tage später, am Weihnachtsfest, war Karl zum Gottesdienst im Petersdom erschienen; als er sich an der Confessio Petri erhob, wo er kniend gebetet hatte, setzte ihm Papst Leo eine Krone auf. Dann habe das Volk – berichtet das offizielle Papstbuch – «durch göttliche Inspiration» gerufen: «Karl dem allerfrömmsten, von Gott gekrönten Augustus, dem großen und friedenbringenden Kaiser Leben und Sieg.» Und das dreimal. Denn so forderte es die Zeremonie der Herrscherakklamation. Dann warf sich Leo vor Karl nieder und erwies ihm die Herrscherhuldigung. Karl war Kaiser in römischen Formen.

War er überrumpelt worden? War er ein Kaiser wider Willen? Dieser Eindruck geht auf die Biographie Karls des Großen von Einhard zurück, wo es heißt: Die Benennung Kaiser und Augustus sei Karl zunächst so zuwider gewesen, «daß er versicherte, er hätte an diesem Tage, obgleich es ein hohes Fest war, die Kirche nicht betreten, wenn er von des Papstes Absicht vorher gewußt hätte». Nun dürfte es ausgeschlossen sein, daß Karl und sein fränkisches Gefolge von den Vorbereitungen zur Krönung nichts gemerkt hätten. Kunstvolle Lobgesänge wollen eingeübt sein, und bei dem hohen Schallpegel eines Volkschores sollte irgendein Franke doch stutzig geworden sein und seine Beobachtung seinem Herrn berichtet haben. Nein, die Kaiserkrönung selbst dürfte Karl nicht überrascht und verärgert haben. Es muß das sich in den Vordergrund drängende Gebaren Leos gewesen sein. In der Tat: der Papst hatte den fränkischen König zum römischen Kaiser gemacht, indem er den Knienden überraschend krönte, entgegen dem regulären Ablauf, der am Anfang den Zuruf des Volkes und dann erst die Krönung vorsah.

Der Papst als Kaisermacher: der Gewinn für das Papsttum und für Leo selbst war groß. Hinfort konnte der Papst behaupten, ihm komme die Vergabe des Kaisertums zu; er konnte sogar den Anspruch erheben, die Wahl des Königs zu überwachen, der für die Kaiserwürde vorgesehen war: an der deutschen Königswahl Anteil zu haben. Der durch Reinigungseid freigekommene Leo durfte sich jetzt auch persönlich sicher fühlen. Der Kaiser war der Gerichtsherr der Stadt Rom; zwar hatte Karl diese Funktion schon vorher wahrgenommen, aber genau betrachtet war dies Recht usurpiert; erst die Entscheidungen des Kaisers waren unbezweifelbar gültig. Und hatte sich Karl nicht gegen die Feinde Leos ausgesprochen? Leo hat bewiesen,

Abb. 72. Die Kaiserkrone, Abbild des himmlischen Jerusalem, besteht aus acht Goldplatten (vier mit Edelsteinbesatz, vier mit Goldzellenschmelz). Die Entstehungszeit ist umstritten. Während man früher das 10. Jahrhundert annahm und Bügel sowie Stirnkreuz für eine Ergänzung unter Konrad II. (1024–1039) hielt, wird neuerdings die Regierungszeit Konrads III. (1138–1152) nicht ausgeschlossen. Unter dem Stirnkreuz befand sich ein riesiger Jaspis (Sinnbild des Thrones Gottes zum Zeichen des Auserwähltseins), der «Waise» genannt und von Walther von der Vogelweide besungen; der Jaspis verschwand jedoch später und wurde durch einen kleineren Saphir ersetzt.

daß bedeutende Taten nicht immer bedeutende Männer brauchen. Bei Leo III. imponiert die Verbindung von Weitsicht und Blick für persönlichen Vorteil; das Niveau der anderen Päpste vor ihm und nach ihm dürfte er sonst nicht überragt haben.

Das zentrale und für die Zukunft Europas wichtige Ereignis der Kaiserkrönung Karls sollte den Blick nicht ablenken von der minderen Rolle des Papsttums im Kirchenleben jener Zeit. Man erwartete von Rom normative Aussagen, aber Rom versagte nicht selten. Karl der Große wünschte eine einheitliche Liturgie im ganzen Reich und erbat sich dazu von Hadrian I. (772–795) ein römisches Sakramentar, aber was er bekam, war ein veraltetes Exemplar, das im Frankenreich nur beschränkt verwendbar war, zumal 37 der notwendigen 52 Sonntagsformulare fehlten. Und weiter: Hadrian hatte Karl zwar mit einem kirchlichen Rechtsbuch ausgestattet. Als es darum ging, die Königboten mit einem Belehrungsbuch zu versehen, wurde die Unzulänglichkeit offenbar. Man mußte dem vom Papst überreichten Rechtsbuch viele «nützliche Kapitel» für den Alltag hinzufügen. Ähnlich war es mit einem gereinigten Bibeltext und in Fragen der Orthodoxie. Man suchte wohl die Übereinstimmung mit Rom, aber was übereinzustimmen hatte, gab weitgehend der fränkische König an. In seinem Testament von 811 hat Karl der Große Rom, den Sitz des Petrus, ohne jede primatiale Hervorhebung als normale Metropole unter die übrigen des Reiches eingeordnet, und Papst Leo III., der Kaisermacher, hat das anscheinend akzeptiert.

Der Papst über dem sündhaften König
Nikolaus I. (858–867)

Der einzige Papst jener Epoche, der seine Zeit überragte, ist Nikolaus I. (858–867). Kein Papst zwischen Gregor dem Großen und dem 12. Jahrhundert hat das Kirchenrecht mit so vielen Entscheidungen bereichert wie er. Man hat ihn, trotz des zeitlichen Verzugs von einem halben Jahrhundert, «den wahren Gegenspieler Karls des Großen» genannt (O. Cartellieri). Seine Ideen waren nicht neu, aber sie waren klar als Anspruch formuliert und konsequent durchgesetzt: Rom sei die höchste Instanz; jeder Angeklagte – nicht erst ein Verurteilter – dürfe dorthin appellieren; nur solche Konzilien seien gültig, deren Beschlüsse dem Papst vorgelegen hätten und die er anerkannt habe; jeder Mensch sei sündig, und auch der höchste Laie, der König, sei dem päpstlichen Richterspruch unterworfen usw.

Welche Prinzipientreue Nikolaus an den Tag legte, dafür stehe als Beispiel seine Auseinandersetzung mit Lothar II. († 869), dem König des Mittelreiches, das sich von Friesland bis zu den Alpen erstreckte. Lothar II. hatte als kanonisch angetraute Gemahlin Thietberga; daneben lebte er in sogenannter Friedelehe mit der Gräfin Waldrada. Derartige Friedelehen waren bei fränkischen Großen nicht selten und hatten festen Rückhalt im germanischen Recht. Karl der Große zum Beispiel hatte mindestens sechs Friedelfrauen mit circa sieben Kindern. Und das war der springende Punkt: Lothar hatte von Thietberga keine Kinder, wohl aber von Waldrada, deren Kinder er legitimieren wollte, damit sie von der Nachfolge nicht ausgeschlossen werden konnten. Lothar versicherte sich der Unterstützung der beiden angesehensten Bischöfe seines Reiches, der Erzbischöfe von Köln und Trier. Alles schien zu gelingen. Thietberga wurde verstoßen und Waldrada zur Gemahlin erhoben; sogar päpstliche Legaten nahmen das Vorgehen hin. Aber Nikolaus verweigerte die Anerkennung der entsprechenden Konzilsakten, setzte vielmehr die beiden Erzbischöfe ab und exkommunizierte sie. Waldrada wurde zur Konkubine, Thietberga zur allein legitimen Gemahlin erklärt und Lothar II. zum Gehorsam gegenüber dem Papst und dem Kirchenrecht aufgefordert.

Abb. 73. Papst Nikolaus I. (858–867) bringt die Reliquien des Märtyrerpapstes Clemens I. (88–97) in die Kirche S. Clemente (links) und feiert dort eine Messe (rechts). (Fresko des 11. Jahrhunderts in der Unterkirche von S. Clemente, Rom. Eine Inschrift nennt ausdrücklich Nikolaus I., obwohl die Überführung 868 unter dessen Nachfolger Hadrian II. stattfand.)

Es geschah zum ersten Mal, daß ein fränkischer Herrscher vom Papst belangt wurde. Schlagartig wurde die doppelte Rolle des Königs deutlich, der einerseits an höchster weltlicher Stelle stand, andererseits als sündhafter Mensch das kirchliche Strafgericht erdulden mußte wie der Geringste seiner Untertanen. Obwohl gegen den Papst eine weitverzweigte Propaganda entfacht wurde und Truppen für Lothar in Rom einrückten: Nikolaus zeigte sich unnachgiebig. Die beiden rheinischen Erzbischöfe blieben abgesetzt und exkommuniziert. Lothar gab nach und entließ Waldrada. Nikolaus I. hatte sich durchgesetzt, und die Federn kirchlicher Juristen hielten den päpstlichen Sieg als einen Normfall fest, auf den spätere Jahrhunderte immer wieder anspielten.

Das Tal des 10. Jahrhunderts

Wer nach dem Anstieg, den das päpstliche Ansehen unter Nikolaus I. genommen hat, weiterzieht, gerät in die Niederungen des 10. und beginnenden 11. Jahrhunderts, in jene Zeit, die der kirchentreue

Kardinal und Geschichtsschreiber Cesare Baronio († 1607) das «saeculum obscurum», das «düstere Jahrhundert», genannt hat. Die Chronisten berichten Schlimmes, und eine tugendhafte Geschichtsschreibung schüttelt sich vor Abscheu. Da wird die Leiche des Papstes Formosus 896 aus dem Grabe gerissen, im vollen Ornat auf den päpstlichen Thron gesetzt und in einem förmlichen konziliaren Prozeß Stück um Stück entkleidet; den Kadaver verscharrt man irgendwo auf dem Pilgerfriedhof. Aber der Streit war nicht begraben. Formosus-Anhänger lynchten dessen Nachfolger Stephan II. (896–897), und in den letzten Monaten des Jahres 903 schlugen sich drei Päpste um den Papstthron, zwei Formosusanhänger, Leo V. und Christophorus, und ein Formosusfeind, Sergius III. (904–911), der die Oberhand behielt und seine beiden im Gefängnis hungernden Gegner «aus Mitleid» umbringen ließ. Aber es gab auch Respekt gebietende Gestalten. Papst Johannes X. (914–928), ein offenbar selbstbewußter Mann, organisierte wirksam die Sarazenenabwehr und ließ den deutschen Bischöfen durch einen Legaten 916 die Leviten lesen. Doch auch er wurde 928 von mißgünstigen römischen Adligen vom Altar weg in einen Kerker verschleppt und bald darauf erdrosselt. Wenig später erhob man einen Papstsohn, Johannes XI. (931–935), auf den Stuhl Petri; seine Mutter war die mächtige Patricia und senatrix Marozia († um 936), die damals die stadtrömische Szene beherrschte, sein Vater der Formosushasser Papst Sergius III. Papstgeschichte verkommt hier zu einer Räuberpistole.

Entsprechend schlimm stand es um den Ruf jener stadtrömischen Päpste. Die deutschen Bischöfe höhnten, der Papst sei ungebildet, er könne kein Latein, und was die «Heiligkeit» betreffe, so klagte man 991 auf einer französischen Synode über die römischen Lotterpäpste, ihr Leben stehe in einem schreienden Gegensatz zu den Ehrfurcht gebietenden Gestalten der alten Kirche, eines Gelasius, eines Leo, eines Gregor. Frankreich und Deutschland hätten edle Geistliche genug für einen gerechten Richter, keinen käuflichen. Der Papst und sein Hof galten als bestechlich; der Vorwurf zieht sich wie ein roter Faden durch die Jahrzehnte. Erzbischof Wilhelm von Mainz (954–968) erhob ihn, Rather von Verona († 974), sogar Gerbert von Reims, der bald als Silvester II. (999–1003) selbst Papst werden sollte. Entsprechend wurden die päpstlichen Entscheidungen behandelt. Eine Versammlung von Mouzon wischte 948 einen Papstbrief beiseite, er habe wenig Wert; in Chelles, Nordfrankreich, konstatierte man 994: Alles, was Rom im Widerspruch zu den Beschlüssen der Kirchenväter von sich gebe, sei null und nichtig; Bischof Warmann von Konstanz (1026–1034) ließ eine für ihn ungünstige Papsturkunde öffentlich verbrennen.

Mit dem päpstlichen Primat war es damals, so sieht man, nicht weit her. Aber gerade dadurch, daß es eine unbestimmte, eine «gebärende» Zeit war, konnte fast unversehens manches Papstrecht begründet werden, das erst spätere Jahrzehnte juristisch festzurrten. Der angeblich nichtswürdige Johannes XII., «ein Ungeheuer ohne jede Tugend», wie ihn jene Synode von 991 nannte, verband 962 das römische Kaisertum mit dem deutschen König – für fast ein Jahrtausend; der Papst zog Bistumsgründungen ebenso an sich wie Klosterexemtionen; der unkontrollierten Heiligsprecherei in den verschiedenen Diözesen begann Rom eine feste Gestalt zu geben: 993 fand der erste päpstliche Kanonisationsprozeß statt, für Bischof Ulrich von Augsburg (923–973). Alle diese angeeigneten Rechte lagen sozusagen schütter und unsystematisch da; erst die folgende Verrechtlichung der Kirche baute sie fest in die römische Jurisdiktion ein.

Auf dem Wege zur päpstlichen Weltherrschaft

Glauben heißt dem Papst gehorchen
Gregor VII. (1073–1085) und die Kirchenreform

Um im Bilde zu bleiben: Nach den Niederungen des 10. und beginnenden 11. Jahrhunderts steht der Wanderer vor einem Gebirgsmassiv, vor der kirchlichen Reformzeit. Ein Mann hat ihr den Stempel aufgedrückt: Papst Gregor VII. (1073–1085).

Abb. 74. Gregor VII. in der I-Initiale einer Handschrift der zweiten Hälfte des 12. Jahrhunderts. Mit ihr ([I]gitur Gregorius usw.) beginnt die um 1130 entstandene Biographie Gregors VII. des Paul von Bernried, die einzige mittelalterliche Lebensbeschreibung dieses Papstes. Sie ist nur in Legendensammlungen überliefert.

In seiner vierten Vorlesung «Helden und Heldenverehrung», die dem «Held als Priester» gewidmet ist, kommt Thomas Carlyle († 1881) auf das Wesen des kirchlichen Reformers zu sprechen. Es sei nicht nötig, daß der Mensch die Wahrheit, an die er fest glaube, selbst entdeckt habe: «Der Wert der Ursprünglichkeit liegt nicht in der Neuheit, sondern in der Aufrichtigkeit. Der Mensch, der glaubt, ist der ursprüngliche Mensch; was er glaubt, glaubt er für sich, nicht für einen anderen.» Jene «heroischen» Kennzeichen, wie Carlyle sie sieht, gelten für Gregor VII.: seine Reformideen waren nicht immer originell, aber er versuchte sie durchzusetzen mit der Wucht eines Fanatikers. Getragen von dem festen Glauben, Gottes Willen zu erfüllen, «glaubte er für sich». Unheimlich in seiner Radikalität war er schon seiner Umgebung (einen «heiligen Satan» nannte ihn ein Vertrauter), und auch die Nachwelt flocht ihm keine Kränze.

Zur Person Gregors VII. und zu seinem Sendungsbewußtsein

Wer war dieser Gregor, der vor seiner Wahl Hildebrand hieß? Der Ort seiner Geburt und auch die soziale Schicht, der er entstammte, liegen im dunkeln: Rom wird als Ursprung genannt und Sovana, ein Nest in der südlichen Toskana, nicht weit weg von Bolsena. Über seine Verwandtschaft – ob eine Verbindung zur jüdischen Bankiersfamilie der Pierleoni aus dem römischen Ghetto besteht oder gar eine Herleitung von Waldrada, der unglücklichen Friedelfrau König Lothars II. († 869) –, darüber gibt es nur Vermutungen. Ernster zu nehmen ist die Annahme, daß Hildebrand Sproß einer römischen Adelsfamilie gewesen sei, die in der Nähe des Colosseums Besitz hatte, denn dort verbarrikadierte sich 1084 ein Neffe des Papstes, als Heinrich IV. in die Stadt eindrang, und ein Onkel Hildebrands war Abt des Reformklosters S. Maria auf dem Aventin. Vielleicht bestanden verwandtschaftliche Beziehungen zur südtoskanischen Familie der Aldobrandeschi, die den germanischen Namen Hildebrand als Leitnamen führten und als Stadtherren von Sovana galten. Sein Taufname Hildebrand regte schon die Zeitgenossen – nicht erst den gern in Wortverunstaltungen schwelgenden Luther – zu Wortspielen wie «Höllenbrand» oder ähnlich an.

Läßt sich über Familie und Geburtsort nichts Genaues ausmachen, so sind wir kürzlich über Gregors körperliche Beschaffenheit

Abb. 75. Das Etruskerstädtchen Sovana, der Hauptsitz der Familie Aldobrandeschi, wird frühzeitig als Geburtsort Hildebrands-Gregors VII. genannt. Im Ort selbst wird dieses Gebäude als «Geburtshaus des heiligen Gregor VII.» ausgegeben.

aufgeklärt worden. In Vorbereitung des 900. Todestages hatte man italienischen Medizinern Gelegenheit gegeben, Teile des Skeletts Gregors VII. zu untersuchen (s. S. 112f.). Der Befund: Gregor ist etwa 70 Jahre alt geworden, was einem Geburtsjahr um 1015 entspricht, früher als allgemein angenommen. Dem Körperbau nach muß man ihn einem mediterranen Typ zurechnen, germanisch-langobardischer Einschlag scheidet aus. In den zeitgenössischen Quellen wird Gregors körperliche Erscheinung recht verschieden beschrieben: «recht dunkel und von häßlichem Gesichtsausdruck», «ein kleiner Mensch (homuncio) von zarter Statur» und ähnlich. Anhand der Gebeine ist errechnet worden, daß sich die Körpergröße im Laufe des Lebens von ursprünglich 163 cm auf 157 cm verringert haben dürfte; der Rückgang der Körpergröße erkläre sich hauptsächlich aus einer krankhaften Schrumpfung der Wirbelkörper. In seiner Kindheit und Jugend sei Gregor ungewöhnlich gut und gesund

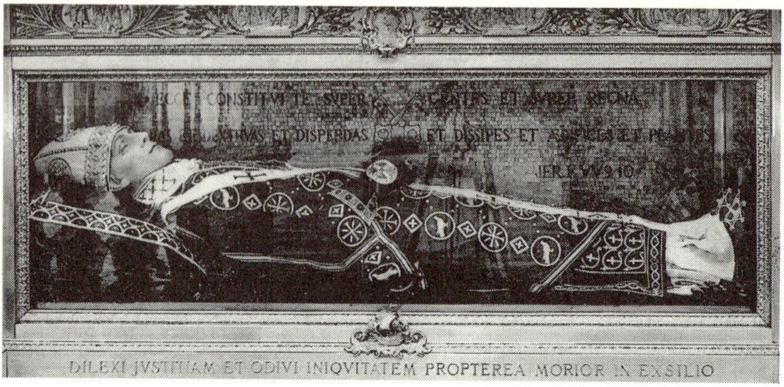

Abb. 76/77. Gregor VII. war am 25. Mai 1085 in Salerno, «im Exil», gestorben und fand zunächst eine Grablege in der Krypta des S. Matteo-Domes, den er im Jahr davor geweiht hatte. In Vorbereitung einer von Papst Paul V. durchgeführten, auf Salerno beschränkten Kanonisation hatte man die Gebeine gehoben und 1614 in einem umgearbeiteten antiken Onyxsarkophag beigesetzt, der in der Mitte der Vorderseite gekreuzte Schlüssel, aber keine Namenskennzeichnung trug. Der Sarkophag stand in der rechten Cappella delle Crociate vor einem dem «heiligen Gregor VII.» geweihten Altar. 1954 wurden die Gebeine mit Wachs umhüllt, in Pontifikalgewänder gekleidet und unter dem Altartisch in einem Glaskasten untergebracht, in dessen Rahmen die letzten Worte Gregors VII. eingraviert sind: «Ich habe die Gerechtigkeit geliebt und das Unrecht gehaßt, daher sterbe ich in der Verbannung» (s. oberes Bild). 1984 wurden die Gebeine zur Untersuchung freigegeben (s. oben S. 111) und danach wieder in dem Sarkophag beigesetzt, in dem sie von 1614 bis 1954 geborgen waren (s. unteres Bild). Die Grabstätte Gregors findet bei der Geistlichkeit und den Gläubigen Salernos wenig Beachtung.

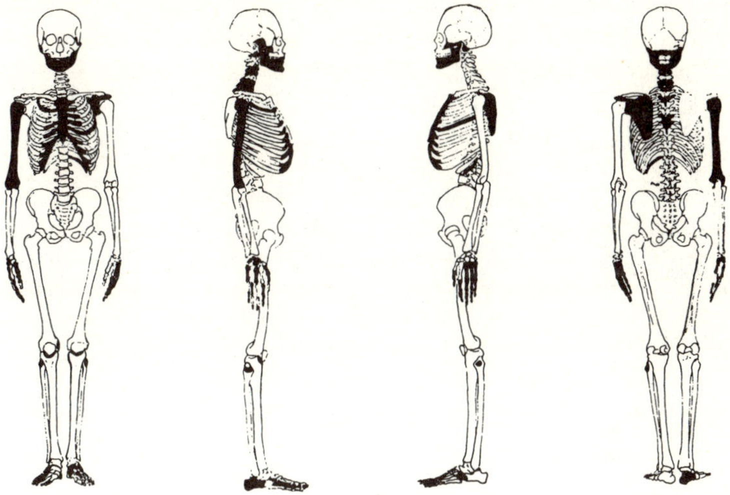

Abb. 78. Gregor VII. ist der erste Papst, dessen Überreste mit modernen Methoden analysiert wurden. Auf gleiche Weise und teilweise vom selben Team waren vorher die Gebeine des Antonius von Padua († 1231), des Monaldus von Capodistria († vor 1285) und des Raimundus Lullus († 1316) untersucht worden. Es gehört zu den Merkwürdigkeiten des Selbstverständnisses der auf Gregor VII. folgenden Päpste, daß bis in die jüngste Zeit keiner daran gedacht hat, – wie Gregorovius sich ausdrückte – «die Asche des größesten seiner Vorgänger» [d. i. Gregor VII.] nach Rom zu überführen, wie Urban VIII. 1634 sogar die Gebeine von Gregors Mitkämpferin Mathilde von Tuszien aus Mantua nach S. Peter schaffen ließ, wo ihr Bernini ein prächtiges Grabmal setzte, auf dem die Canossa-Szene zu sehen ist, oder Leo XIII., der den Leichnam Innozenz' III. aus einem Sammelgrab in Perugia nach der Lateranbasilika transferierte. – Als Beleg der Heiligmäßigkeit Gregors VII. wird von manchen Wundern berichtet. So hätten Diebe Gregors Leichnam in der Krypta des Doms von Salerno der Pontifikalgewänder berauben wollen, doch habe ein heftiger Sturm ihnen die Lampen ausgeblasen und den Diebstahl verhindert. Teile des Leichnams Gregors VII. sind als Reliquien mehrfach entnommen worden: sie liegen in Sovana (Arm und Hand), Siena (Schulterteil), in Salerno (Restkörper und Hauptteile des Schädels). Ein kleines Schädelteil schenkte man 1849 Pius IX. bei einem Besuch in Salerno. In der 1961 geweihten Franziskanerkirche S. Gregorio VII in der gleichnamigen Straße in Rom liegen weitere Schädelteile, ein Zahn befindet sich in S. Paolo fuori le mura, den linken Mittelhandknochen erhielt Papst Johannes XXIII. – er gab ihn an die holländische Kirche weiter. – Erhaltungszustand des Skeletts Gregors VII.; fehlende Teile sind in Schwarz wiedergegeben (Rassegna storica Salernitana, Dez. 1985).

ernährt worden, wie es – nach Meinung der Mediziner – einer «gehobenen bäuerlichen Schicht» entspreche. Manche Daten sind außergewöhnlich. Die Schädelkapazität liegt mit 1600 cm^3 erheblich über dem heutigen Durchschnitt bei Männern (1400 cm^3). Bedrückend ist das Altersbild. Etwa vom sechzigsten Lebensjahr an, also rund ab 1075, muß Gregor von Jahr zu Jahr stärkere Rückgratschmerzen empfunden haben, die ihn «relativ häufig» zur Bettruhe zwangen und ihn am Ende seines Lebens hinken ließen. Sollte die auffällige Inaktivität Gregors während seiner letzten Lebensjahre – die Zahl der überlieferten Briefe geht ab 1080 schlagartig zurück – mit seinen schmerzhaften Leiden zusammenhängen?

Hildebrand-Gregor ist (das wissen wir aus seinem eigenen Munde) in der Umgebung der römischen Kirche aufgewachsen, und mit dem abgesetzten und vom deutschen König ins Exil geschickten Papst Gregor VI. war er 1046 nach Köln gegangen. Er hatte an diese Episode offenbar keine guten Erinnerungen; später schrieb er: «Widerstrebend bin ich mit dem Herrn Gregor über das Gebirge gezogen.» Nach seiner Rückkehr 1049 wurde er u. a. Leiter des angesehenen Paulsklosters vor den Mauern. Legationen führten ihn nach Frankreich und nach Deutschland, wo er vor dem deutschen Kaiser Heinrich III. eine Predigt hielt. 1059 wurde er Archidiakon und Vermögensverwalter der römischen Kirche und rückte in den sechziger Jahren zur zentralen Figur am päpstlichen Hofe auf. Wer etwas durchsetzen wollte, wandte sich besser an ihn als an den mehr irenisch gestimmten Papst Alexander II. Nach dessen Tod 1073 wurde Hildebrand in tumultuarischer Weise – gegen die Bestimmungen des soeben beschlossenen Papstwahldekrets – noch während der Begräbnisfeierlichkeiten für Alexander zum Papst erhoben: Als der Trauerzug bei der Kirche S. Pietro in Vincoli vorbeikam, forderte das Volk unter der demagogischen Regie des Kardinals Hugo des Weißen – später Gregors schärfster Gegner – Hildebrand zum Papst, und in der genannten Titelkirche ist Hildebrand als Gregor VII. (eine Verbeugung vor Gregor I.) sofort inthronisiert worden. «Wie Wahnsinnige haben sie sich auf mich gestürzt und mir keine Gelegenheit zum Sprechen oder zum Überlegen gegeben», beteuerte der neue Papst in der Wahlanzeige; gegenüber den Übergriffen des Wahlregisseurs Hugo war er auffallend nachsichtig.

Die Hauptquelle für Gregors zwölfjährigen Pontifikat ist sein in der päpstlichen Kanzlei entstandenes und noch im Original erhaltenes Briefregister von über 360 Stücken; von keinem Papst vorher – von Gregor I. abgesehen – sind so viele Schreiben auf uns gekom-

Abb. 79. Wichtige Träger der kirchlichen Reform in der Frühphase waren Petrus Damiani, Bischof von Ostia, Humbert, Bischof von Silva Candida, und Hildebrand (der spätere Gregor VII.), der hier zum ersten Mal als Archidiakon der Römischen Kirche auftritt. Urkunde Papst Nikolaus' II. vom 14. Oktober 1059, der als erster unterschreibt. Es ist die einzige Urkunde mit den originalen Unterschriften dieses Reformkreises.

---

men, obwohl sie offenbar nur einen kleinen Teil der Korrespondenz darstellen, deren Umfang man auf rund 1500 schätzt. Trotz seiner schon von der Mitwelt erkannten Bedeutung hat Gregor keinen Biographen gefunden: Der Regensburger Chorherr Paul von Bernried verfaßte rund zwei Menschenalter später – um 1130 – eine Lebensbeschreibung, aber sein Werk, in das schon die Wunder an Gregors Grab einbezogen sind, ist für die Nachwirkung aufschlußreicher als für Gregor selbst. Gregor VII. war und blieb ein ungeliebter Papst; 1606 wurde lediglich ein lokaler Kult in Salerno zugelassen, und als dieser 1728 auf die ganze Kirche ausgedehnt wurde, haben ihn katholische absolutistische Staaten abgelehnt.

Wie ist Gregor zu verstehen? Eine deutschnationale Geschichtsschreibung hat Gregor unter die «Meister der Politik» eingereiht, dem Religion lediglich ein Mittel zur Machtausübung war. In jüngerer Zeit hat man tiefer gesehen und von ihm als einem «religiösen Genie» gesprochen. Ein heutiger Theologe (Y. Congar) hat Gregors Überzeugung mit folgendem Satz umschrieben: «Gott gehorchen heißt der Kirche gehorchen und das wiederum heißt dem Papst gehorchen.»

In den 27 Leitsätzen seines berühmten «Dictatus Papae» kommt Gregors Weltsicht wohl am eindeutigsten zum Ausdruck, Leitsätze, die alle als Behauptungssätze formuliert sind. Darunter sind atemberaubende Aussprüche: «Daß nur der Römische Bischof zu Recht universal genannt werden soll.» Gregor der Große hatte noch anders gedacht; er hatte eine solche Bezeichnung «töricht und anmaßend»

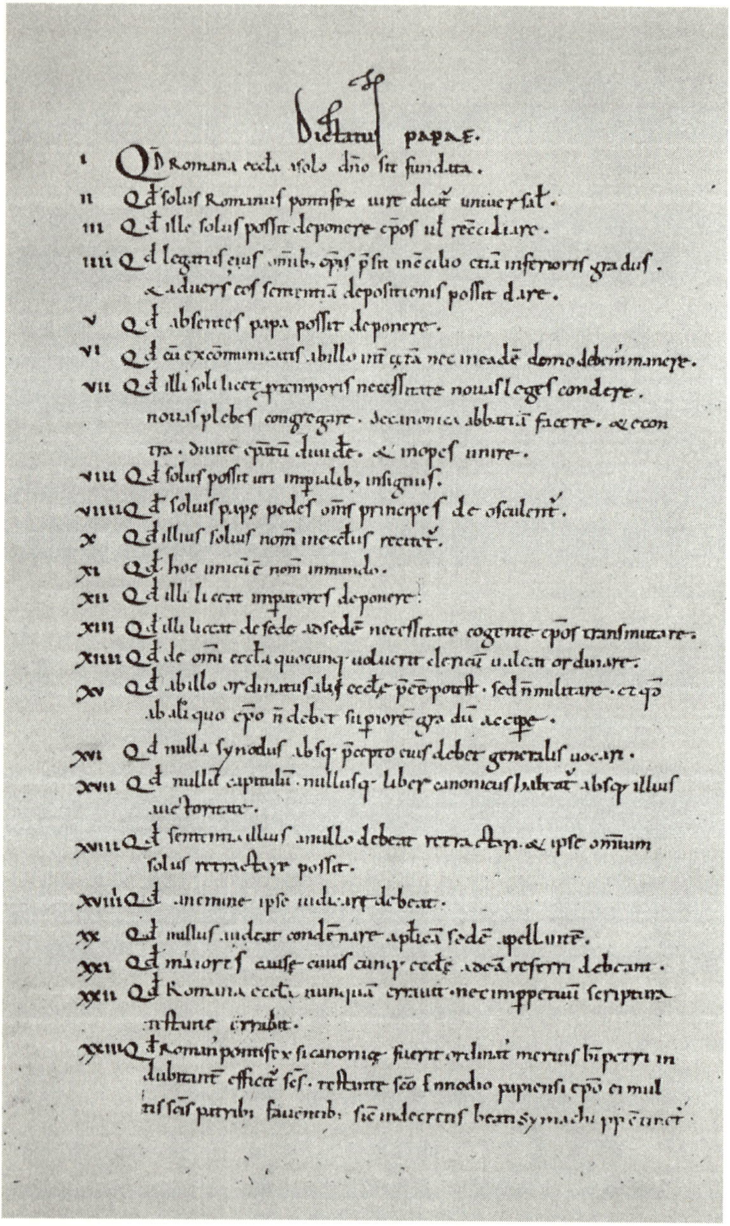

Dictatus papae.

I Quod Romana ecclesia a solo domino sit fundata.

II Quod solus Romanus pontifex iure dicatur universalis.

III Quod ille solus possit deponere episcopos vel reconciliare.

IIII Quod legatus eius omnibus episcopis presit in concilio etiam inferioris gradus, et adversus eos sententiam depositionis possit dare.

V Quod absentes papa possit deponere.

VI Quod cum excommunicatis ab illo inter cetera nec in eadem domo debemus manere.

VII Quod illi soli licet pro temporis necessitate novas leges condere, novas plebes congregare, de canonica abbatiam facere et e contra, divitem episcopatum dividere et inopes unire.

VIII Quod solus possit uti imperialibus insigniis.

VIIII Quod solius pape pedes omnes principes deosculentur.

X Quod illius solius nomen in ecclesiis recitetur.

XI Quod hoc unicum est nomen in mundo.

XII Quod illi liceat imperatores deponere.

XIII Quod illi liceat de sede ad sedem necessitate cogente episcopos transmutare.

XIIII Quod de omni ecclesia quocunque voluerit clericum valeat ordinare.

XV Quod ab illo ordinatus alii ecclesie preesse potest, sed non militare; et quod ab aliquo episcopo non debet superiorem gradum accipere.

XVI Quod nulla synodus absque precepto eius debet generalis vocari.

XVII Quod nullum capitulum nullusque liber canonicus habeatur absque illius auctoritate.

XVIII Quod sententia illius a nullo debeat retractari, et ipse omnium solus retractare possit.

XVIIII Quod a nemine ipse iudicari debeat.

XX Quod nullus audeat condemnare apostolicam sedem appellantem.

XXI Quod maiores cause cuiuscunque ecclesie ad eam referri debeant.

XXII Quod Romana ecclesia nunquam erravit nec in perpetuum scriptura testante errabit.

XXIII Quod Romanus pontifex, si canonice fuerit ordinatus, meritis beati Petri indubitanter efficitur sanctus, testante sancto Ennodio Papiensi episcopo ei multis sanctis patribus faventibus, sicut in decretis beati Symachi pape continetur.

genannt. «Daß der Papst Abwesende absetzen kann.» Das war ein Verstoß gegen das geltende Kirchenrecht. «Daß es dem Papst allein erlaubt ist, im Falle der Notwendigkeit neue Gesetze zu erlassen.» Bisher war das Gegenteil betont worden: daß nichts Neues beschlossen werden dürfe. «Daß allein der Papst kaiserliche Abzeichen tragen darf.» «Daß allein des Papstes Füße alle Fürsten küssen sollen.» «Daß ihm erlaubt sei, Kaiser abzusetzen.» Man kann verstehen, daß katholische absolutistische Herrscher die kultische Verehrung dieses Papstes nicht zulassen wollten, und Maria Theresia hat gefordert, Gregors Namen aus dem römischen Brevier zu streichen.

Der Akt von Canossa (1077)

Gregors VII. Name ist verbunden mit dem Stichwort «Canossa». Die Burg Canossa ist heute eine Ruine im nördlichen Appenin, nicht weit von Reggio nell'Emilia. Im Schicksalsjahr 1077 war sie eine uneinnehmbare Felsenburg im Besitz der Markgräfin Mathilde von Tuszien. Gregor hatte sich im Januar 1077 dorthin geflüchtet, als bekannt wurde, daß der deutsche König Heinrich IV. auf dem Wege nach Italien sei. Aber in welchem Aufzug kam Heinrich und in welcher Absicht?

Gregor VII. hatte ihn, der den Papst aufgefordert hatte, von Petri Stuhl herabzusteigen, im Februar 1076 für abgesetzt und gebannt erklärt, und die deutschen Fürsten hatten im Herbst beschlossen, einen neuen König zu wählen, wenn Heinrich nicht binnen Jahresfrist vom Banne gelöst sei. Nun war er auf dem Wege zum Papst, aber er konnte nicht die bequemen Pässe über die Alpen benutzen, denn dort sperrten feindliche Fürsten den Übergang. Mit seiner jungen Ge-

---

Abb. 80. Erste Seite des «Dictatus papae» Gregors VII. in dessen originalem Briefregister. Die Überschrift «Dictatus papae» steht auch über anderen Stücken des Registers und besagt nur, daß der Papst sie konzipiert hat (Reg. Vat. Tom. 2). Der Eintrag steht eingeordnet zwischen dem 3. und 4. März 1075. Der Charakter dieses in seiner Art einmaligen «Dictatus papae» ist unklar. Um das Inhaltsverzeichnis einer geplanten Rechtssammlung dürfte es sich, obwohl vielfach behauptet, kaum handeln, da teilweise Rechte beansprucht werden, die der Papst gar nicht besaß. Der besondere Wert liegt in der visionären Selbstaussage Papst Gregors VII.

Abb. 81. Heinrich IV. vor Canossa im Januar 1077. Im Hintergrund legt die Markgräfin Mathilde von Tuszien beim zögernden Gregor VII. ein Wort für den Büßer ein. Die 1862 entstandene Zeichnung H. Plüddemanns wurde zum Jubiläum 1877, mitten im Kulturkampf, in der wöchentlich erscheinenden und weit verbreiteten Familienzeitschrift «Die Gartenlaube» veröffentlicht. Es gab Stimmen gegen eine bildliche Darstellung der Szene. «Aus

Abb. 82. Heinrich IV. bittet den Abt von Cluny und die Markgräfin Mathilde von Tuszien um Fürsprache bei Papst Gregor VII. (Widmungsexemplar des Donizo für Mathilde von Tuszien).

der Geschichte können wir freilich die Thatsache nicht löschen ... – aber uns noch malen lassen, al fresco, wie ein deutscher Kaiser ... sich vor dem Papst im Büßergewande demüthigt, ... nein: da reißt denn doch die deutsche Geduld ... Nach Canossa gehen wir nicht – auch auf dem Bilde nicht!» – so Adalbert Falk, der preußische Kultusminister während des Kulturkampfs. Bismarck hat sich Plüddemanns Canossa-Bild als Türvorhang in das Arbeitszimmer seines Herrenhauses im pommerschen Varzin hängen lassen.

mahlin Bertha und seinem zweijährigen Söhnchen Konrad wich Heinrich nach Burgund aus und überquerte vom Westen beim Mont Cenis die Alpen, auf Saumpfaden mitten im Winter auf 1077: «Bald kroch (die Gruppe) auf Händen und Füßen, bald stützten sie sich auf die Schultern ihrer Bergführer und manchmal, wenn sie auf dem glatten Boden ausglitten, fielen sie auch hin und rutschten ein ganzes Stück hinunter», so berichtete eine Quelle. Und welcher Winter! Vom November 1076 bis in den April 1077 sollen alle Flüsse Mitteleuropas zugefroren gewesen sein, von der Loire bis zur Weichsel, vom Rhein bis zum Po, ja selbst den Tiber soll Eis bedeckt haben. Man kann sich vorstellen, in welchem Aufzug die königliche Familie in Canossa ankam.

Gregor verweigerte zunächst die Absolution. Erst dem Drängen der Markgräfin Mathilde und des zufällig anwesenden Abtes von Cluny, der zugleich Taufpate Heinrichs war, gab er nach und löste Heinrich vom Banne. Hatte Papst Nikolaus I. klargemacht, daß der König als sündiger Mensch vom kirchlichen Arm belangt werden konnte, so ließ Gregors Tat den König als einen Amtswalter erscheinen, der päpstlicher Billigung unterlag: Die weltliche Macht untersteht der geistlichen.

Der Akt von Canossa erregte weltweites Aufsehen und war für alle Zukunft ein Symbol. «Nach Canossa gehen wir nicht», rief Bismarck 1872 in einer, wie es heißt, «oft von stürmischem Beifall unterbrochenen Rede» vor dem deutschen Reichstag aus, als es um die Frage einer deutschen Gesandtschaft am Heiligen Stuhl ging. Bismarck liebte das Wort so sehr, daß er es mehrmals einsetzte, und sein Kultusminister Falk stand ihm nicht nach (s. oben S. 118f.).

Der gescheiterte Sieger

Gregor VII. blieb sich gleich, und manche seiner Äußerungen und Handlungen haben in ihrer Übersteigerung etwas Unwirkliches. Er fand es unerträglich, daß das Heilige Grab in den Händen der Ungläubigen war, und plante einen Kreuzzug. Nach der Art seines Werbens für den heiligen Kampf – schrieb C. Erdmann – müßte man ihn den kriegerischsten Papst nennen, der je auf dem Stuhl Petri gesessen hat. «Weh' dem Schwert, das ohne Blut ist», predigte er, und er selbst sah sich an der Spitze eines Kreuzfahrerheeres nach Jerusalem ziehen.

Abb. 83. Grabplatte des päpstlichen Gegenkönigs Rudolf von Rheinfelden, eines Schwagers Heinrichs IV., im Merseburger Dom, kurz nach dessen Tod 1080 gegossen: das früheste und singuläre Beispiel einer solchen Grabplastik mit porträthaften Zügen. Die umlaufenden Verse schließen mit den Worten: «Der Tod ward ihm zum Leben, denn er fiel für die Kirche.» Rudolf hatte Gregor VII. erklärt, er sei bereit, «auf jede Weise» dem Papst zu gehorchen.

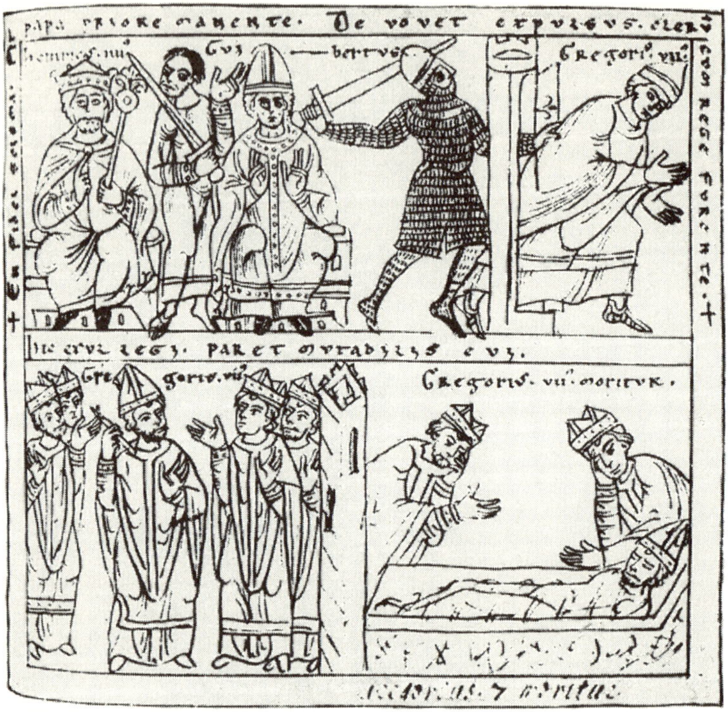

Abb. 84. Bildfolge in einer Handschrift der Chronik Ottos von Freising. Sie beginnt links oben: Neben Heinrich IV. wird der königliche Gegenpapst Guibertus (Wibert von Ravenna) erhoben; durch ein Tor wird Gregor aus Rom vertrieben; Gregor bannt Heinrich IV. im Kreise von Bischöfen; Gregor VII. stirbt (Handschrift Universitätsbibliothek Jena Bose q.6).

Nach Canossa, nach 1077, hatte Gregor VII. drei Jahre stillgehalten und ist seinen Anhängern gegen Heinrich IV. nicht zu Hilfe gekommen. 1080 schlug er zu: Er bannte und setzte Heinrich abermals ab. So sehr wußte er sich bei seinem Vorgehen mit Gott eins, daß er in einer Osterpredigt Heinrich einen baldigen Untergang als Gottesstrafe prophezeite, wenn dieser nicht umgehend Buße täte.

Aber nun folgte Rückschlag auf Rückschlag. Der von Gregor gestützte Gegenkönig Rudolf von Rheinfelden starb an den Folgen einer Wunde, die er in einer Schlacht gegen Heinrich empfangen hatte, und im Volke erzählte man sich bald, Rudolf habe beim Blick auf die ihm in der Schlacht abgehauene rechte Hand gesagt: «Das ist die Hand, mit der ich meinem Herrn und König Heinrich Treue geschworen habe.» Gott schien auf seiten der Feinde Gregors zu stehen. Ein Gegenpapst wurde erhoben, Heinrich schloß mit seinen Truppen Gregor in Rom ein und konnte schließlich von seinem Papst, den er mitgebracht hatte, in der Peterskirche zum Kaiser gekrönt werden. Ein großer Teil der Kardinäle fiel von Gregor ab, zusammen mit der stadtrömischen Bevölkerung. Den in der uneinnehmbaren Engelsburg hilflos eingeschlossenen Gregor holten die herbeigerufenen kampfgewohnten Normannen stoßtruppartig aus der Stadt, die sie hemmungslos brandschatzten und plünderten. Unter ihrem Schutz verließ Gregor Rom.

Im Exil in Salerno ist Gregor im Mai 1085 gestorben. Seine letzten Worte sind historisch verbürgt: «Ich habe die Gerechtigkeit geliebt und das Unrecht gehaßt: deshalb sterbe ich in der Verbannung.» Man hat diese Worte lange Zeit als Ausdruck der Bitterkeit angesehen: Gott hat dem gerechten Gregor den verdienten Lohn verweigert. Eine neuerdings vorgetragene Interpretation sieht es anders. Gregor zeige die Haltung des märtyrerhaften Bekenners. Indem die Welt ihm, dem Beauftragten Gottes, ein solches Exilantenschicksal bereitete, bewies sie nur ihre Heilsabgewandtheit. Eine gottferne Welt verstößt den Gerechten Gottes: «Selig sind, die Verfolgung erleiden um der Gerechtigkeit willen.» Was sagte Carlyle vom «Held als Priester»? Was er glaubt, glaubt er für sich, nicht für einen anderen.

Kein Heil außerhalb der römischen Universalkirche
Die Verrechtlichung der Kirche bis Innozenz III. (1198–1216)

Der Weg, den Gregor VII. eingeschlagen hat, ist der Weg zur Papstkirche. Was dem einzelnen zum Heile gereicht und was in der Kirche rechtens ist, bestimmt der Papst. Aber ein auf Herrschaft bedachtes Papsttum braucht Helfer, braucht einen Apparat, den aufzubauen ein Revolutionär wie Gregor VII. weder in der Lage noch willens war. Dazu bedurfte es eines geschmeidigen Taktikers, der auf Zeitströmungen in gleichem Maße einging wie er Stück um Stück eine Zentralbehörde aufbaute. Das Reformpapsttum fand ihn in Gregors zweitem Nachfolger, in Urban II. (1088–1099), einem französischen Adligen, der als Prior des glaubens- und geschäfts-

Abb. 85. Noch mehr als Gregor VII. war Urban II. vom Frömmigkeits- und Organisationsstil des burgundischen Klosters Cluny geprägt, wo er vor 1080 Mönch und Prior war. Der Abtprimas von Cluny, unterstützt von einem großen Verwaltungsstab, stand monarchisch einer über ganz Europa verteilten Klosterfamilie von 1450 Konventen vor, die lediglich von Prioren geleitet wurden. Die zur Zeit Urbans II. entstehende Klosterkirche von Cluny war das größte Gotteshaus der abendländischen Christenheit, beinahe um die Hälfte größer als Alt-Sankt Peter zu Rom. Rekonstruierte Ansicht der gewaltigen Chorpartie. Von der riesigen Kirchenanlage ist nur der Komplex um den rechten Seitenturm erhalten: der mächtige Bau war während und nach der französischen Revolution, die 1792 die Klöster aufhob, abgerissen und als Baumaterial verwendet worden.

tüchtigen Großklosters Cluny und als päpstlicher Legat seine Erfahrungen gesammelt hatte. Gregor VII., unbeirrbar in seinem Sendungsbewußtsein, hat in seiner Gradlinigkeit viele vor den Kopf gestoßen; Urban II. erwies sich als wendig und unterschied sehr wohl zwischen Religion und Politik. Kein Papst hat die Kanoniker, die Augustinerchorherren, so sehr gefördert wie Urban II., boten sie doch eine von vielen angestrebten Existenzform zwischen Mönchtum, Priestertum und Laienwelt und nahmen sich immer stärker der

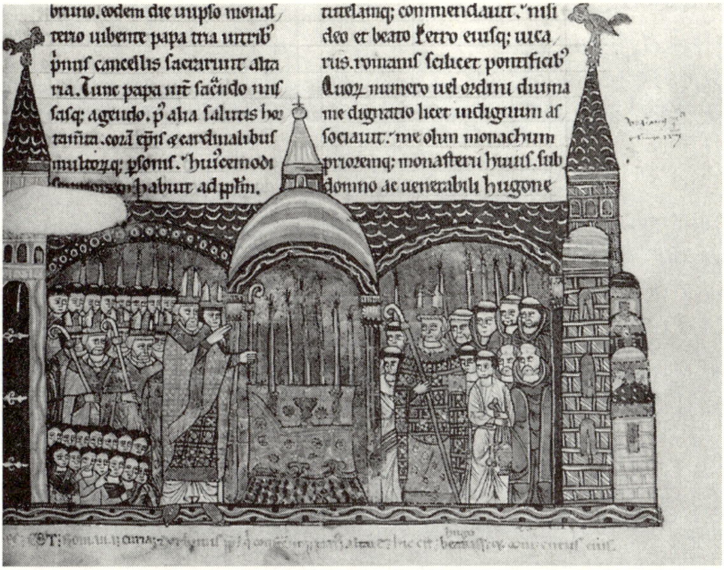

Abb. 86. Auf dem Weg nach Clermont, wo er im November 1095 den Kreuzzug ausrief, weihte Urban II. Ende Oktober den Hauptaltar seines als Organisationsmuster empfundenen Heimatklosters Cluny (Chronik von Cluny, Paris, Bibliothèque Nationale, Ms. lat. 17716). Interessant ist die Personengruppierung dieser die Altarweihe darstellenden Miniatur: links steht der weihende Papst mit seinem vielköpfigen Verwaltungsstab, der von Urban eingerichteten «römischen Kurie», rechts Abt Hugo (1049–1109) mit dem Konvent von Cluny. In der Folgezeit verlor sich die Nähe Clunys zum Papsttum. Abt Pontius von Cluny wurde 1122 gestürzt, inhaftiert und starb 1126 in einem römischen Kerker. Die Zisterzienser liefen den Cluniazensern den Rang ab, mit Eugen III. (1145–1153) wurde ein Zisterzienser Papst, dem Bernhard von Clairvaux einen «Papstspiegel» widmete.

Seelsorge an. Zu einer Erklärung gezwungen, gab Urban zu, daß man das größere Maß der Selbstheiligung, die maior religio, mit dem Mönchtum erwerbe. In den vielen Bestätigungsurkunden für Kanonikerstifte ist jedoch diese mindere religiöse Einstufung nie erwähnt, kirchenpolitisch brauchte er die Kanoniker. Ein Meisterstück an Inszenierung bot Urban, der den deutschen König Heinrich IV. innerhalb weniger Jahre völlig mattgesetzt hatte, mit dem Ausrufen des ersten Kreuzzugs. Der Entschluß zur Rückeroberung des Heiligen Grabes war bereits im März 1095 auf einer Zusammenkunft in Piacenza gefaßt worden, aber Urban suchte die Menschen und das Wirkung versprechende Forum für das Signal zum Aufbruch. Er fand sie in seiner französischen Heimat auf der zahlreich besuchten Synode von Clermont im November 1095. Sein Aufruf zum Kreuzzug wurde mit Begeisterung aufgenommen, und die Massen brachen spontan in den Ruf aus: «Gott will es». Der Erfolg des ersten Kreuzzugs, der am 15. Juli 1099 die Eroberung Jerusalems brachte, ist in den folgenden Jahrhunderten nie mehr überboten worden. Die weitere Geschichte des christlichen Heiligen Landes ist nichts anderes als die deprimierende Chronik seines schrittweisen Untergangs mit dem Verlust Akkons 1291 als Schlußpunkt.

Stabiler waren Urbans administrative Maßnahmen. 1089, unmittelbar nach Pontifikatsbeginn, taucht zum ersten Mal der Begriff der «römischen Kurie» auf, des päpstlichen Hofstaates. Zugleich wird das Kanzleiwesen reguliert und eine Finanzverwaltung eingerichtet mit einem camerarius, einem Kämmerer, an der Spitze, den Urban sich aus Cluny holte. Mit dem Geld- und Sportelwesen stellten sich freilich Bürokratisierung, Bestechlichkeit und Raffgier ein, und schon zu Urbans Zeiten kursierten bittere Parodien, so das «Evangelium von der Mark Silber» (Evangelium secundum Marcam [statt Marcum]). Einem an die Tür der Kurie anklopfenden Bittsteller wird in bester Bibelsprache gesagt: «Daß du verdammt seist mit deiner Armut! Hebe dich hinweg, Satan, denn du meinst nicht das, was des Goldes ist. Wahrlich, wahrlich, ich sage dir, du wirst nicht eingehen zu deines Herren Freude, bis du nicht deinen letzten Heller ausgegeben hast.» Der arme Bittsteller wird abgewiesen, während der reiche Zutritt erhält.

Die päpstliche Gesetzgebung wächst ins Unermeßliche, und bald wird geklagt über den «undurchdringlichen Wald» von päpstlichen Dekretalen und Briefen. Um dies mit einigen Zahlen zu belegen: in die Zeit Papst Alexanders III. (1159–1181) – zweiundzwanzig Jahre also – fällt ein Fünftel aller uns bekannten Briefe und Urkunden bis 1200. Und etwa 1000 Dekretalen sind allein im 12. Jahrhundert herausgekommen, so viel, wie im Jahrtausend davor insgesamt. Nur der Fachmann, der studierte Jurist, konnte hier durchfinden. Diese Qualifikation weisen die meisten Päpste seit der Mitte des 12. Jahrhunderts auf, und die juristische Ausbildung blieb eine Empfehlung für einen papabile bis in die jüngste Vergangenheit.

In vielleicht reinster Form zeigt sich der Typ des «Herrschaftspapstes», der das juristische Instrumentarium beherrscht, in seiner

Frühzeit: in der Gestalt Innozenz' III., den einer der bedeutendsten Juristen des Mittelalters, Heinrich von Susa (Hostiensis), respektvoll «Vater des Rechts» genannt hat. Am 8. Januar 1198 war Papst Cölestin III., 92 Jahre alt, gestorben. Am selben Tage wurde er beerdigt, am selben Tage schritt man zur Wahl, aus welcher als Papst, einstimmig gewählt, der Kardinaldiakon Lothar von Segni hervorging: mit 37 Jahren der jüngste unter den Kardinälen. Lothar-Innozenz III. hatte mit theologischen und vor allem juristischen Studien wahrscheinlich in Rom, Paris und Bologna eine gründliche Ausbildung durchlaufen, war mit allen scholastischen Wassern gewaschen, galt zudem als gewandter Redner und als guter Sänger. Er stand auf der Höhe der Bildung seiner Zeit.

«Geringer als Gott, aber größer als der Mensch»

Innozenz ist der Mann der Ordnung, und kaum ein Papst hat für die weltliche Etablierung des Papsttums, für seine irdische Einordnung, so viel getan wie Innozenz III. Es beginnt bei der Frage: Was ist der Mensch und was ist der Papst?

Schon vor seiner Wahl hat er auf die erste Frage Auskunft in einer eigenen Schrift gegeben, die bald eine ungeheure Verbreitung fand. Noch heute kennt man von ihr über 700 Handschriften. Moderne Theologen versichern uns zwar, Lothar-Innozenz sei nur ein mäßiger Theologe gewesen, und schätzen eher andere Schriften, deren diffizile Gedankengänge sich auf einem höheren Niveau bewegen mögen, aber Lothar-Innozenz scheint mit diesem Werk den Nerv der Zeit getroffen zu haben.

»Das Elend des Menschseins» – so ist der Name der Schrift – ist dreifach behandelt: bei der Geburt, während des Lebens und beim Tod. «Warum bin ich aus dem Mutterleib hervorgekrochen, daß ich solches Elend und Herzeleid ansehen ... muß?» An diesen Aufschrei des Propheten Jeremias schließt sich eine Aufzählung menschlicher Unzulänglichkeiten an: Sterne sind aus Feuer geschaffen, Winde aus Luft, Fische aus Wasser, Tier und Mensch aber aus Lehm, aus «Dreck». In sündhafter Wollust ist er gezeugt, im Mutterleib genährt von giftigen Säften, bei deren Genuß Hunde in Tollwut verfallen; brüllend ob des Elends erblicken wir die Welt, nackt kommen wir, nackt gehen wir, und die Spanne unseres Lebens wird immer kürzer: Am Anfang, wie das Alte Testament lehrt, sind die Menschen neunzig Jahre und älter geworden; jetzt aber werden wenige sechzig usw.

Abb. 87. Innozenz III.: Mosaik aus der von Innozenz umgestalteten Apsis der alten Peterskirche (heute abgelöst im Museo di Roma); «es spricht nichts gegen eine Datierung in die späteren Jahre Innozenz' III.» (G. Ladner), dessen körperliche Schönheit die zeitgenössischen literarischen Quellen hervorheben.

In dieser Tonlage ist die ganze Schrift gehalten; der Mensch ist ein elendes und ganz auf die Gnade Gottes angewiesenes Geschöpf.

Und was ist der Papst? «Ich bin», so predigte er an seinem Weihetag dem römischen Volk, «über das Haus Gottes gesetzt, damit... meine Stellung alles überrage. Mir ist gesagt vom Propheten: Ich will dich über Völker und Königreiche setzen. Von mir heißt es beim Apostel: Ich will dir des Himmelreiches Schlüssel geben. Der Knecht, der über das ganze Haus gesetzt wird, ist der Stellvertreter Christi...; er ist in die Mitte gestellt zwischen Gott und die Menschen, geringer als Gott, aber größer als der Mensch.» Diese Rede Innozenz' III. ist kein Ausrutscher, herbeigeführt durch die Euphorie seiner festlichen Weihe. Ähnliche Töne durchziehen die ganze Korrespondenz. Innozenz ist derjenige Papst, der den Titel Vicarius Beati Petri durch Vicarius Christi ersetzt. Für ihn ist Petrus sein «Amts-

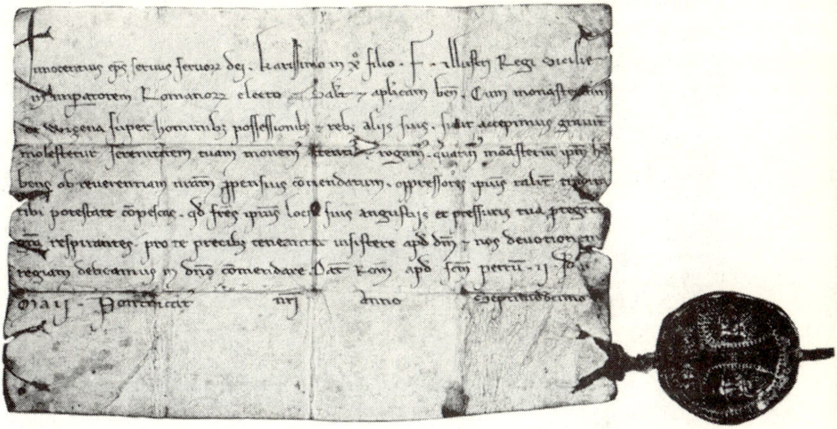

Abb. 88. Papst Innozenz III. bittet König Friedrich II. 1214, das Kloster Weißenohe bei Forchheim in seinen Schutz zu nehmen. Diese in der päpstlichen Kanzlei geschriebene Urkunde wurde geschlossen versiegelt; sie mußte vom Empfänger am Siegelfaden aufgeschnitten werden (München, Hauptstaatsarchiv). Innozenz stellte seine Vorschriften zur Überprüfung der Echtheit einer Urkunde besonders auf das Siegel ab; sie sind in das kirchliche Gesetzbuch und auch in die weltliche Rechtsliteratur übergegangen. In einigen Handschriften sind im Anschluß an die Innozenz-Vorschriften Manipulationen beschrieben, wie man weiter betrügen könne; man solle die zerschnittene Siegelschnur wieder zusammenfügen: «das muß aber von geschickten Frauenhänden geschehen».

kollege», und beide nehmen die Stellvertreterschaft des Gottessohnes wahr. Nicht dem Weltenrichter haben am Jüngsten Tag die Ungehorsamen Antwort zu geben, sondern ihm, dem Papst.

Der Ausbau der Herrschaftsinstrumente *Ordnung, Gesetz, Besitz*

Die Aktivität des neuen Papstes ist atemberaubend. Unmittelbar nach seinem Regierungsantritt hatte man eine Fälscherbande ausgehoben, die benachbart zur Kurie gegen gute Bezahlung unechte Urkunden geradezu fabrikmäßig herstellte und die sich sogar schon Bullen mit dem Namen des neuen Papstes auf Lager gelegt hatte.

Abb. 89. Innozenz III. erteilt 1203 der Benediktiner-Abtei Subiaco und ihrem Abt eine Schenkungsurkunde. Subiaco, von Benedikt von Nursia gegründet und zeitig dem Patronium der heiligen Benedikt und Scholastika anvertraut, stand in einem engen Verhältnis zum Papsttum, das vom 13. Jahrhundert an den Abt auswählte. (Zeitgleiches Fresko des Magisters Conxolus in Subiaco, Sacro Speco, Unterkirche).

Dieser Schock veranlaßte Innozenz, eine Konstitution zu erlassen, in der Regeln zur Überprüfung der Echtheit einer Urkunde aufgestellt waren, und man hat ihn den «Vater der Urkundenlehre» genannt.

Er war auch der Vater einer geordneteren Gesetzgebung. Die vielen in den vorausgegangenen Jahrzehnten verbreiteten Dekretalen hatten zu einer unerträglichen Unübersichtlichkeit geführt. Innozenz ließ eine Sammlung rechtserheblicher Dekretalen abfassen und verbreitete sie als amtliches Werk. Die päpstliche Kurie wird geradezu nach betriebswirtschaftlichen Grundsätzen organisiert: eine Geschäfts- und Gebührenordnung wurde erlassen, zu der zum Beispiel das Verbot gehörte, für die Behandlung einer Sache «Geschenke» zu fordern («freiwillige» Geschenke freilich waren zugelassen).

Der Territorialbesitz der römischen Kirche wird auf den doppelten Umfang ausgedehnt, so daß der Kirchenstaat sich endgültig quer durch die Halbinsel bis zur Adria erstreckt. Dabei ging es nicht immer rechtschaffen zu, und aus Innozenz' Mund kam entschuldigend der böse Spruch aus dem Buch Sirach: Wer Pech anfaßt, besudelt sich. (Jesus Sirach 13, 1).

Daß sich selbst in Rom Innozenz mit seinem herrischen Selbstbewußtsein nicht nur Freunde gemacht hat, ist selbstverständlich, und von daher liegt nichts Überraschendes in der Tatsache, daß er Mitglieder seiner Familie zur Herrschaft heranzog. Er tat es aber in erdrückender Weise und bereicherte seine Verwandten schamlos, indem er zum Beispiel Kirchengut entfremdete. Damit ein Neffe zum heiratsfähigen Freier für eine Kaisertochter wurde, war er bereit, kirchliche Ansprüche zu opfern. Und als seine Vettern in Rom einen Gegner heimtückisch aus dem Wege räumten, soll er den Mord gedeckt haben.

Der deutsche Thronstreit und die Fehlleitung des Vierten Kreuzzuges (1204)

Dieser politische Papst, der für seine Entscheidungen immer eine juristisch-scholastische Begründung und eine moralische Hülle wußte, begann vom Anfang seiner Regierung an, die Schwächen des deutschen Königtums auszunutzen. Denn seit 1198 gab es zwei deutsche Könige, einen Staufer und einen Welfen, die miteinander konkurrierten. Wer bestimmte den rechten König? Nicht nur daß der Papst damals in eine Schiedsrichterrolle einrückte und diese wahrnahm: Er hielt den päpstlichen Anspruch in Dekretalen für alle Zukunft fest.

Die Argumentation war folgende: Da der Papst den deutschen König zum römischen Kaiser kröne, das Kaisertum also wesensmäßig mit dem deutschen Königtum zusammenhänge, müsse der Papst auch auf die deutsche Königswahl Einfluß nehmen: Er wende dem von ihm bevorzugten Kandidaten, wie es heißt, «die apostolische Gunst» zu. Die Wahl selbst komme einer Gruppe von «Hauptwählern» zu, den späteren Kurfürsten, an deren Spitze die drei rheinischen Erzbischöfe von Mainz, Köln und Trier standen. Nicht nur daß die Wahlprozedur fast ganz in geistliche Hände kam; die päpstliche Mitwirkung wurde zum Bestandteil der Königswahl, und erst die Goldene Bulle Karls IV. 1356 wies die päpstliche Einmischung endgültig zurück: Wen die deutschen Kurfürsten wählten, der war deutscher König und römischer Kaiser. Der Papst war nicht mehr gefragt, er kommt an keiner Stelle der Urkunde vor. Die Goldene Bulle ist die endgültige Antwort auf die mit Innozenz III. einsetzende Einmischungspolitik der Päpste. Zwischen zwei deutschen Königen hat Innozenz III. die Rolle des Schiedsmannes wahrgenommen, zwischen dem Staufer Philipp von Schwaben und dem Welfen Otto IV., und seine «apostolische Gunst» verschiedentlich eingesetzt, ohne daß einer von beiden sich durchgesetzt hätte; einen dritten schließlich, Friedrich II., den Knaben aus Apulien, hat er zur Macht lanciert. Innozenz bewährte sein politisch-verfassungsrechtliches Talent auch auf anderen europäischen Feldern. Auf dem Höhepunkt seiner Macht war er Oberlehensherr über Sizilien, Aragon, Leon, Portugal, Bulgarien, vielleicht über Ungarn und (am wertvollsten) über England, dem er bei Ungehorsam Eroberung durch den französischen König androhte. England zahlte über anderthalb Jahrhunderte (bis 1366) jährlich 1000 Pfund Sterling Tribut an den Papst.

Dennoch: hätte man Innozenz III. gefragt, woran ihm am meisten gelegen wäre, so hätte er wahrscheinlich geantwortet: an der Befreiung des Heiligen Landes von den Ungläubigen, an einem erfolgreichen Kreuzzug. Aber gerade hier mußte er seine vielleicht größte Schlappe hinnehmen: den umgeleiteten sogenannten vierten Kreuzzug. 1204 war das Kreuzfahrerheer nicht, wie es gelobt und wie Innozenz III. befohlen hatte, nach Ägypten aufgebrochen. Die Venezianer, die den Transport übernommen hatten, lenkten unter Führung ihres durchtriebenen Dogen Enrico Dandolo den Zug zum griechischen Konstantinopel, das im Handstreich genommen wurde: Die lateinischen Christen vertrieben die griechischen Christen.

Abb. 90. Böhmische Originalurkunde der sogenannten Goldenen Bulle Karls IV. von 1356, des für die Zukunft wichtigsten «Reichsgrundgesetzes». Sie wollte die Einhelligkeit der deutschen Königswahl sichern und hatte bis zum Ende des Alten Reiches (1806) Gültigkeit. «Sie stellte den Anspruch des Papstes, daß der gewählte König erst durch die päpstliche Approbation

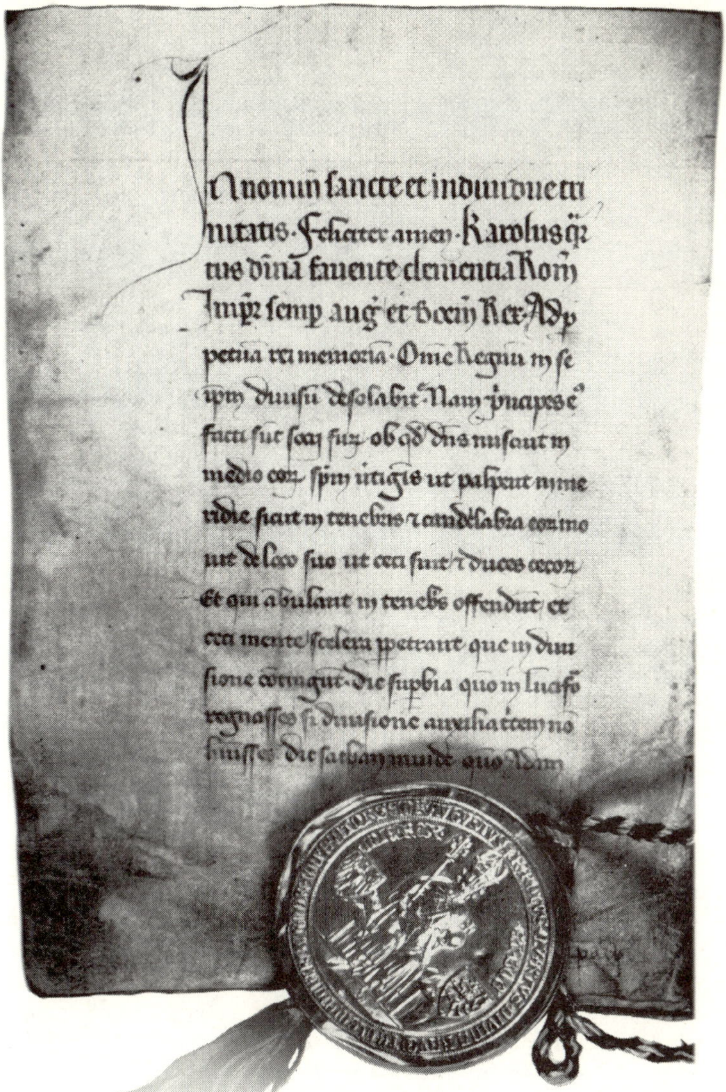

die Regierungsfähigkeit erlange, stillschweigend beiseite» (E. Müller-Mertens), der Papst ist im Text überhaupt nicht erwähnt. Sie kam in einer Situation zustande, als nach 118 Jahren erstmals wieder ein vom Papst anerkannter Kaiser in Deutschland regierte. Ein päpstlicher Legat nahm an den Verhandlungen und der Besiegelung teil.

Abb. 91. Die vier Bronzepferde vor der Fassade der Markuskirche sind 1204, nach Beendigung des von Innozenz III. nachträglich für gut geheißenen vierten Kreuzzugs, als Kriegsbeute von Konstantinopel nach Venedig überführt worden. «Zu dieser Zeit wurde der größte Teil der Kirche von S. Marco errichtet aus Steinen, Säulen und Kunstwerken, die mit Galeeren und Schiffen aus Konstantinopel gebracht wurden» (Venezianische Chronik). Die Pferde, Meisterwerke der hellenistischen Zeit, standen in Konstantinopel sinnvoll vor dem Hippodrom.

Innozenz war hintergangen worden, aber die neuen Herren des lateinischen Kaisertums in Konstantinopel wußten den Papst zu nehmen. Sie gelobten Unterwerfung und den Anschluß der griechischen Kirche; in Konstantinopel wurde ein lateinischer Patriarch eingesetzt – natürlich ein Venezianer. Innozenz gewann der neuen Lage sogar eine positive Seite ab: Er betrachte, so schrieb er, die Geschehnisse als ein Wunder, der Verlust der heiligen Stätten wäre gewiß nicht eingetreten, wenn dieses Kaisertum schon früher von den Griechen auf die Lateiner übergegangen wäre.

Abb. 92. Franz von Assisi. Fresko des Cimabue aus der 2. Hälfte des 13. Jahrhunderts. Deutlich sind an den Händen die Kreuzigungsmerkmale Christi, die Stigmata, zu sehen; der heilige Franz war der erste, an dessen Körper sie sichtbar wurden (Assisi, Unterkirche der Basilica di S. Francesco). Der heilige Franz sah sich in der Nachfolge Christi und begriff die 1224 empfangene Stigmatisation als Erfüllung dieses Wunsches. Papst Gregor IX. nahm ihn bereits 1228, zwei Jahre nach dem Tod, unter die Heiligen auf.

Neue religiöse Bewegungen

Es gibt neben diesem Innozenz der ausgreifenden Weltgeschäfte auch einen anderen Innozenz, der einen wachen und empfindsamen Sinn für neue christliche Lebensformen bewies. Er ist der Papst, der religiöse Bewegungen in die offizielle Kirche einbezogen hat, die leicht hätten in das Ketzertum absinken können. Bereits mehrere religiöse Gruppen hatten sich außerhalb der Kirche eingerichtet. Da waren die Anhänger des Lyoner Kaufmanns Waldes, der 1174 sein Hab und Gut verschenkt hatte, um der apostolischen Armut und der erweckenden Predigt zu leben. Da waren die norditalienischen Hu-

miliaten, die Demütigen, meist Arbeiter der Wollindustrie, die innerhalb ihrer Familien ein schlichtes Leben gelobten. Die Waldenser und die Humiliaten wurden von der offiziellen Kirche ebenso verfolgt wie die Albigenser, die Bewohner der Stadt Albi, gegen die Innozenz einen zu einem Blutbad führenden Kreuzzug predigte, nachdem 1208 der päpstliche Legat ermordet worden war.

Da war auch der Bürger Francesco Bernardone aus Assisi († 1226), Sohn reicher Eltern, der einem radikalen Armutsideal anhing und 12 Gefährten gleichen Sinnes um sich versammelte, ein schon etwas

Abb. 94. Das von Innozenz III. abgehaltene vierte Laterankonzil (1215) war eines der wichtigsten Ereignisse der Konzils- und Kirchengeschichte. Das allegorisch überhöhte Bild aus der Chronik des Matthäus Parisiensis († um 1259) zeigt die auf den Wellen schwimmende «Arche», die Kirche, mit ihren Repräsentanten. In der Unterschrift ist die Größe des Konzils angegeben: «In diesem Generalkonzil unter Papst Innozenz ... waren anwesend aus der ganzen Welt 61 Primaten und Erzbischöfe, 412 Bischöfe, 800 Äbte und Prioren».

Abb. 93. Der heilige Franz von Assisi erscheint Papst Innozenz III. im Traum, wie er die einstürzende Laterankirche, die «Mutter aller Kirchen», mit seiner Schulter auffängt. Fresko von Giotto und seiner Schule (Assisi, Oberkirche der Basilica di S. Francesco).

---

merkwürdiger Heiliger, der von der Armut als seiner Schwester sprach und in einem Sonnengesang Gott pries in seinen Geschöpfen, vornehmlich wegen «unserer edlen Schwester, der Sonne.» Die obere Kirche der massigen Franziskus-Doppelkirche in Assisi, die jüngst von dem Erdbeben so schwer heimgesucht worden ist, stellt im Rahmen eines von Giotto und seinen Schülern gemalten Zyklus einen Traum des Papstes Innozenz III. dar: Ihm sei der Poverello aus Assisi erschienen, wie er mit seiner Schulter die zusammenstürzende Kirche abfange. So berichtet die Legende. Dem wirklichen Inno-

Abb. 95. Papst Cölestin V. im Habit der sich auf ihn berufenden Cölestinermönche mit Heiligenschein und Palme: er ist damit als Märtyrer gekennzeichnet. In spiritualen Mönchskreisen wurde behauptet, Cölestin V. sei auf Veranlassung Bonifaz' VIII. ermordet worden, doch auch Cölestins Kerkerhaft (s. auch oben S. 28f.) und Tod 1295 konnten als Martyrium aufgefaßt werden. Wandgemälde der ersten Hälfte des 14. Jahrhunderts in S. Onofrio auf dem Monte Morrone in der einstigen Zelle des Petrus auf dem Berge Morrone (bei Sulmona) vor seiner Erhebung zum Papst.

zenz dürfte eine solche Entscheidungshilfe nicht zuteil geworden sein, aber er hat mit einem Gespür für den religiösen Reichtum, der sich in der Bewegung darbot, 1210 den ersten Zusammenschluß des Franziskus und seiner Gefährten anerkannt.

Überhaupt zeigt Innozenz am Ende seines Lebens auffällige Züge der Verinnerlichung, und mit der Ahnung eines baldigen Todes eröffnet er 1215 eines der größten synodalen Ereignisse der Kirchengeschichte, das vierte Laterankonzil, das an die alten Großkonzile des ersten Jahrtausends anknüpfte und von überragender Wichtigkeit für das Kirchenrecht werden sollte. Vor der riesigen Kulisse von über 1200 Bischöfen, Äbten und Prälaten leitete Innozenz die Sitzungen ein mit einer Predigt über das Herrenwort: «Sehnlichst habe ich darnach verlangt, dieses Abschiedsmahl mit euch zu essen, bevor ich verscheide.» Ein halbes Jahr später, im Juli 1216, ist er gestorben: im 56. Lebensjahr, von dem der Historiker Ernst Kantorowicz († 1963) in den zwanziger Jahren ausgerechnet hat, es sei das Todesalter, «das einer bestimmten Gruppe von Heroen und Herrschern zu eignen scheint»: Caesar, Heinrich IV., Friedrich II. der Staufer – leider auch Adolf Hitler.

Bonifaz VIII. (1294–1303): auf der Höhe päpstlicher Weltherrschaft?

Das Papsttum «bis zur Höhe der Weltherrschaft» um 1300, die «Fortschritte der Papstgewalt bis Bonifaz VIII.», «der Gedanke der päpstlichen Weltherrschaft bis Bonifaz VIII.» – dies sind Überschriften aus modernen Papstgeschichten. Um im Bilde der Gebirgswanderung zu bleiben: der Anstieg zum höchsten Bedeutungsgipfel des Papsttums wird offenbar mit dem Namen Bonifaz' VIII., 1294–1303, verbunden. In der Tat: in seinem Pontifikat und in seiner Persönlichkeit findet sich vieles gesteigert, was seine Vorgänger gewollt und verkündet haben.

Wir kennen Bonifaz VIII. bereits indirekt: Er ist der unmittelbare Nachfolger jenes Cölestin V. (1294), der hie und da mit der verklärten Gestalt eines Engelpapstes zusammengebracht worden ist (s. oben S. 28ff.). Der hilflose Cölestin hatte den juristisch gebildeten Kardinal Benedetto Gaetani gefragt, ob es möglich sei, daß ein Papst von seinem Amt zurücktrete, und der Kardinal hatte die Möglichkeit eingeräumt, zugleich aber davon abgeraten. Beim Rück-

Abb. 96. Die Liegefigur Bonifaz' VIII. wie die Büste (s. Abb. 97) gehören zum sofort nach Pontifikatsbeginn angewiesenen Grabmal in Sankt Peter. Auch hier fällt, wie bei der Büste, die Jugendlichkeit und die Frische des über sechzigjährigen Papstes auf, dessen Antlitz «klassische und todüberwindende Gelassenheit» ausstrahle (G. Ladner). Der Hofdichter Bonaiuto von Cosentino sagt von diesem Grabmal, hier sei es dem Papst, dem «wachsamen Richter des Erdkreises», gestattet gewesen, die Zeit anzuhalten. (Sankt Peter, Vatikanische Grotten)

trittsverfahren selbst, das auf Vorbilder nicht zurückgreifen konnte, war der Kardinal beratend beteiligt, und als Benedetto Gaetani anschließend, an der Weihnachtsvigil des Jahres 1294, als Bonifaz VIII. den Papstthron bestieg, hat es nicht an spitzen Zungen gefehlt, die zwischen dem Verzicht Cölestins und dem Aufstieg des Bonifaz einen Zusammenhang sahen. Vor allem bei den Schwärmern, den Spiritualen, die vom gleichen Geiste wie Cölestin waren und deren Stimme beim Volke viel galt, war er in Mißkredit geraten. Nicht freiwillig habe Cölestin den Schritt vollzogen, und an der vom neuen Papst verhängten Klosterhaft sei er zugrunde gegangen, so raunte man.

Wer dem Cölestin-Nachfolger geradezu körperlich begegnen will, trete vor eine der nicht wenigen Statuen Bonifaz' VIII., denn er

Abb. 97. Bonifaz VIII. Marmorbüste der Grabanlage in der alten Peterskirche, ein Werk des Arnolfo di Cambio. Das Antlitz des Bonifaz, der mit 64 Jahren Papst wurde, «ist nicht eigentlich jugendlich, sondern alterslos» (Ladner). Man hat darauf hingewiesen, daß sich in den Grabstatuen jener Zeit die Auffassung ausdrückte, die Toten würden in demselben Alter wie Christus auferstehen: im Alter von rund 30 Jahren. Die Errichtung eines aufwendigen Grabmals zu Lebzeiten des Papstes traf auf mancherlei Kritik. Bekannt ist die Antwort eines Bischofs auf des Papstes Frage, was denn dem Monument an Schönheit noch fehle: «Daß Ihr noch nicht drin seid!» – Die Marmorbüste, seit 1605 in den Grotten unter der Peterskirche, hat Paul VI. in die päpstlichen Gemächer schaffen lassen.

---

war der erste Papst, der angewiesen haben soll, daß an ausgezeichneten Orten Statuen seiner Person errichtet werden, und eine ganze Reihe dieser Denkmäler ist erhalten. Eins der schönsten Zeugnisse ist die Marmorbüste von St. Peter (s. oben Abb. 97), ein zeitgenössisches Werk des größten Meisters der toskanischen Gotik und seiner Schule, des Arnolfo di Cambio: Sie zeigt ein volles, fast jugendliches Gesicht mit einem energischen Kinn und einer leicht gerümpften Nase, als nehme ihr Besitzer einen unangenehmen Geruch wahr. Etwas Überirdisches oder asketische Durchsichtigkeit strahlt die Figur nicht aus.

Unmittelbar nach seiner Wahl hatte Bonifaz VIII. befohlen, für ihn im Hauptschiff der Peterskirche ein Grabmal anzulegen. Offenbar lag ihm daran, seine Gestalt sichtbar in die Kette der Petrusnachfolger einzureihen, denn noch nie war ein Papst einem lebenden legitimen Vorgänger nachgefolgt: Der rechtlich und liturgisch enge Zusammenhang von Tod, Bestattung, Neuwahl und Krönung war gestört. Als wolle er den Gottesdienst an seinem Grabmal für die Zukunft herbeizwingen, ließ er in den Altar die Gebeine des seit dieser Zeit als heilig angesehenen Bonifaz IV. (608–615) versenken, eines wahrlich nicht bedeutenden, aber namensgleichen Vorgängers, dessen Überreste in Sankt Peter zur Hand waren. Das Papstbuch meldet als wichtigstes Ereignis seines Pontifikats, daß auf seine Bitte Kaiser Phokas 609 genehmigt habe, das heidnische Pantheon in eine der Maria und allen Märtyrern geweihte Kirche umzuwandeln. Über dem Altar in einer Nische lag auf einem mit dem Gaetaniwappen geschmückten Sarkophag Bonifaz VIII. als Gestorbener, in Marmor gehauen, ebenfalls von Arnolfo di Cambio und seiner Werkstatt. Die Büste des lebenden und die Liegefigur des toten Papstes sind beide Bestandteile des von Bonifaz VIII. angewiesenen Grabmals. Kein Papst hat für seine Verehrung so energisch gesorgt wie Bonifaz VIII., von dem der anglikanische Papsthistoriker Kelly schreibt, er sei ein höchst unsympathischer Mensch gewesen, «der außerordentliche Fähigkeiten mit Arroganz und Grausamkeit, unersättliche Habgier zugunsten seiner Familie mit empfindungsloser Verachtung für seine Mitmenschen in sich vereinte; der gefürchtet und verhaßt und zur Freundschaft unfähig war».

Irdische Macht und himmlische Gewalt

Im Kontrast zu Cölestin V. ging es bei Bonifaz VIII. – zumindest zu Beginn des Pontifikats – recht irdisch zu. Seine Wahl verdankte er seiner Feindschaft zur römischen Familie der Colonna und zu den Franzosen, gegen die man sein Vorgehen erwartete, und die Auseinandersetzungen mit diesen nahen und fernen Feinden haben seiner Regierung die entscheidende Richtung gegeben. Wichtig schien dem neuen Papst – der sich Bonifaz nach einem seiner Vorfahren nannte, der unter diesem Namen Papst gewesen war – die materielle Fürsorge für das Papsttum und sein Geschlecht. Bonifaz hielt beides kaum auseinander. Damals deutete sich an, was man später wie eine Faustregel formulierte: eine römische oder italienische Adelsfamilie, die reich werden wolle, müsse einen Papst stellen: die Medici, die Barberini, die della Rovere, die Carafa, die Borghese usw. Das war

Abb. 98. Dante Alighieri (1265–1321) hat Papst Bonifaz VIII. zutiefst gehaßt. Im 19. Höllengesang seiner Göttlichen Komödie reserviert er dem noch lebenden Bonifaz bereits einen Platz in der Unterwelt. Von Vergil geleitet, gelangt Dante bei seiner Höllenwanderung zur Bucht der Simonisten, der Ämterschacherer, die kopfunter eingegraben sind. Dante fragt einen Leib, wer er sei, und erhält die überraschende Antwort: «So bist du schon zur Stelle, so bist du schon zur Stelle, Bonifazio?» Denn bei dem Sünder handelt es sich um Papst Nikolaus III. (1277–1280), der bereits auf Bonifaz VIII. wartet und den fragenden Dante für diesen hält. Bei der wiedergegebenen Szene einer Sieneser Handschrift des beginnenden 15. Jahrhunderts fragt Dante gerade den mit den Beinen strampelnden Leib des Ämterschacherers, des auf Bonifaz VIII. wartenden Nikolaus III., der wie Bonifaz nachhaltig in dem Ruf stand, seine Familie mit Gütern versorgt zu haben. Der Dominikaner Tolomeo von Lucca († 1326/27), Zeitgenosse Dantes, schreibt in seiner Kirchengeschichte: «er liebte die Seinen zu sehr» (nimis ... amator suorum).

und blieb nicht immer so, aber das Beispiel Innozenz' III. hatte es gezeigt, und Bonifaz VIII. belegte es in noch größerem Ausmaß. Kein Papst vor ihm und nach ihm hat den privaten Grundbesitz so vermehren können wie er, und das meiste davon ist bis in das 20. Jh. im Besitz der Familie Gaetani geblieben.

Über den Regierungsstil des Gaetani-Papstes berichtete der aragonesische Gesandte an seinen König: «Der neue Papst beschäftigt

Abb. 99. Bonifaz VIII. verkündet von der Benediktionsloggia des Lateranpalastes das erste Jubeljahr 1300: so lautet die gängige Deutung. Neuerdings möchte man in dem Bild die Krönungsfeierlichkeiten Bonifaz' VIII. erkennen. (Nachzeichnung eines heute größtenteils zerstörten Freskos von der Hand Giottos, das ursprünglich in der später abgerissenen Benediktionsloggia selbst angebracht war.) – Der Stil des «Heiligen Jahres» hat sich im Laufe der Zeit verändert. Herkömmlich eröffnet der Papst das «Heilige Jahr» durch Öffnen der «Goldenen Pforte» von Sankt Peter; gleichzeitig tun dies Kardinallegaten im Lateran, in S. Maria Maggiore und St. Paul vor den Mauern. Seit 1500 wird der Jubiläumsablaß, zeitlich versetzt, auf die ganze Welt ausgedehnt.

sich nur mit drei Dingen: lange zu leben, Geld zu verdienen und seine Familie zu bereichern... An etwas Geistiges verliert er keinen Gedanken.» Das Urteil ist gehässig und in dieser Form zu simpel. Der erste Vorwurf des Aragonesen, Bonifaz trachte nach einem langen Leben, läßt sich allerdings reich belegen. Kaum ein Papst war um sein Leibeswohl so sehr besorgt wie Bonifaz VIII.; mindestens sieben Ärzte haben sich in dem kurzen Pontifikat von nur neun Jahren in dieser Aufgabe abgewechselt, und auf verschiedene Weise versuchte Bonifaz, sein Leben zu verlängern, mit Elixieren und mit magischen Praktiken. Die schamlose Bereicherung der eigenen Familie, der zweite Vorwurf, wurde schon von den Zeitgenossen als Skandal empfunden, und Dante, der Zeitgenosse, hat Bonifaz wegen dessen Jagd nach irdischen Gütern in die Hölle unter die Schacherer versetzt. Aber der Tadel, Bonifaz verwende an Geistiges keinen Gedanken, ist unberechtigt. Gewiß bewegten ihn keine hohen Reflexionen über Aufgaben und Stellung des Papstes: Er lebte die Idee, die er verkündete. Neue Gesetze bedürften keiner Vorberatung und keines Menschen Hilfe: denn der römische Bischof (so Bonifaz wörtlich) «hat alle Rechte im Schrein seiner Brust». Der Münchner Stiftspropst Ignaz von Döllinger, einer der Hauptgegner des päpstlichen Universalprimats von 1870 (s. unten S. 198 ff.), empörte sich: «Und aus diesem Schreine zieht er von Zeit zu Zeit hervor, was er den Bedürfnissen der Welt und der Kirche angemessen erachtet.»

Der Binde- und Lösegewalt verlieh der Papst besonderen Ausdruck, indem er das Jahr 1300 zum Heiligen Jahr erklärte und den Jubelablaß verkündete, d.h.: Alle Römer, die die Basiliken der beiden Apostelfürsten dreißigmal, und alle Pilger, die diese Stätten fünfzehnmal besuchten, erhielten vollkommenen Ablaß. Bonifaz hat den Rhythmus von 100 Jahren aus dem Alten Testament herausgelesen, später verkürzte man den Abstand auf 50 und 33, schließlich auf 25 Jahre; die letzten anni santi waren 1975 und 1983, letzteres anläßlich der 1950. Wiederkehr des Todesjahres Christi. Die Vorbereitungen für das Jubeljahr 2000, das besonders herausgehoben gefeiert werden soll, laufen bereits.

Das von Papst Bonifaz ausgerufene Jubeljahr 1300 machte auf die Zeitgenossen einen gewaltigen Eindruck: 2 Millionen Besucher soll die Stadt gesehen haben, und die Kleriker der beiden Titelkirchen – St. Peter und St. Paul vor den Mauern – hätten das Geld mit Rechen zusammengeharkt. Das dürfte stark übertrieben sein: Man schätzt die Wirklichkeit auf 200 000 Fremde, und der in Rom gelassene Reichtum floß nicht dem Papst, sondern eben den beiden Kirchen

Abb. 100. König Philipp IV. (1285–1314), den schon die Zeitgenossen «den Schönen» nannten. Statue von seinem Grabmal in der Kirche Saint-Denis bei Paris. Philipp, der Räte meist bürgerlicher Herkunft an den Hof zog, bedeutet für die Geschichte Frankreichs die Herausbildung eines zentralistisch und bürokratisch beherrschten Staates. Sein Verwaltungsapparat konnte den päpstlichen Einfluß abblocken. Der gefügige Papst billigte die Auflösung des Templerordens, dessen reichen Besitz Philipp übernahm.

zu. Ein urkundlicher Beleg besagt, daß die Paulskirche über 9000 Gulden bei einer päpstlichen Bank als Summe des Jubeljahres hinterlegt hat: viel, jedoch nicht überwältigend.

Bonifaz VIII. und Philipp IV. von Frankreich Theokratie gegen modernen Staat

Die Hauptaufgabe, die Bonifaz sich gestellt hatte, war die Vernichtung des «Natterngezüchts» der Colonna und die Brechung der französischen Vorherrschaft. In Frankreich regierte seit 1285 König Philipp IV. mit dem Beinamen des Schönen; sein Herrschaftsstil zeigt moderne Züge. Die Richtlinien der Politik wurden nicht, wie bislang, von einer hochadligen Umgebung bestimmt; vielmehr zog er einen Kreis geheimer Räte heran, nahezu ausnahmslos Bürgerliche

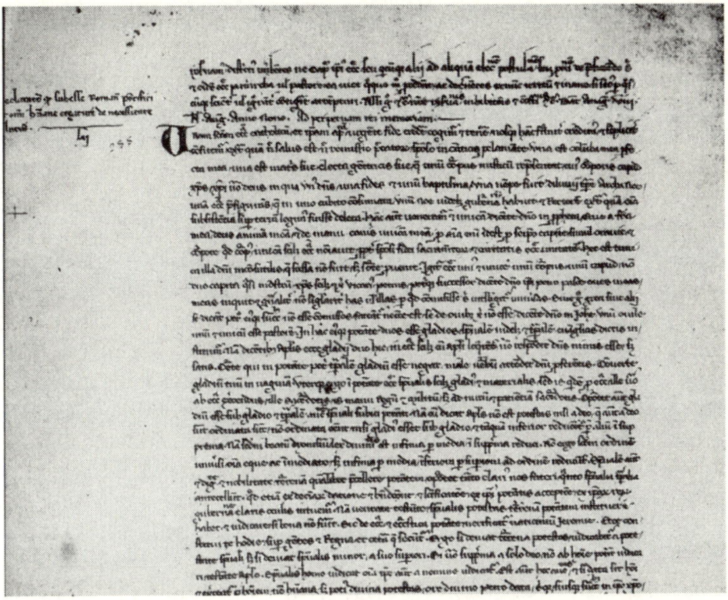

Abb. 101. Anfang der Bulle «Unam sanctam» in den päpstlichen Originalregistern (Reg. Vat. Tom. 50). Sie gilt als klarster Ausdruck päpstlicher Weltherrschaftsvorstellungen im Mittelalter.

oder Angehörige des niederen Adels; sie hatten Römisches Recht studiert und waren dem König blind ergeben, durch dessen Gunst sie aufgestiegen waren. Dieser «Braintrust» des französischen Königs gab seiner Politik etwas Durchdachtes, und zudem war für jeden Schritt eine theoretische Begründung parat.

Nach einigen Plänkeleien wurde die Auseinandersetzung zwischen römischem Papsttum und französischem Königtum von 1296 an immer härter. Der König von Frankreich belegte, um die aufwendigen Kriege zu finanzieren, auch seine Kirchen mit Steuern, beanspruchte deren Zehnten. In einer Bulle verbot Bonifaz diese Steuerpraxis, aber Philipp kümmerte sich nicht darum; nicht nur daß er die Besteuerung fortführte: er sperrte dem Papst alle nach Rom gehenden Abgaben und traf damit Bonifaz an seiner empfindlichsten Stelle. Der Papst lenkte ein, aber der Kampf war nicht ausgestanden, zumal eine in jenen Jahren ausgebildete Staatstheorie dem französischen König bescheinigte, er habe keinen Höheren über sich und sei Kaiser in seinem Königreich.

Einem in seinem herrscherlichen Selbstbewußtsein gehobenen König Philipp von Frankreich schrieb Bonifaz im Februar 1301 folgenden Brief: «Höre, mein Sohn» – es handelt sich um den Anfang der Gehorsam fordernden Benediktregel: Ausculta fili – «Höre, mein Sohn... Gott hat den Papst über die Könige und ihre Reiche gesetzt... Daher kannst Du nicht sagen, o König, daß du keinen über dir hättest; auch du unterstehst dem Papst. Wer das Gegenteil behauptet, ist ein Narr oder ein Ungläubiger.» Aber Bonifaz hatte unterschätzt, was ein straff organisierter Staat vermag. Nicht nur daß Philipp die Publikation der echten päpstlichen Bulle verhinderte: er tauschte sie aus gegen eine gefälschte, die unter das Volk gebracht wurde, zusammen mit seiner Antwort: «Philipp an Bonifaz keinen Gruß. Deine Dummheit möge wissen, daß wir niemandem in weltlichen Dingen unterstehen... Die anderes glauben, sind Narren. Gegeben zu Paris» usw.

In diesen Wechsel hitziger Verlautbarungen gehört die wohl berühmteste Bulle des Mittelalters: die Dekretale «Unam sanctam», wie sie üblicherweise nach den ersten Worten heißt. Es ist die umfassendste Begründung der päpstlichen Universalherrschaft und beginnt mit den Worten: «Wir sind, vom Glauben getrieben, zu bekennen und daran festzuhalten gezwungen, daß es nur eine einzige heilige katholische und apostolische Kirche gibt.» Der Text gipfelt in dem Satz: «Nun aber erklären wir, sagen wir, setzen wir fest und verkündigen wir: Es ist zum Heile für jegliches menschliche Wesen durchaus unerläßlich, dem römischen Papst unterworfen zu sein.» Lange Zeit hat man den Wortlaut und die wie aus verschiedenen Bausteinen zusammengesetzten Ansprüche für originell gehalten, aber es lassen sich viele Vorlagen ausmachen, z.B. Bernhard von Clairvaux († 1153) und vor allem Thomas von Aquin († 1274). Doch es blieb Bonifaz vorbehalten, die theoretischen Forderungen gleichsam wörtlich in die Praxis überführen zu wollen.

Das Attentat von Anagni (1303)
Der Anfang vom Ende

Ein Tag – der 7. September des Jahres 1303 – hat das Leben dieses Papstes, aber auch das Papsttum im ganzen entscheidend verändert. Im Morgengrauen drang ein Trupp Bewaffneter, vorbei an der be-

Abb. 102. Im Papstpalast von Anagni wird dem Besucher die Sala dello schiaffo, der «Saal der Ohrfeige», gezeigt, wo Sciarra Colonna den Gaetani-Papst Bonifaz VIII. geschlagen haben soll.

---

stochenen päpstlichen Torwache, in die Stadt Anagni ein, die Geburtsstadt des Papstes, wo er, der um sein körperliches Wohlbefinden so sehr besorgt war, während der kurialen Sommerpause residierte. An der Spitze des Unternehmens standen zwei Todfeinde Bonifaz' VIII.: Sciarra Colonna, eine aufbrausende Landsknechtsnatur aus der von dem Gaetani gnadenlos verfolgten Familie, deren Stammsitz er zerstört hatte, und der einflußreichste Ratgeber des französischen Königs, Wilhelm von Nogaret, dessen Eltern als Opfer der Inquisition verbrannt worden waren. Mit dem Ruf «Frankreich und Colonna» stürmten die Eindringlinge auf die Häuser der Kardinäle und auf den Papstpalast zu. Die Kardinalsbehausungen wurden schnell genommen, die Kardinäle selbst entkamen verkleidet durch die Gänge der mannshohen Latrine; der Papstpalast war erst am Abend erobert. Die Angreifer fanden Bonifaz in vollem päpstlichen Ornat auf dem Throne sitzend, die Krone auf dem Haupt und ein Kreuz in den Händen. Sciarra Colonna soll auf ihn zugestürzt sein, und die Berichte gehen nun auseinander, ob er mit der gepanzerten Faust den Papst ins Gesicht geschlagen habe oder nicht. «Hier ist mein Nacken, hier mein Haupt», rief der Papst den Wütenden zu, bereit eher den Tod zu erleiden, als abzudanken, was von ihm verlangt wurde.

Sciarra Colonna hätte wohl den Mord in Kauf genommen, aber Nogaret trat dazwischen und setzte den Papst gefangen: eine Nacht, einen Tag und wieder eine Nacht. Man ließ ihn hungern, aber die Angreifer hatten zu lange in Unentschiedenheit verharrt und zudem die Stimmung der Vaterstadt des Papstes falsch eingeschätzt. Am Morgen des dritten Tages vertrieben die Bürger von Anagni die Eindringlinge, befreiten den Papst und führten ihn auf den Marktplatz. Hier soll der halbverhungerte Papst, dem man die Spuren der Mißhandlungen ansah, die umdrängende Menge um ein Stück Brot und einen Schluck Wein oder Wasser gebeten haben, und das Volk schleppte Unmengen davon herbei zu dem Papst, der plötzlich ein anderer geworden war, mit dem man – wie es in einem Bericht heißt – plötzlich sprechen konnte «wie mit einem armen Menschen».

Das Attentat von Anagni ist zunächst ein tiefer Einschnitt im Leben Bonifaz' VIII. Wohl bannte der Papst, wie es sich gehörte, König Philipp IV. von Frankreich und dessen Familie und zog nach Rom, aber Benedetto Gaetani war ein gebrochener Mann, dessen Geist zeitweise getrübt war und der in Tatenlosigkeit verharrte. Einen Monat nach dem ruchlosen Überfall ist Bonifaz VIII. gestorben, 73 Jahre alt.

Das Attentat von Anagni bedeutet aber auch einen Bruch in der Geschichte des Papsttums. Es geriet in die Abhängigkeit Frankreichs, siedelte nach Avignon über, und die Argumentation blühte auf, daß der Papst, der mit der römischen die allgemeine Kirche verkörpere (s. oben S. 21), nicht unbedingt in Rom seinen Sitz haben müsse. Er könnte durchaus an einem anderen Ort und eben auch in Frankreich residieren. Schon früher war angesichts der häufigen Abwesenheit der Päpste von Rom die Idee gepflegt worden, daß dort, wo der Papst und die Kurie sich befänden, Rom anzutreffen sei. Der große Rechtslehrer Heinrich von Susa († 1271), genannt Hostiensis, prägte die Formel «wo der Papst ist, da ist Rom» (Ubi papa, ibi Roma), und als das Papsttum sich anschickte, in Avignon ortsfest zu werden, baute der im Kirchen- wie im Römischen Recht bewanderte Baldus de Ubaldis († 1400) den Gedanken aus: «Wo der Papst ist, da ist Rom, Jerusalem, Sion und das allen gemeinsame Vaterland.»

Aber die Zugkraft Roms, wo die Apostelgräber liegen und wohin zu Jubeljahren Hunderttausende strömten, ließ sich auf Dauer nicht unterdrücken. Der Streit um den Papst und den rechten Standort mündete in das große abendländische Schisma, das am Ende drei gegeneinander auftretende Päpste sah. Nie mehr hat ein Papst solche Weltherrschaftstöne angeschlagen wie Bonifaz VIII., der mit seinem maßlos übersteigerten Selbstbewußtsein die weltliche Macht herausgefordert hatte. Der französische König verstand sich in der Rolle des legitimen Verteidigers irdischer Rechte gegen unersättliche papale Ansprüche. In gewisser Weise begann damals der Rückgang der weltlichen Herrschaft des Papsttums, dessen Schlußakt der 20. September 1870 war: der Verlust des letzten Zipfels vom Kirchenstaat.

Die «babylonische Gefangenschaft» der Päpste in Avignon

Was in der Zeit des Alten Testaments geschah, kann in der Epoche des Neuen Testaments seine Entsprechung haben; so lautet die heilsgeschichtliche Lehre von Typos und Antitypos, die gerade in der Theologie des Mittelalters eine den modernen Betrachter verwirrende Blüte erlebte. Wie man das Volk Israel im vorchristlichen 6. Jahrhundert nach Babylon verschleppte, so wurde – das ist die Gleichung – das römische Papsttum nach Avignon gezwungen. Wie kam es dazu?

Die Figur Bonifaz' VIII. hatte das Papstwahlgremium, die Kardinäle, gründlich entzweit, und die antibonifazianische Partei konnte einen Franzosen durchsetzen, den Erzbischof von Bordeaux Bertrand de Got, der sich Clemens V. (1305–1314) nannte und der von Jahr zu Jahr stärker unter den Druck seines Beschützers König Philipp IV. von Frankreich geriet. Er hatte Rom verlassen, wo er sich bedroht fühlte, und trotz aller Beteuerungen, er wolle nach Rom zurück, hatte er nach Umherwandern durch Südfrankreich 1309 Residenz in Avignon bezogen, das nicht dem König von Frankreich, sondern dem Grafen von der Provence unterstand. Die folgenden sechs Päpste waren Franzosen, einschließlich Urban V. (1362–1370), der die Absicht der Rückkehr in die «Stadt» in seinem Namen Urban anzeigte. Mit welchen Mitteln der französische König arbeitete, um den Papst in gefügiger Nähe zu halten, offenbart die Wahl des Nachfolgers Clemens' V. Die Kardinäle konnten sich zwei Jahre hindurch nicht einmal auf den Wahlort einigen. Die Italiener forderten die Rückkehr nach Rom, die Franzosen den Verbleib in Avignon.

Abb. 103. 1305 verlegte Clemens V. (1305–1314) den päpstlichen Sitz nach Avignon – erst 1377 kehrte Gregor XI. (1371–1378) aus der «Babylonischen Gefangenschaft» nach Rom zurück. Innerhalb des Mauerrings der Stadt Avignon entstand der mächtige Papstpalast, zugleich als Festung angelegt.

Der französische König griff zu einer List; er lud jeden Kardinal einzeln ohne Mitwissen der anderen nach Lyon, sperrte sie 40 Tage ein und erzwang so die Wahl Johannes' XXII. (1316–1334), des damals 72jährigen Jacques Duèze aus der südfranzösischen Bankenstadt Cahors, der, kleinwüchsig und kränklich, als Übergangspapst galt.

Aber Johannes regierte 18 Jahre und wurde 90 Jahre alt. Seine Geschäfte und seine Geschäftigkeit haben die damalige Verfassungs-

und Glaubenswelt erheblich durcheinandergebracht. Er erhöhte die Pfründeneinnahmen ins Ungeheure, versorgte die eigene Familie mit wohldotierten Posten und gab überall seine Urteile ab, auch geschmacklose und unangebrachte. Bonifaz VIII. nannte er einen «Narren»; König Eduard II. von England schrieb er, er solle sparsamer sein in Essen, Trinken und Kleideraufwand, vor allem solle er in der Kirche keine albernen Reden halten und sich nicht kindisch aufführen; seinen eigenen Schutzherrn König Philipp V. (1316–1322), der ihn schließlich auf den Papstthron gebracht hatte, fuhr er an, er möge seine Schwägerin, die Witwe seines Bruders und Vorgängers, gefälligst besser behandeln und nicht so lasziv kurze Röcke tragen. Als studierter Jurist erließ er die ersten Statuten der Rota, des päpstlichen Gerichtshofes, der mit saftigen Gebühren die Prozeßparteien ausnahm. Bei seinem Tod hinterließ dieser raffgierige Papst, der Wucherern Dispense für ihre zwielichtigen Geschäfte verkaufte, den ungeheuren Schatz von 800 000 Goldgulden.

Daß ein solcher Papst mit den Vertretern eines absoluten Armutsideals, hauptsächlich Franziskanern, aneinandergeriet, war vorgegeben, und ohne die Provokation eines solchen fast zu einer Karikatur gediehenen Petrusnachfolgers hätten wir vielleicht nicht die Schriften eines Marsilius von Padua, eines Wilhelm Ockham und der anderen vor dem Avignonesischen Gerichtshof zu dem Papstfeind Ludwig dem Bayern geflohenen Franziskaner, die damals München zu einem Treffpunkt origineller Geister machten. Sie setzten ihre Intelligenz ein, um den verhaßten Papst als Ketzer zu brandmarken, hatte er doch in Predigten behauptet, die Seligen müßten bis zum Jüngsten Tag warten, bis sie die Herrlichkeit Gottes erblickten, während der allgemeine und von der Universität Paris bestätigte Glaube besagte, daß sie sofort in diesen Genuß kämen. Der Vorwurf der Ketzerei wog schwer, und auf dem Sterbelager soll Johannes XXII. sich zur Lehrmeinung bekannt haben.

Das «Große Abendländische Schisma»

Das Versprechen der Rückkehr nach Rom erfüllte endlich Urban V. (1362–1370), ein italienerfahrener französischer Benediktiner, der 1367, weil der Lateran verfallen war, den Vatikan als Residenz bezog – eine bis heute wirksame Entscheidung. Aber Avignon ließ sich nicht ohne weiteres ausschalten, und 1378 kam es zum «Großen

Abendländischen Schisma». Unter dem Druck der Römer war im Vatikan der Erzbischof von Bari, der letzte Nichtkardinal der Papstgeschichte, erhoben worden, der sich programmatisch Urban VI. (1378–1389) nannte. Aber seine rücksichtslosen Reformen und ein paranoid-brutales Auftreten ließen die eben aus dem Konklave gekommenen französischen Kardinäle nach Anagni emigrieren und ihren Kollegen Robert von Genf wählen, der sich, nicht minder bedeutsam, Clemens VII. (1378–1394) nannte und in Avignon hof hielt. Europa war gespalten.

Nach Avignon richteten sich aus: Frankreich, Savoyen, Burgund, Schottland, Kastilien, Aragon und einzelne deutsche Fürsten, während Rom Rückhalt hatte in Italien, in Mittel-, Ost- und Nordeuropa, vor allem aber im frankreichfeindlichen England mit seinen großen festländischen Besitzungen. Aus eigener Kraft haben sich Kardinäle und Päpste – zeitweise gab es drei Päpste nebeneinander – nicht einigen können. Erst das Konzil von Konstanz bestimmte in einem eigenen Wahlmodus einen Papst, indem zu den Konklavekardinälen «Nationen» hinzutraten: Martin V. (1417–1431).

Päpste der Reformation, Päpste der Reform, Päpste der Anpassung

Der Weg zur Glaubensspaltung

Bis zur «Höhe der päpstlichen Weltherrschaft» unter Bonifaz VIII. sind wir (um das eingangs eingeführte Bild aufzunehmen) durch die «allmählich ansteigende Hochebene der Papstgeschichte» geschritten, haben die Gipfel der «Großen» betrachtet – Leo I. und Gregor I. –, die «päpstliche Stiftung» des abendländischen Kaisertums durch Leo III., das Tal des «dunklen Jahrhunderts» vom Ende des 9. bis zur Mitte des 11. Jahrhunderts, sodann Gregor VII., Innozenz III., Bonifaz VIII.: ein weiterer Anstieg. Wir sind an diese Gestalten nahe herangetreten, um zu sehen, wie eine Idee in ihren Trägern zu Macht und Größe sich auftürmt. Die avignonesische Zeit und das große Schisma sind ein eigenes Kapitel, diktiert vom französischen Herrscher, dem «allerchristlichen König», wie er sich nennen durfte, und vom Nationenstreit.

Für die folgenden Jahrhunderte scheint eine andere Sichtweise angemessen. Während das Papsttum von der Machtmitte verdrängt wird, Entwicklungstendenzen abseits von Rom aufkommen, die Weltsicht sich profanisiert, Individualismus und Materialismus einer erlösenden Papstkirche und dem Christentum den Rücken kehren: für diese Zeit einer sich ständig verändernden und von einer spirituellen Mitte entfernenden Welt empfiehlt sich die zeitraffende Betrachtungsweise, bei der wir die Päpste stärker eingebunden in den Geist ihrer Epoche betrachten wollen.

Nach dem Konzilspapst Martin V. (1417–1431), mit dem das trostlose abendländische Schisma endete, einem Colonna übrigens, aus einem dem Papst Bonifaz VIII. verhaßten Geschlecht, begegnen wir durchaus auf ihre Art eindrucksvollen Gestalten, dem Borgia-Papst Alexander VI. (1492–1503) zum Beispiel, einem Spanier, dessen Kunstverständnis und Kunstförderung ebenso groß waren wie seine Sittenlosigkeit. Im Vordergrund seines Tuns stand die rücksichtslose Sorge für seine Familie, vor allem für die Kinder, die ihm, durchaus schon im geistlichen Stand, die römische Aristokratin Vanozza de

Cattanei geboren hatte. Seine Tochter Lucrezia (1480–1519) wurde dreimal verheiratet: Ihre erste Ehe ließ der päpstliche Vater annullieren, als der Ehemann politisch ins Abseits geriet; den zweiten Ehemann vergiftete ihr eigener Bruder Cesare, dessen bedenkenloser Charakter das Vorbild abgab für Machiavellis Schrift «Der Fürst»; als Gattin des Herzogs Alfonso d'Este wurde Lucrezia zur großen Dame des italienischen Kunstlebens zu Beginn des 16. Jahrhunderts. Daß wir über das skandalöse Leben am Hofe Alexanders VI., der wahrscheinlich an einem Gifttrunk zugrunde gegangen ist, der für einen Gast gemischt war, so detailgenau Bescheid wissen, verdanken wir dem aus

Abb. 105. Papst Leo X. (1513–1521), Giovanni de' Medici, war Sohn Lorenzos des Prächtigen. Sein Vater hatte bei Innozenz VIII. die Erhebung des erst dreizehnjährigen Giovanni zum Kardinal durchgesetzt. 37jährig wurde er Papst, doch mußte er, da er erst Diakon war, zum Priester und dann zum Bischof geweiht werden. Sein Regierungsstil war der eines kunstfreudigen weltlichen Magnaten; «für das Heil der Seelen» sei kaum ein Hauch von Verantwortungsbewußtsein zu spüren (H. Jedin). Zeichnung des Sebastiano Luciani (genannt del Piombo).

Abb. 104. Alexander VI. (1492–1503), der Borgia-Papst; Ausschnitt aus dem Fresko des Bernardino di Betto (genannt Pinturicchio), 1492/94: «Der... Papst verehrt, die Hände gefaltet, den auferstandenen Christus mit unbewegtem Antlitz, wie er es beim offiziellen Gottesdienst in St. Peter zur Schau trug. Die angeborene, von den Zeitgenossen Alexanders so sehr bewunderte majestätische Würde in der Haltung vermag freilich kaum sein wahres Wesen voll leidenschaftlicher Gewalttätigkeit zu verbergen. Das strenge Profil... bekennt ohne Zögern die Laster und Vorzüge dieses außerordentlichen Menschen: Kalte Intelligenz, unbändiges Wollen, Raffinement, Sinnlichkeit» (D. Redig de Campos in seinem Führer durch die Gemälde der Vatikanischen Museen).

Deutschland kommenden Zeremonienmeister Johannes Burckard († 1506), der unberührt von allen Unanständigkeiten buchhalterhaft ein privates Tagebuch geführt hat: die gern und gierig aufgenommene Vorlage für Bücher und Filme unserer Tage. Noch im Todesjahr Alexanders VI. wurde einer seiner ärgsten Widersacher Nachfolger: Julius II. (1503–1513) aus der von den Borgias verfolgten Familie della Rovere. Sein Name ist im allgemeinen Bewußtsein hauptsächlich mit dem Abbruch der alten konstantinischen Basilika und dem Baubeginn von Neu-Sankt Peter verbunden, mit der Förderung von Künstlern wie Raffael, Bramante und Michelangelo. Auf Julius folgte der Medici

Abb. 106. Bannandrohungsbulle Papst Leos X. gegen Luther vom 15. Juni 1520. Von den ursprünglich drei handschriftlichen Ausfertigungen sind zwei noch erhalten, doch wurde der Text der Bulle in schnell hergestellten zahlreichen Drucken weit verbreitet. Von der fast einen Meter langen und über einen halben Meter breiten Urkunde in der handschriftlichen Fassung ist hier lediglich ein Ausschnitt wiedergegeben (Sächsisches Landeshauptarchiv Dresden).

Leo X. (1513–1521), der Lutherpapst, der das Amt des Petrusnachfolgers mit den Worten angetreten haben soll: «Laßt uns das Papsttum genießen, da Gott es uns verliehen hat», und der sicherlich den Ernst der von Luther ausgelösten Bewegung unterschätzte.

Bei Leo X. und den Päpsten der nachfolgenden Zeit ist wiederholt gefragt worden, ob sie durch einen überzeugenden religiösen Ernst, durch eine größere Reformoffenheit und – wie man heute zu sagen pflegt – eine stärkere Gesprächsbereitschaft die Abspaltung der protestantischen Kirchen und Länder nicht hätten verhindern können: Führte hier papale Starrheit zu einem vermeidbaren Verkehrsunfall der europäischen Geschichte?

Über allen ökumenischen Gesprächen unserer Tage sollte nicht übersehen werden, daß Luthers Kirchenbegriff, seine Ablehnung der Tradition, seine Nichtanerkennung allgemeiner Konzilsbeschlüsse, sein Bestreiten der normativen und den Glauben überwachenden Rolle des römischen Papsttums, um nur wenige Punkte zu nennen, fraglos auch heute von der katholischen Kirche als Ketzerlehren angesehen werden müssen. Luther war kein verkannter katholischer Frühreformer, auf dessen Kurs die Kirche später von sich aus hätte einschwenken können, als über notwendige Veränderungen ernsthafter nachgedacht wurde.

Aus damaliger römischer Sicht ist Luther nicht zu Unrecht in den Bann getan worden, auch wenn die Androhungsbulle von 1520 wahrlich kein kuriales Meisterwerk gewesen ist, denn sie läßt Luthers Hauptirrtümer aus und unterstellt dem Wittenberger Professor Sätze, die er gar nicht ausgesprochen hat. Auf dem päpstlichen Lustschloß Magliana bei Rom war die Bulle beraten worden, wo der körperschwere Papst von einem Pferde herab gern der Sauhatz zusah, und man hat formuliert, daß dem «Genius des Ortes entsprechend» die Bulle gegen Luther mit den Worten anhebt: «Erhebe Dich Herr:... ein wildes Schwein will Deinen Weinberg verwüsten.» Luthers Tat allein war es gewiß nicht, die die Gefahr einer Abkehr von Rom heraufbeschwor. «Das ist nicht mehr das katholische Deutschland von ehedem», schrieb 1520 der päpstliche Legat entsetzt nach Rom; neun Zehntel erhöben das Feldgeschrei «Luther» und der Rest schreie: «Tod der römischen Kurie».

Das Kraftgenie der katholischen Reform
Sixtus V. (1585–1590)

Diese Entfremdung zu Rom überwunden, die katholische Kirche einem geläuterten Selbstbewußtsein entgegengeführt und der protestantischen Reformation eine katholische Reform entgegengesetzt zu haben, ist die Leistung der Päpste einer neuen Generation. Unter ihnen sei der heilige Pius V. (1566–1572) hervorgehoben, der mit Ernst und Eifer die Umsetzung der Reformbeschlüsse des Konzils von Trient (1545–1563) betrieb (zum Ersten Vaticanum als Anschlußkonzil s. unten S. 196).

Halten wir aber nicht bei ihm, sondern bei der kraftvollen Gestalt Sixtus' V. (1585–1590) inne, dessen kurzen Pontifikat von nur fünf Jahren man ungläubig mit seinen Taten vergleicht. Er fällt aus der Reihe der damaligen Päpste heraus. Leopold Ranke hat in seiner berühmten «Geschichte der römischen Päpste» die gegenreformatorischen Veränderungen des Papsttums und der katholischen Kirche

Abb. 107. Darstellung einer Generalkongregation des Tridentiner Konzils in der Basilica von S. Maria Maggiore, wo auch dieses Gemälde angebracht ist. Das Zustandekommen, die Durchführung und die Ergebnisse des 1545 zum ersten Mal zusammengetretenen Konzils stellten eine ungeheure Leistung dar. «Glücklich war es demnach gelungen. Das Concilium, so heftig gefordert, so lange vermieden, gespalten, zweimal aufgelöst, von so vielen Stürmen der Welt erschüttert, bei der dritten (und letzten) Versammlung aufs neue voll Gefahr, war in allgemeiner Eintracht der katholischen Welt beendigt. Man begreift es, wenn die Prälaten, als sie am 4. Dezember 1563 zum letzten Mal beisammen waren, von Rührung und Freude ergriffen wurden. Auch die bisherigen Gegner wünschten einander Glück; in vielen Augen dieser alten Männer sah man Tränen» (L. Ranke). – Die Päpste bemühten sich um Anerkennung des Konzils von Staats wegen, mit Erfolg in Spanien, Polen und den italienischen Staaten, ohne Erfolg in Frankreich und Deutschland.

Abb. 108. Pius V. (1566–1572). Nur zwei Päpste der Neuzeit sind heiliggesprochen worden, beide Menschen enger Frömmigkeit: Pius V. und Pius X. (1903–1914). Der aus dem Dominikaner-Orden hervorgegangene Michele Ghislieri-Pius V. war ein strenger Asket, der unter seinem päpstlichen Ornat stets die rauhe Mönchskutte trug, und ein unerbittlicher Inquisitor, dem Menschen von Rang und Bildung verdächtig waren. 1571 richtete er eine Kongregation für den «Index der verbotenen Bücher» ein mit der Folge, daß Hunderte von Druckern nach Deutschland und in die Schweiz flüchteten. Weltfremd in seinen Forderungen staatlicher Fügsamkeit, exkommunizierte er die «angebliche Königin» Elisabeth I. von England und erklärte sie für abgesetzt. Die peinliche Erfolglosigkeit ließ dies die letzte von einem Papst gegen einen regierenden Monarchen oder ein Staatsoberhaupt ausgesprochene Kirchenstrafe sein.

---

im Zusammenhang mit dem Pontifikat Sixtus' V. dargestellt: fast ein Fünftel des gesamten Werkes.

Wer die Geschichte der Päpste gesellschaftsgeschichtlich betrachtet, wird feststellen, daß nicht selten gerade von den aus Armut und niederem Stande aufgestiegenen Päpsten wichtige und meist restaurative Impulse ausgingen. In einer Gesellschaft, in der Geburt und Stand die Lebens- und Berufschancen der Menschen geradezu hoffnungslos vorbestimmten, war die Kirche die einzige Einrichtung, die einem hochbegabten Jungen die Möglichkeit bot, die sozialen Schranken zu überschreiten. Der Leistungswille solcher Persönlichkeiten verlieh ihrer Kirchenführung häufig ein besonderes und in die Zukunft wirkendes Gepräge. Die beiden Päpste des 16. Jahrhunderts, die der katholischen Kirche ein neues und sich auf die eigenen

Abb. 109. In den Beginn des Pontifikats Gregors XIII. fiel die «Bartholomäusnacht» vom 23. auf den 24. August 1572: die Ermordung von 3000 bis 4000 protestantischen Hugenotten in Paris, 5000 bis 10000 in ganz Frankreich. Treibende Kraft war die Königinmutter Katharina von Medici. Der Papst wußte von dem Vorhaben nichts, doch ließ er, als er von den Vorgängen erfuhr, ein «Te Deum» singen, veranstaltete Dankgottesdienste und gab Medaillen in Auftrag; die hier abgebildete zeigt, wie die Leichen der Hugenotten vor dem kämpfenden Erzengel Michael auf einem Haufen liegen, und die Legende lautet: Ugonottorum strages (Ermordung der Hugenotten).

Werte besinnendes Selbstbewußtsein gegeben haben – Pius V. und Sixtus V. –, stammten, umgeben von Abkömmlingen der ersten Familien Italiens, den Farnese, den Carafa, den Medici, den Buoncompagni, als einzige des Cinquecento aus ärmlichen Verhältnissen.

Felice Peretti, als Nachfahre einer slawischen Flüchtlingsfamilie, die vor den Türken geflohen war, in der Nähe von Fermo als Kind armer Landpächter geboren, hatte bitterste Not gelitten. Auch bei ihm war es, wie so häufig, ein in den geistlichen Stand getretenes Familienmitglied, das ihn der Kirche zuführte. Ein Onkel im benachbarten Franziskanerkloster holte ihn – ein Kind noch – in den Orden und ermöglichte ihm Unterricht und Studien. Sein Eifer machte ihn zu einem kenntnisreichen Theologen, dem zugleich ein außergewöhnliches Predigertalent eigen war. Daß er durch seine aggressiven Predigten die Aufmerksamkeit des römischen Großinquisitors Michele Ghislieri auf sich zog, schien nur anfangs gefährlich, denn Ghislieri bestieg als Pius V. (1566–1572) den Stuhl Petri und wurde zum Förderer Perettis. Das aber wiederum brachte ihm die Abneigung von Pius' Nachfolger ein: Gregors XIII. (1572–1585), des auf

Lebensart achtenden Aristokraten aus dem Hause Buoncompagni zwischen den beiden Emporkömmlingen.

Auf Gregor folgte der Minderbruder Felice Peretti, der sich Sixtus V. nannte, in Erinnerung an den Franziskanerpapst Sixtus IV. (1471–1484). Ohne Wahlzettel als Ausgleichskandidat zwischen den verzankten Adelsparteien war Sixtus V. durch spontanen Zuruf gewählt worden, und der von ihm ausgesuchte Sinnspruch dürfte echt sein Empfinden ausdrücken: «Vom Mutterleibe an bist Du, o Herr, mein Beschützer.» Auf einen phantasievollen Biographen Sixtus' V., achtzig Jahre später, geht die Anekdote zurück, Felice Peretti sei gebückt und auf einen Stock gestützt in das Konklave eingezogen, ein Bild der Hinfälligkeit. Zum Papst gewählt, habe er den Stock weggeworfen und sich kraftvoll aufgerichtet ... è ben trovato.

Vernichtung der Banditen, Ordnung der Finanzen, Ausbau der Stadt Rom

Das Volk in Rom fragte sich, wer dieser neue Papst sei, und es sollte sofort Antwort erhalten. Vom ersten Tag seines Pontifikats an ging er unerbittlich gegen die Landplage der Banditen und Straßenräuber vor. Am Tage seiner Krönung – häufig Anlaß zu einer Amnestie – bat man ihn um Gnade für vier Angehörige einer Familie, die festgesetzt worden waren, weil sie in der Stadt unerlaubte Waffen getragen hatten: «Solange ich lebe, muß jeder Verbrecher sterben», soll die Antwort des neuen Papstes gewesen sein, und am selben Tag wurden alle vier an der Engelsbrücke aufgeknüpft. Ein kleiner Junge hatte sich den Sbirren, den päpstlichen Polizisten, widersetzt, als sie ihm einen Esel beschlagnahmen wollten. «Wegen Widerstands gegen die Staatsgewalt», wie wir heute sagen würden, wurde er zum Tode verurteilt. Man bat den Papst als obersten Gerichtsherrn um Mitleid und verwies auf die Jugend des Täters. «So will ich ihm ein paar Jahre von den meinen zulegen», soll seine Antwort gewesen sein, und er ließ das Kind hinrichten.

Diese ersten Taten Sixtus' V. versetzten die Bevölkerung in Schrecken. Raffiniert setzte er Belohnungen für die Vernichtung der Banditen aus. Er verordnete, daß die Kopfpreise nicht mehr von der päpstlichen Kammer, sondern vielmehr von den Verwandten der Verbrecher oder, wenn diese zu arm waren, von der Heimatgemeinde gezahlt wurden. Jedem Bandenmitglied, das seinen Kameraden

Abb. 110. Papst Sixtus V. (1585–1590). Bronzebüste von Sebastiano Torrigiani. Auf der Stola ist auf der rechten Seite die Justitia mit erhobenem Schwert, auf der linken das Wohlergehen dargestellt, entsprechend dem Programm auf dem Grabmal (Opere di Giustizia e Bonifica), s. Abb. 111.

Abb. 111. Heimkehrende Jäger mit den Köpfen liquidierter Banditen; links Figur der Justitia, die rechte Figur hat die Fackel des Aufruhrs ausgelöscht und ein Füllhorn erhoben: Opere di Giustizia e Bonifica. Relief vom Grabmal Sixtus' V., auf den das Programm sicherlich zurückgeht. Sixtus war stolz auf die Banditenvernichtung; er ließ eine Medaille mit der Umschrift «Vollendete Sicherheit» (Perfecta securitas) prägen. In der Cappella Sistina der Kirche Santa Maria Maggiore errichtete er sein Grabmal gegenüber dem des von ihm verehrten Pius V.

Abb. 112. In diesen Truhen ist der Kirchenschatz Sixtus' V. in der Engelsburg aufbewahrt worden: 3 Millionen Scudi in Gold und über eine Million in Silber. Um den Schatz zu bewahren, erließ Sixtus Verordnungen, die die Kardinäle und sogar die Nachfolger an präzis umschriebene Fälle banden, bei denen auf den Schatz zurückgegriffen werden konnte. Dennoch ging der Reichtum während der nächsten Pontifikate zum großen Teil verloren.

tot oder lebendig auslieferte, wurde eine dreifache Vergünstigung zuteilt: die eigene Begnadigung, die Begnadigung einiger Personen, die der bisherige Bandit benennen durfte, und eine Belohnung. Bis zur Perversion wurde die Vernichtung der Banditen betrieben. So soll der Papst Belobigungen denjenigen Legaten und Verwaltern ausgesprochen haben, die ihm viele abgeschlagene Köpfe von Räubern zusandten. Die Verbrecherjagd hat so sehr zu diesem Papst gehört, daß sogar auf seinem Grabmal in der Kirche Santa Maria Maggiore in großen Reliefs dargestellt ist, wie Männer abgeschnittene Köpfe von Banditen einhertragen gleich triumphierenden Jägern. «Es ist zugleich», so befand Ranke, «etwas Orientalisch-barbarisches in dieser Justiz». Aber der Kirchenstaat wurde innerhalb weniger Monate zu einem sicheren Land.

Als habe Sixtus um die kurze Zeitspanne, die ihm vergönnt war, gewußt, hat er auf vielen Gebieten mit unerbittlicher Energie Dinge vorangetrieben, die seine Vorgänger wohl aufgenommen, aber lasch gehandhabt hatten. Ihm kam sein Aufstieg aus der Armut zugute. Der Mönch Felice Peretti hatte rechnen müssen, hatte über die kleinste Ausgabe Buch geführt, Ersparnisse zurückgelegt und so etwas wie Investitionen bei Familienunternehmen vorgenommen. Zum Investieren braucht man Geld, im Kleinen wie im Großen. Sixtus hatte keine Skrupel, als Papst Mittel zu gebrauchen, die nicht gerade in einem Handbuch der christlichen Morallehre standen.

Eine gute Einnahmequelle des päpstlichen Hofes war der Verkauf von Ämtern. Hier ließ er neue Quellen sprudeln. Er erhöhte zum einen radikal die Beträge für die bisher schon käuflichen Posten auf fast das Fünffache. Zu dem Kontingent feilgebotener Ämter fügte er manche hinzu, die bisher für Geld nicht zu haben waren. Überdies richtete er neue käufliche Ämter ein: Schatzmeisterposten, Gefängnisvorsteher, Notariate usw. Wer einen solchen Posten erwarb, versuchte durch Sporteln – durch Gebühren für Dienstleistungen – seine Auslagen wieder hereinzuholen. Die päpstliche Administration geriet dadurch in Verruf; wer zur Kasse gebeten wurde, dem erschien die Institution ungerecht und unheilvoll, vor deren forderndem Vertreter er stand. Ständig hob Sixtus Steuern und Zölle an und traf damit auch den kleinen Mann. Durch Münzverschlechterung pumpte er neues Geld in den Umlauf und machte sofort Geschäfte mit den Wechselstellen. Die Phantasie dieses Papstes, neue Zuflüsse zu erschließen, scheint unerschöpflich gewesen zu sein.

Wozu das viele Geld? Zunächst zur Auffüllung eines großen Kirchenschatzes. Es ist keine Frage, daß dem Papsttum durch Sixtus V. ein größerer materieller Rückhalt und eine erweiterte Entscheidungsfreiheit gegeben wurden. Das Papsttum brauchte nicht ständig um Hilfe zu betteln und wurde zur politischen Potenz innerhalb der europäischen Staaten.

Doch wie ein kaufmännisch denkender Hausvater wollte Sixtus das Geld auch arbeiten lassen. So versuchte er in großem Umfang die Seidenindustrie auszubauen. Ein eigenes Dekret wies an, daß im ganzen Kirchenstaat der für den Seidenwurm notwendige Maulbeerbaum überall da angebaut werden solle, wo kein Getreide wachse, und wer diesem Befehl innerhalb einer gewissen Frist nicht nachkäme, dem drohten Geldstrafen. Brücken wurden gebaut, Sümpfe entwässert, und auf diese Weise neue Ressourcen eröffnet, denn selbstverständlich wurde Brückenzoll erhoben und Pachtzins eingetrieben.

Abb. 113. Sacco di Roma, die Eroberung Roms durch das Heer Kaiser Karls V. (1527): «Man sah Landsknechte auf Eseln als Kardinäle einherreiten, einen als Papst verkleideten Knecht in ihrer Mitte, so zogen sie oftmals bis vor die Engelsburg, wo sie schrien, daß sie nur fromme und dem Kaiser gehorsame Päpste und Kardinäle machen würden, welche keine Kriege mehr führen sollten» (Gregorovius, Geschichte der Stadt Rom im Mittelalter). Der zeitgenössische Stich zeigt deutsche Landsknechte, die eine päpstliche Prozession parodieren. Im Hintergrund Mord- und Plünderungsszenen. – Am 6. Mai 1527 fielen 147 Mann der päpstlichen Schweizergarde bei der Verteidigung des Vatikanpalastes: fast die gesamte Truppe, die der kriegerische Papst Julius II. 1506 als Leibwache eingerichtet hatte. Am 6. Mai jeden Jahres findet deshalb die Vereidigung der neuen Rekruten statt, die bestimmte Voraussetzungen mitbringen müssen: sie müssen katholisch und von Geburt Schweizer sein, ledig, unter 30 Jahre alt und mindestens 1,74 Meter groß; auch müssen sie den Schweizer Militärdienst abgeleistet haben. Ihre Galauniform hat die Wappenfarben der Medicipäpste: Rot-Gelb-Blau.

Abb. 114. Acqua Felice, benannt nach Felice Peretti. Sixtus V. ließ, wie die Inschrift angibt, das Wasser aus der Gegend von Palestrina heranführen, indem er die vom römischen Kaiser Alexander Severus angelegte Leitung ausbesserte. In der mittleren Arkade Moses, der für das Volk Israel das Wasser sprudeln ließ wie Sixtus V. für das römische Volk.

SIXTVS V PONT MAX PICENVS
AQVAM EX AGRO COLVMNAE
VIA PRAENEST SINISTRORSVM
MVLTAR COLLECTIONE VENARVM
DVCTV SINVOSO A RECEPTACVLO
MIL XX A CAPITE XXII ADDVXIT
FELICEMQ DE NOMINE ANTE PONT DIXIT

Abb. 115. Eine Inschrift gibt Sixtus V. als Papst des Kuppelabschlusses im Petersdom an: Sancti Petri Gloriae Sixtus Papa V Anno MDXC Pontificatus V. Die Laterne auf der Kuppel wurde am 8. August 1590 fertig, knapp drei Wochen vor dem Tod des Papstes. Sixtus V. war mit seinem drängenden Eifer in vielen Fällen der Vollender. Auch die prächtige Kuppel der Cappella Sistina in Santa Maria Maggiore (s. oben S. 164) brachte er zum Abschluß: die Kuppelinschrift kündet seinen Namen. In beiden Fällen, wie auch bei den meisten anderen architektonischen Maßnahmen, war Domenico Fontana (1543–1607) der Architekt, auch er ein Vollendertyp, mehr Ingenieur als großartiger Planer.

Abb. 116. Die Verlegung des Obelisken vom früheren Neronischen Zirkus zum Petersplatz im Jahre 1586. Das Bild zeigt zwei Abschnitte des vier Monate dauernden Unternehmens: das Niederlegen und den Transport des Obelisken (Fresko in der Bibliothek Sixtus' V., 1590). Sixtus betrieb energisch Umwidmungen antiker Denkmäler. Im Colosseum wollte er eine Wollfabrik einrichten, auf die Säulen von Trajan und Marc Aurel setzte er Statuen der Apostel Petrus und Paulus.

Daß ein solcher Papst wie Sixtus V. sich selbst Denkmale in Form von Bauten setzte, muß geradezu selbstverständlich erscheinen. Aber auch hier leistete Sixtus Besonderes. Nach der furchtbaren Eroberung von 1527, dem berüchtigten Sacco di Roma – von 90000 Einwohnern sind gegen 50000 massakriert worden –, und nach mehreren Pestschüben begann damals die Bevölkerung der Stadt wieder zu wachsen. Aber es fehlte an Wasser. Sixtus führte in einer bis heute betriebenen Riesenleitung über eine Strecke von etwa 50 Kilometer Wasser heran: die Zuflußmenge beträgt über 20000 Kubikmeter täglich. Es ist gewiß kein Zufall, sondern Ausdruck des drängenden Eifers Sixtus' V., daß einige römischen Kirchenbauten, deren Erstellung sich über viele Jahrzehnte hingezogen hatte, damals einen Abschluß oder einen Teilabschluß fanden.

Der Lateranpalast wurde von Grund auf neu gestaltet, die riesige Kuppel von Sankt Peter, die die Ausmaße des antiken Pantheon übernommen hatte, wurde geschlossen: Fünf Jahre hindurch, während des ganzen Pontifikats Sixtus' V., waren ohne Unterbrechung 800 Arbeiter tätig, selbst bei Nacht im Fackelschein. Ein in Bildern und Berichten vielfach festgehaltenes Ereignis war die Versetzung des ägyptischen Obelisken von den Neronischen Gärten zum Vorplatz von Sankt Peter, wo er heute steht: ein über 25 Meter hoher Monolith aus rotem Granit, 3300 Zentner schwer, mußte bewegt werden. 40 Winden, in Gang gesetzt von abermals 800 Menschen und von 140 Pferden, waren allein zum Aufrichten des Kolosses nötig; man feierte die Vollendung in einer eigenen Zeremonie. In das heidnische Monument waren die berühmten Verse der mittelalterlichen Lobgesänge eingemeißelt: «Christus siegt, Christus regiert, Christus herrscht; er beschirmt sein Volk vor allem Übel.»

Sixtus V. war noch mit einem Hauch Mittelalter umgeben, von geringem Respekt gegenüber der Antike. Einige Prachtbauten ließ er zerstören und als Steinbruch auflösen; fast wäre das berühmte runde Grabmal der Cäcilia Metella an der Via Appia – das Pilgerziel aller bildungsbeflissenen Rombesucher bis heute – der Antikefeindlichkeit Sixtus' V. zum Opfer gefallen, wenn er nicht, der sich bei einer Prozession zur deutschen Nationalkirche S. Maria dell' Anima erkältet hatte, plötzlich verstorben wäre. In seiner Todesstunde ging ein schweres Gewitter über Rom nieder, und im Volke munkelte man, den Bruder Felix habe nun der Teufel geholt – so viel Kraft und Erfolg in bloß fünf Jahren konnte man sich nur durch einen Bund mit überirdischen Mächten erklären, ein päpstlicher Dr. Faust.

Abb. 117. Seine großen Leistungen in der Gestaltung der Stadt Rom ließ Sixtus V. auf einer Vielzahl von Medaillen festhalten; sie waren ihm ein Mittel, «sich unsterblich zu machen» (G. Alteri). Auf der Rückseite der Medaillen war jeweils ein Bildnis des Papstes wiedergegeben (ein Beispiel obere Reihe links). Die Obelisken waren Fluchtpunkte für Sixtus V., der Rom gestaltet hat wie kaum ein anderer Papst. Sein Plan sah vor, daß schnurgerade Straßenzüge Verbindungen schufen zwischen S. Maria Maggiore, S. Giovanni in Laterano, S. Peter und der Piazza del popolo. Die Antike sollte getilgt werden, wie die Legenden der Medaillen immer wieder verkünden: «Das Heilige ist dem Profanen vorzuziehen» (Sacra prophanis praeferend[a]); «dem Kreuz in glücklicherer Weise geweiht» heißt es zu den vier versetzten Obelisken.

Sixtus V.
segnend

«Vollendete
Sicherheit»

«Sicherheit des
römischen Volkes»

Petrus und Paulus
auf Kaisersäulen

Rossebändiger
am Quirinal

Sixtus' Wappentier
bewacht den Kirchenschatz

Kuppel des
Petersdoms

S. Franziskus
erneuert die Kiche

Obelisk
am Lateran

Obelisk an der
Piazza del Popolo

Obelisk vor dem
Petersdom

«Dem Kreuz in glück-
licherer Weise geweiht«

Das Bild des Tyrannen

Beliebt war Sixtus gewiß nicht. Die strenge Justiz und die Steuerlast haben ihn auch beim einfachen Volk verhaßt gemacht; bei der Todesnachricht kam es zu Ausschreitungen. Man versuchte, eine im Konservatorenpalast aufgestellte Marmorstatue Sixtus' V. umzustürzen. Doch nicht nur die unteren Schichten waren froh, die Knute dieses Despoten nicht mehr fürchten zu müssen. Der päpstliche Protonotar Minuzio Minucci († 1604), des Bayernherzogs Wilhelm des Frommen Hauptberater, der später sein Grab in der Münchener Michaelis-Hofkirche finden sollte, schrieb ganz offen an den dänischen Statthalter von Schleswig und Holstein Heinrich Rantzau († 1598), einen überzeugten Protestanten: Papst Sixtus V. sei «verstorben, ohne großen Schmerz für Rom und Italien, denn er war von hartherzigem und winkelzügigem Gemüt und wünschte mehr gefürchtet als geliebt zu werden; haftete ihm doch vieles an, was für einen Fürsten lobenswert, für den Stellvertreter Christi kaum zulässig oder erwünscht ist.» Sixtus V. war eine Ausnahmeerscheinung: keiner seiner Nachfolger hat ihn sich zum Vorbild erkoren; einen Sixtus VI. gibt es nicht, und das wohl nicht der klappernden Sprache wegen: Sisto sesto.

Die «römischen Päpste» des 17. und 18. Jahrhunderts zwischen Absolutismus und Aufklärung

Wer die diversen Papstgeschichten zur Hand nimmt, um sich über die Päpste der folgenden Jahrhunderte, des 17. und 18., zu informieren, dem dürfte bald eine quantitative Unausgewogenheit auffallen: Auf die Päpste dieser Zeit sind bei weitem nicht so viele Seiten aufgewendet wie für die der Perioden vorher und nachher. In der Tat gleicht hier die Papstgeschichte weitgehend einem eintönig sich dahinziehenden Alltag von Bürokratie, Verwaltung, Diplomatie. Sicherlich, es gab keine «unwürdigen Päpste», wie uns ein katholischer Papsthistoriker (G. Schwaiger) versichert, keinen neuen Alexander VI. und keinen zweiten Leo X.: «they are all, all honorable men»; aber für Größe und Profil reichte dies nicht.

Wer Rom besucht, hat einen anderen Eindruck. Überall findet er Spuren der Wirksamkeit jener Päpste, Bauten, an denen ihre

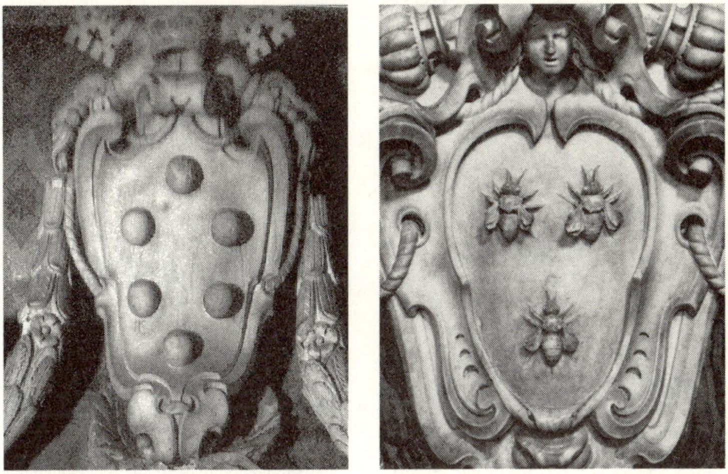

Abb. 118/119. Kugelförmige Pillen im Wappen der Medici, Bienen im Wappen der Barberini. Aus diesem Hause kam Urban VIII. (1623–1644), der besondere Gönner G. L. Berninis (1598–1680).

Wappen angebracht sind, die Bienen der Barberini oder die kugelförmigen Pillen der Medici. Damals verschwand das mittelalterliche Rom.

Quod non fecerunt barbari,
nunc fecerunt Barberini. –
Was die Barbaren nicht fertiggebracht,
jetzt haben's die Barberini gemacht,

lautete ein Schmähvers, der damals an der dafür vorgesehenen Stelle, am Pasquino (einem antiken Torso), angeheftet war.

Aus dem Hause Barberini kam Urban VIII. (1623–1644), der Gönner Berninis, dessen rigorose Eingriffe das Stadtbild veränderten: Die Gestaltung des Petersplatzes mit seinen riesigen Kolonnaden war Berninis Werk, auch wenn es nicht ganz die gewünschte Form erhalten hat. Päpste als Mäzene und Bauherren, als Sammler und Anreger der Künste wären ein eigenes Thema, das ein entschieden anderes Bild entstehen lassen würde als hier, wo eher nach der kirchlichen und politischen Wirksamkeit des Papsttums gefragt ist.

Was sich seit Sixtus V. zunächst als Stärke darstellte – der Zugewinn an politischer Macht –, erwies sich bald als Belastung. Das

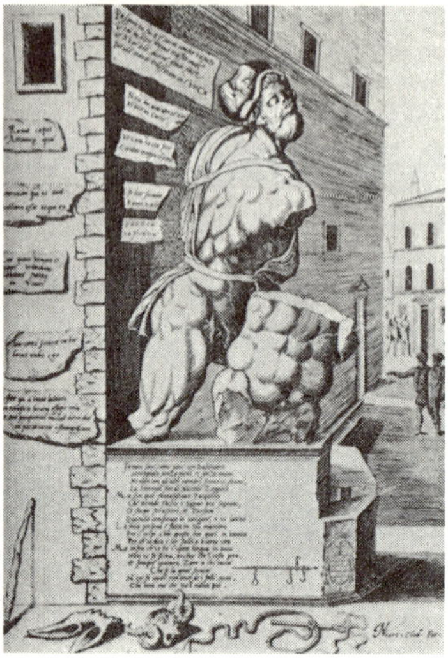

Abb. 120/121. «Mastro Pasquino», genannt nach einem Schneider, der in der Nähe – bei der Piazza Navona – gewohnt haben soll. Links ein Stich des 16. Jahrhunderts mit Spottversen, häufig auf den Papst; rechts der heutige Standort des Torso vor dem Palazzo Braschi. Es handelt sich wahrscheinlich um eine gegen 200 v. Chr. entstandene hellenistische Figurengruppe: Menelaos hält den Leichnam seines Freundes Patroklos im Arm.

Abb. 122. Selbstbildnis Berninis. «Groß ist Euer Glück, Cavaliere, den Kardinal Maffeo Barberini als Papst zu sehen, doch weit größer ist unser Glück, daß das Leben des Cavaliere Bernini in unseren Pontifikat fällt». Mit diesen Worten soll Urban VIII. den jungen Künstler bei einer seiner ersten Audienzen empfangen haben.

Abb. 123. Der Schmähvers über das barbarische Handeln der Barberini (s. oben S. 175) galt der Plünderung des Pantheon, dessen Bronzebalken für den in den Jahren 1624 bis 1633 geschaffenen Baldachin über dem Papstaltar in S. Peter verwendet wurden; eine der vier Weinrankensäulen wiegt 14 Tonnen. Der riesige Altaraufsatz nimmt die Gestalt eines antiken Ziboriums auf, eines auf vier Säulen ruhenden Überbaus, in heidnischer Zeit häufig über einer Statue, in christlicher über einem Altar.

Abb. 124. 1657 wurde mit dem Bau der Kolonnaden auf dem Vorhof von Sankt Peter begonnen. Der ursprüngliche Plan G. L. Berninis (1598–1680), der als Bildhauer, Architekt, Maler, Stadtplaner und Berater sechs Päpsten diente und 56 Jahre hindurch leitender Baumeister des Petersdomes war, sah ein Mittelstück vor, durch das das Oval der Kolonnaden geschlossen wurde (Medaille anläßlich der Grundsteinlegung).

Papsttum wurde hineingezogen in die europäischen Auseinandersetzungen, und Rom geriet in immer stärkeren Gegensatz zu den katholischen absolutistischen Staaten, zumal zu Frankreich. Sie verbaten sich eine in ihre Herrschaft einwirkende geistliche Suprematie, und häufig einigte man sich in einem Konklave auf denjenigen Kandidaten, dessen Wahl das Ausland am wenigsten provozierte. Die Kardinäle erhoben «in dieser Zeit zwar redliche, aber wenig profilierte Männer» (G. Schwaiger). Nicht daß sich eine Galerie von Leisetretern auftat, aber zum äußeren politischen Druck kam eine innere Unsicherheit.

Auf das Papsttum wirkte die aushöhlende Kraft der Aufklärung, eine fortschreitende Säkularisierung aller Lebensbereiche, eine von christlicher Offenbarung und Tradition sich abwendende «Vernunftreligion». Da war ein Voltaire (1694–1778), der in schneidendem Sarkasmus vom Papsttum als dem Hort primitiver Rückständigkeit sprach. Vor dem Hintergrund barbarischen und abergläubischen Pöbels («populace») sei die päpstliche Macht im Mittelalter begründet worden; in einer ungebildeten und von Vernunft nicht geleiteten Umgebung habe sich der Papst durch Betrug und Fälschung – wie etwa durch die jetzt allseits als Lüge erkannte Konstantinische Schenkung – Rechte verschafft, aber was soll's? Es sei ohnehin alles «superstition», finsterer Aberglaube, und gehöre abgeschafft. «Ecrasez l'infâme», schafft die schändliche (Kirche) ab, so unterschrieb Voltaire seine Briefe.

Abb. 125. Nach zehnjähriger Bauzeit waren 1667 die Säulenhallen vor dem Petersdom vollendet. 284 riesige Säulen und 88 Pfeiler aus Travertin stützen das Dach. Der Zweck des Baus war nicht nur Repräsentation, sondern zugleich Schutz für die Besucher vor Regen und Hitze. Den Pilgern gilt denn auch die Inschrift: «Laßt uns zum Berg des Herrn emporsteigen und in seinem heiligen Tempel beten».

Abb. 126. Die Anlage der Kolonnaden des Petersplatzes war zunächst umstritten: sollten sie oval oder quer in Flucht der Fassade stehen? Der Empfangscharakter wurde schließlich betont; die Kolonnaden umarmen den Pilger. Man nimmt an, daß die Zeichnung Bernini vorlag.

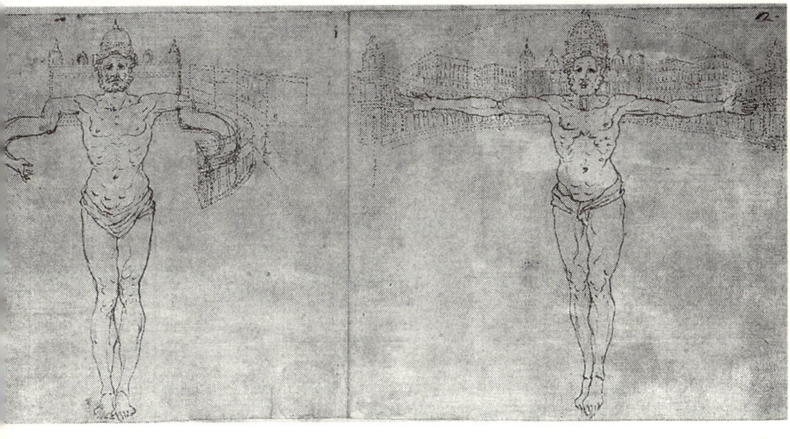

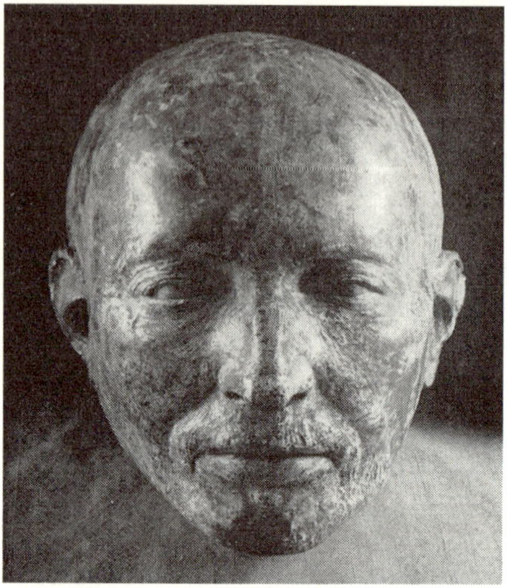

Abb. 127. Die «Societas Jesu» (Gesellschaft Jesu) geht auf einen Zusammenschluß von sechs Gefährten um Ignatius von Loyola († 1556) im Jahre 1534 zurück. Zentral bei der von Ignatius formulierten Ordenssatzung ist der Missionsauftrag und die direkte Unterstellung unter den Papst. Die abgebildete Kopfbüste des Ignatius, abgenommen von der Totenmaske, wird im Generalat des Ordens in Rom verwahrt.

Abb. 128. Papst Clemens XIV. teilt in sprechender Gestik dem besonders zudringlichen spanischen Gesandten José Moñino (1728–1808) die Auflösung des Jesuitenordens mit (1773). Die territorienübergreifende Organisation des Jesuitenordens paßte nicht in die aufklärerische Vorstellung staatlicher Souveränität. Die bourbonisch regierten Staaten hatten deshalb den Orden teilweise schon vor 1773 verboten: 1759 Portugal, 1764 Frankreich, 1767 Spanien und Neapel, 1768 Parma. – Den Namen Clemens hat kein Papst mehr angenommen (zeitgenössischer Stich).

Abb. 129. Im Jahr der Auflösung der Societas Jesu 1773 wurde eine satirische Medaille geprägt, auf der Christus zu sehen ist, hinter ihm Petrus, und es sind die Worte aus dem Gleichnis vom Hauswirt zitiert, der Fremde abweist: «Niemals kenne ich Euch, weichet alle von mir» (Lukas 13,27); das Zitat endet hier und läßt die Anrede weg: «Übeltäter» (operarii iniquitatis). Damit kein Irrtum aufkommt, steht im unteren Abschnitt: «Zur Erinnerung an die Aufhebung des Jesuitenordens.»

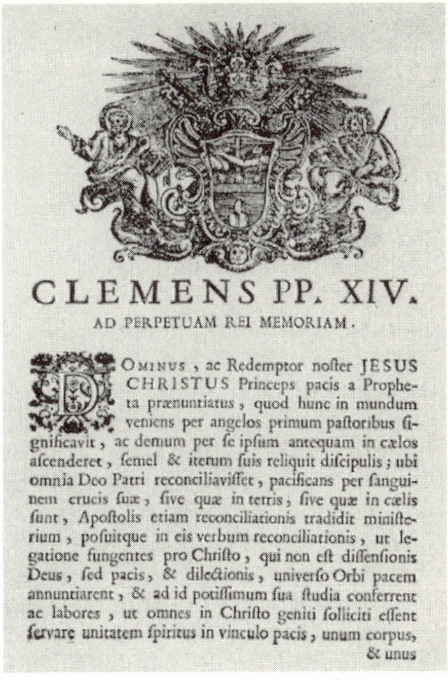

CLEMENS PP. XIV.

AD PERPETUAM REI MEMORIAM.

DOMINUS, ac Redemptor noſter JESUS CHRISTUS Princeps pacis a Propheta prænuntiatus, quod hunc in mundum veniens per angelos primum paſtoribus ſignificavit, ac demum per ſe ipſum antequam in cælos aſcenderet, ſemel & iterum ſuis reliquit diſcipulis; ubi omnia Deo Patri reconciliaviſſet, pacificans per ſanguinem crucis ſuæ, ſive quæ in terris, ſive quæ in cælis ſunt, Apoſtolis etiam reconciliationis tradidit miniſterium, poſuitque in eis verbum reconciliationis, ut legatione fungentes pro Chriſto, qui non eſt diſſenſionis Deus, ſed pacis, & dilectionis, univerſo Orbi pacem annuntiarent, & ad id potiſſimum ſua ſtudia conferrent ac labores, ut omnes in Chriſto geniti ſolliciti eſſent ſervare unitatem ſpiritus in vinculo pacis, unum corpus, & unus

Abb. 130. Das Breve «Dominus ac redemptor noster» vom 21. Juli 1773, das die Auflösung des Jesuitenordens verfügt, erwähnt frühere Ordenstilgungen, so auch die des Templerordens von 1312, und gibt als Grund der Aufhebung an: daß es bei Fortbestand der Gesellschaft Jesu nicht möglich sei, «den wahren und dauernden Frieden der Kirche wiederherzustellen». Die Vorwürfe katholischer Staaten über den von den Jesuiten gestifteten Unfrieden sind übernommen. Hier ist der Originaldruck wiedergegeben.

Abb. 131. Lorenzo Ricci (1703–1775), der letzte Ordensgeneral der Societas Jesu vor der Aufhebung. Der Papst war über die Widerstandslosigkeit Riccis überrascht; auf die Frage, ob er das Auflösungsbreve annehme, soll Ricci gesagt haben: was der Papst beschließe, müsse jedem heilig sein. Ricci wurde vom Breve unterrichtet und sofort verhaftet.

Ein gutes Beispiel, wie das Papsttum dem Zeitgeist beflissen zu Willen war, bietet die Aufhebung des Jesuitenordens. Die Societas Jesu, der von Ignatius von Loyola († 1556) im 16. Jahrhundert gegründete Orden, hatte sich eigens dem «Papstgehorsam» verschrieben; dieser «Papstgehorsam» sollte sogar vor dem «Ordensgehorsam» die erste Stelle einnehmen. Als Beichtväter und Berater an Fürstenhöfen, als Lehrer an Schulen und Universitäten haben Jesuiten, zugleich Träger einer religiösen Kultur, das katholische Glaubensgut und die Romhörigkeit hingebungsvoll vermittelt. Seit 1760 wurde der Orden, von Spanien ausgehend, in immer zunehmendem Maße von den Regierungen der absolutistischen Staaten als ständiger Störenfried empfunden und bekämpft. Der damalige Papst Clemens XIV. (1769–1774), ein früherer Minorit, war so sehr eingeschüchtert, daß er die Abschaffung des Ordens einleitete. Das päpstliche Aktenstück, das die Aufhebung des Ordens vorbereiten sollte, wurde zunächst dem spanischen König zur Prüfung übermittelt, und dieser teilte es den übrigen katholischen Souveränen mit. Am 21. Juli

Abb. 132/133. Welcher Unterschied zwischen Volksfrömmigkeit und Staatsräson. Als Papst Pius VI. durch Österreich und durch Wien fuhr, wo er sich vier Wochen aufhielt, jubelte ihm die Menge zu, doch noch während seines Aufenthalts gingen die Auflösungsdekrete an die Klöster: 800 von 2000 Klöstern, die nicht der Krankenpflege und der Erziehung dienten, wurden damals und in den nächsten Jahren aufgelöst. Kaiser Joseph II. befleißigte sich äußerster Korrektheit, aber Kanzler Kaunitz ließ spüren, wie er einen Papst einschätzte: er schüttelte ihm gentlemanlike die Hand statt knieend den Ring zu küssen (Unten: Begegnung mit Joseph II.). – In München, wohin ihn Kurfürst Karl Theodor eingeladen hatte, verhielt man sich devoter. Auf dem Münchner Marienplatz erteilte der Papst den Segen. «Der Kurfürst kniete bei der Benediktion, aber das Volk blieb stehen», meldete ein Chronist. Über Augsburg fuhr der Papst zurück. Oben: Noch heute hängt in der Pfarrkirche Sankt Peter in München diese Gedenktafel, die daran erinnert, daß der Papst hier am 1. Mai 1782 eine Messe zelebriert hat.

Abb. 134. Der Tod Pius' VI. in Valence-sur-Rhône (29. 8. 1799) nach einem zeitgenössischen Stich. Es war bereits Befehl gegeben, daß der «Bürger Papst» nach Dijon weiterzureisen habe.

1773 wurde der Jesuitenorden durch ein päpstliches Breve aufgehoben, und sein letzter General, der ehrenwerte Lorenzo Ricci, starb als Gefangener 1775 in der Engelsburg. Kurz vor seinem Tod hatte er an den Papst eine Bittschrift eingereicht, deren Ton und Haltung fast an diejenige Rubaschows in Arthur Koestlers Roman «Sonnenfinsternis» erinnern. Wenn die Barmherzigkeit des Papstes, so heißt es dort, den unglücklichen Bittsteller nicht von seinem langsamen Sterben befreie, so bitte er Gott, ihn bald abzurufen, das Leben seiner Heiligkeit aber auf viele Jahre zum großen Nutzen der Kirche zu verlängern.

»Nutzen», das ist für den aufgeklärten Absolutismus der Blickwinkel, unter welchem geistliche Einrichtungen – und somit auch das Papsttum – betrachtet und bewertet wurden. Friedrich II. von Preußen, den übrigens der päpstliche Hof herabsetzend als «Markgrafen von Brandenburg» titulierte, schätzte die Jesuiten als Lehrer seiner katholischen Untertanen. In dem ihm eigenen Zynismus bemerkte er: «Man unterhält im Zirkus für die Tierkämpfe Tiger und

Abb. 135. Der Leichnam Pius' VI. konnte 1801 aus Frankreich überführt und in der Peterskirche beigesetzt werden. Gegenüber der Confessio Beati Petri wurde 1822 «eine gewaltige Statue des leidvollen Papstes» aufgestellt (Kopf und Hände aus der Werkstatt Antonio Canovas); Pius' VI. «aufwärts gerichteter Blick kennzeichnet die Andacht und den verklärten Schmerz eines ergebenen Dulders» (L. Pastor). Vor wenigen Jahren wurde die Statue an eine unauffällige Stelle in den Vatikanischen Grotten versetzt.

Löwen, warum sollte man nicht auch Jesuiten dulden?» Friedrich stand zu dem Wort, das er dem Jesuitengeneral gegeben hatte: «Talent und Wissenschaft haben jederzeit ein Recht auf mein Wohlwollen gehabt.»

In Preußen galt die Aufhebung des Jesuitenordens nicht, wohl aber im strengkatholischen Österreich, wo bald unter dem einer rationalistischen Staatslehre anhängenden Sohn Maria Theresias, Joseph II., eine energische Säkularisation einsetzte. Es hatte den Charakter einer Verzweiflungstat, eines umgekehrten Canossa-Ganges, als Papst Pius VI. 1782 nach Wien reiste, um Joseph II. zur Zurücknahme seiner Kirchengesetze zu bewegen. Mit aufwendigem Zeremoniell ist Pius VI. empfangen worden; erreicht hat er nichts.

Die nächste Reise dieses Papstes über die Alpen geschah unfreiwillig. 1798 rückten in Rom französische Revolutionstruppen ein; der Papst wurde ausgewiesen in ein französisches Exil. «Sterben können Sie überall», antwortete der französische Transportoffizier, als der schwerkranke Papst um einen Tod in der Heimat bat. In einem verwahrlosten Gebäude der Zitadelle von Valence-sur-Rhône, wo Türen und Möbel fehlten, spakige Tapeten von den Wänden hingen, ist Pius VI. Ende August 1799 gestorben.

«Ach, du fängst die Welt nicht mehr»
Päpste der Restauration

Damals – beim Tode Pius' VI., über dessen schwerem Schicksal man nicht einen geradezu unverfrorenen Nepotismus und die skandalöse Bereicherung der eigenen Familie übersehen darf – hat es nicht wenige gegeben, die das Papsttum am Ende wähnten. «Der Tod Pius' VI. hat dem Ruhme der Philosophie der neuen Zeit in gewisser Weise das Siegel aufgedrückt», schrieb eine revolutionskonforme Pariser Zeitung. Aber nicht nur die Verkünder der Revolution hielten das Ende des Papsttums für gekommen. Auch konservative Stimmen schlugen ähnliche Töne an. Doch unbeeinflußt von der Stimmung damaliger Tage kam in Venedig ein Konklave zustande, aus dem als Papst hervorging: Pius VII. (1800–1823). Nicht nur der Name signalisierte eine Fortsetzung der Regierung Pius' VI.: Wie sein Vorgänger stammte der neue Papst aus derselben Stadt, aus Cesena in der Romagna.

Auf den duldenden Bekenner Pius VI. folgte der Taktiker Pius VII., der der irritierten Geistlichkeit Halt bot, mit Napoleon geschickt verhandelte, ihn aber auch zu exkommunizieren wagte. Freilich, der Franzosenkaiser wurde nicht beim Namen genannt. Man verstieß nur «die Räuber des Kirchenstaates» aus der kirchlichen Gemeinschaft. Pius VII. hielt durch bis zum Sturz des Tyrannen, und er wurde belohnt.

Abb. 136. Im Frühjahr 1798 wurde unter dem Schutze der französischen Revolutionstruppen ein aufwendiges «Verbrüderungsfest» auf dem Platz vor Sankt Peter gefeiert. Ein «Altar des Vaterlandes» war mit einem Relief geschmückt, das unter anderem den «Sieg über den Aberglauben» darstellte (Idealisierendes Ölgemälde von Felice Giani).

Abb. 137. Jubel über die Wahl Pius' IX. (1846). Die Kalesche des neuen Papstes wurde von begeisterten Römern durch die Straßen gezogen; dem Zug wird eine Fahne mit dem Wappen des Papstes vorangetragen.

Aber die Restauration von 1815 war eben nichts anderes als eine Restauration. Dem Papst, der bereits im Jahr zuvor den Jesuitenorden wiederhergestellt hatte, wurde der Kirchenstaat fast ganz in der alten Gestalt zurückgegeben. Die kurialen Behörden arbeiteten weiter, als habe es den Schock der Französischen Revolution und der Enteignung nicht gegeben. Der Papst war ein hoch verschuldeter Landesfürst mit altmodischer Verwaltung und kaum durchschaubaren Gesetzen, mit Polizei, Militär und einem Heer von Geheimagenten, mit Zensur, hohen Steuern, Zöllen – von nicht wenigen Katholiken mit Sorge betrachtet und jedem liberal und national denkenden Italiener ein Ärgernis.

Ständig gab es Unruhe und Aufruhr im Kirchenstaat, immer wieder mußten österreichische und französische Truppen herbeigerufen werden, um die Ruhe wiederherzustellen. Was entfernt nach Fortschritt roch, galt als gefährlich und wurde abgelehnt: Eisenbahnen, Kettenbrücken, Gasbeleuchtung. Wie ein Potentat ließ der Papst sich huldigen. 1846 erlebt ein Reisender in Rom den Aufzug des Papstes.

»– Da donnert schon
Das Geschütz (hier gibt's nicht viele)
Und es füllt sich der Balkon...
Noch ein Schuß! da schiebt sich langsam
Weit hervor der goldne Thron,
Angeweht von Pfauenwedeln,
Und drauf sitzt Sankt Petri Sohn...
Alles kniet, die Glocken bimmeln;
Aufrecht steht der alte Herr,
Breitet aus die morschen Arme –
Ach, du fängst die Welt nicht mehr!»

Der Reisende ist der achtundzwanzigjährige Jacob Burckhardt (1818–1897) aus Basel, der den Himmelfahrtssegen des achtzigjährigen Papstes Gregors XVI. vor dem Lateran empfing. «Ach, du fängst die Welt nicht mehr»: das Papsttum – das war nicht nur die Meinung des reformiert evangelischen Jacob Burckhardt – schien dem Ansturm der Welt nicht gewachsen. Zehn Tage nach der Segenspendung war Gregor XVI. tot. Burckhardt war Zeuge des Jubels in Rom, als Pius IX. (1846–1878) zum Nachfolger erhoben wurde. Er sollte so lange regieren wie kein anderer Papst. Burckhardt berichtet: «An allen Straßenecken kleben Sonette und Terzinen zu Ehren Papst Pius' IX.;... Familien, welche einen Sohn oder Bruder unter den

Verbannten oder Verurteilten hatten, lassen Dankinschriften an die Kolonnaden öffentlicher Plätze anschlagen; an allen Mauern liest man: Evviva Pio nono! – und wird dies alles befremden, wenn man erwägt, daß gegen 2000 Familien bei den politischen Untersuchungen durch irgendeines ihrer Mitglieder beteiligt waren?» Und Burckhardt gedenkt des qualvoll gestorbenen alten Papstes: «Friede seinem Andenken! aber man schaudert doch, wenn man die Hunderte und Tausende politischer Strafurteile erwägt, die er, beherrscht von seinen Umgebungen, unterschrieben hat.»

Das Vatikanische Zeitalter oder das Ende des Kirchenstaates und die neuen Dogmen

Vom Liberalen zum «Gefangenen des Vatikans»
Pius IX. (1846–1878)

Von Pius IX., dem neuen Papst, erwartete man viel. Man war entzückt von seiner Leutseligkeit. «È un' angelo» hieß es von ihm, der im Gegensatz zu seinem greisenhaften und durch Krankheit entstellten Vorgänger einmal in der Woche öffentliche Audienzen abhielt, Untersuchungen politisch Verfolgter einstellen ließ und eine Amnestie ankündigte. Der Papst galt als liberal, und sympathisierte er nicht mit den Männern, die ein vereinigtes und freies Italien erstrebten, wenn er über die Schutzmacht Österreich sagte: «Hinaus mit den Barbaren!»? Das jedenfalls erzählte man sich in Rom.

Immer stärker wurde der Erwartungsdruck auf den Papst: Pressefreiheit, Besetzung der Beamtenstellen mit Laien, keine geistlichen Minister, bewaffnete Bürgerwehr, Beteiligung am italienischen Bund usw. Als in der österreichischen Lombardei im März 1848 die Revolution ausbrach, erwartete man, daß sich auch päpstliche Truppen am Kampf gegen die Besatzer beteiligten. Die Lage im Kirchenstaat wurde immer anarchischer, der päpstliche Ministerpräsident ermordet. Schließlich sah der Papst keinen anderen Ausweg, als heimlich aus der Stadt zu entweichen; inkognito floh er nach Gaeta ins Königreich beider Sizilien. Frankreich, Österreich, Spanien und Neapel bat der Papst um militärische Intervention, und als er zwei Jahre später, 1850, nach Rom zurückkehrte, geschützt durch ein französisches Expeditionskorps, erschien er den Zeitgenossen wie verwandelt: verschlossen gegenüber allen liberalen Ideen, abgeneigt jeder Verfassung, die den Bürgern politische Freiheiten ließ. Er war das Symbol der Reaktion geworden.

Gegen den Papst kam die Einigung Italiens zustande, und qualvoll war das Ende des Kirchenstaates. «Roma capitale» (Rom die Hauptstadt Italiens) war ein Ruf, der schon 1848 erscholl, und die Anhänger Giuseppe Garibaldis (1807–1882) riefen pathetisch «Roma o morte». Rom und der Kirchenstaat waren ein Pulverfaß; seit 1860

Abb. 138. Eine Photographie Papst Pius' IX. (1846–1878) aus dem Jahre 1855. Pius IX. hat unter allen Päpsten bis auf seine Zeit als erster das alte Sprichwort außer Kraft gesetzt: «Non videbis annos Petri» (du wirst die Jahre des Petrus, dem die Tradition eine Pontifikatszeit von 25 bis 27 Jahren zuschrieb, nicht erleben).

Abb. 139. Der von Pius IX. berufene Ministerpräsident des Kirchenstaates Pellegrino Graf Rossi wurde im November 1848 ermordet; in obiger Karikatur erscheint der erdolchte Graf Rossi dem Papst im Traum, der ein ähnliches Schicksal befürchtet.

Abb. 140. Die Revolutionäre Giuseppe Monti und Gaetano Tognetti hatten 1868 versucht, eine Kaserne der Zuaven – der päpstlichen Soldtruppe, die hauptsächlich aus französischen und belgischen Katholiken bestand – in die Luft zu sprengen. Sie wurden gefaßt und auf Anweisung Pius' IX. auf der Piazza del Popolo am 24. November 1868 um 7 Uhr früh öffentlich enthauptet (Photographie).

Abb. 141. Der Einmarsch der italienischen Truppen in Rom durch die Mauerbresche an der Porta Pia am 20. September 1870, nachgestellt am folgenden Tag für die wiedergegebene Photographie.

Abb. 142. Das Ende des Kirchenstaats in der Karikatur: Die weltliche Herrschaft des Papstes – dargestellt durch ein totes Schwein – wird beerdigt. Totengräber ist der Fortschritt (links), der einsegnende General ist R. Cadorna (rechts), der Kommandeur der italienischen Truppen beim Sturm auf Rom. Der Text persifliert das kirchlich-liturgische Formular.

ESEQUIE E TUMULAZIONE DEL POTERE TEMPORALE
REGNO DI NAPOLI
POTERE TEMPORALE
VENETO
Pregate per l'anima del fu **Potere Temporale**, mancato ai vivi e alla gioia di **Pio IX** infelicemente regnante addì 20 Settembre 1870 alle 10 antimeridiane, munito dei conforti di santissime cannonate per la grazia di Nino Bixio e del Generale Cadorna, e per disgrazia della Ditta Antonelli e soci.

stand eine französische Besatzungstruppe im Land. Aber gerade dieser Umstand war der Schlüssel zum Erfolg der italienischen Eroberer, denn man nutzte den deutsch-französischen Krieg 1870/71, als die französische Schutztruppe abgezogen war, um Rom im Handstreich zu nehmen. Eine der stolzesten Straßen Roms, die bei der Bresche beginnt, durch die die italienischen Truppen einrückten, heißt nach diesem Datum: 20. September 1870. Um die Eroberung Roms und des Kirchenstaates nicht zu legalisieren, lehnte Pius IX. jede Verhandlung mit den Vertretern des neuen Italien ab; in selbstgewählter Isolierung zog er sich in den Vatikan zurück.

Die italienische Regierung erließ im Mai 1871 einseitig ein Garantiegesetz: Die Person des Papstes wurde für souverän und unverletzlich erklärt, die Paläste des Vatikans, des Laterans und Castelgandolfo ihm zur Nutzung (nicht zum Eigentum) überlassen und eine Rente von umgerechnet rund 3 Millionen Goldmark jährlich ausgesetzt, steuerfrei, wie man hervorhob. Pius IX. sollte Rentner des neuen italienischen Staates werden, aber er gab seinen Anspruch auf den Kirchenstaat nicht auf. Nur die erste Jahresrente nahm er entgegen und hoffte für die weitere Zukunft auf die Unterstützung der Gläubigen.

Pius IX. ist offenbar nie klargeworden, daß er mit dem Kirchenstaat eine der schwersten Belastungen der universalkirchlichen Aufgaben des Papsttums losgeworden war. Den Kirchenstaat aufzugeben, hatte bereits 1861 der Münchner Stiftspropst Ignaz von Döllinger öffentlich vorgeschlagen. Ein Papst, in dessen Namen Todesurteile vollstreckt werden, der Truppen in der Art einer Fremdenlegion unterhält, der Steuern eintreibt, dessen Herrschaft auf die Bajonette ausländischer Truppen angewiesen ist – entspricht das Jesu Auftrag: Weide meine Schafe? Über vier Jahrhunderte früher, 1440, hatte ein kritischer und doch gläubiger Humanist, Lorenzo Valla († 1457), gefragt, wann der Papst zu seinen wahren Aufgaben zurückfände, und seine Antwort lautete: Wenn der Papst die weltlichen Geschäfte und den Kirchenstaat aufgäbe, «dann wird er Papa genannt werden und wird heiliger Vater sein, der Vater aller, der Vater der Kirche, und er wird keine Kriege unter Christen auslösen, sondern er wird die von anderen hervorgerufenen Kriege mit apostolischer Entscheidung und päpstlicher Majestät schlichten». Der Chance, die Valla visionär gesehen hat, wurde der verbitterte Gefangene im Vatikan nicht gewahr.

Das Dogma der «Unbefleckten Empfängnis Mariens» (1854) und der Kampf gegen die «Hauptirrtümer der Zeit» (1864)

Stärker als mit dem Verlust des Kirchenstaats, den Pius IX. hat hinnehmen müssen, ist sein Name mit anderen Ereignissen verbunden. 1854 wurde die Lehre von der «Unbefleckten Empfängnis Mariens» zum Glaubenssatz der katholischen Kirche erklärt. Der Papst in eigener Person hatte die Prüfung und die Verkündigung des neuen Dogmas vorgenommen. Noch Jahre später legte er auf die Feststellung wert, daß er es gewesen sei, der das Dogma «selbständig stabilirt» habe. Was besagt das neue Dogma? Jedem katholischen Christen war zu glauben aufgegeben, daß Maria «im ersten Augenblick ihrer (eigenen, sie selbst ins Dasein einführenden) Empfängnis durch besondere Gnade und Auszeichnung mit Blick auf die Verdienste Jesu Christi... von jedem Makel der Erbsünde bewahrt blieb». So heißt es in der Verkündigungsbulle Pius' IX.

Zehn Jahre später, 1864, wendet sich Pius IX. gegen «falsche Lehren», die sich anschickten, die katholische Kirche aus dem öffentlichen Leben zu verdrängen. Der sogenannte Syllabus ist ein Verzeichnis (daher der Name) von achtzig, wie es heißt, «hauptsächlichen Irrtümern unserer Zeit». Darunter befinden sich philosophische Strömungen wie Naturalismus und Rationalismus, aber auch politische Gesellschaftslehren wie Sozialismus und Kommunismus. Mit besonderem Nachdruck wird an letzter Stelle folgender Satz als grober Irrtum verworfen: «Der römische Bischof kann und muß sich mit dem Fortschritt, dem Liberalismus und der modernen Zivilisation versöhnen und vereinigen.» Um den Sinn dieses Satzes ist heftig gestritten worden.

Bekämpft Rom den modernen Liberalismus deshalb, weil er jedem Bürger uneingeschränkte Glaubens- und Gewissensfreiheit zubilligt? Wirkt hier eine Tradition fort, die Staaten mit einer anderen Religion als der katholischen nicht anerkennt? Der Heilige Stuhl hat das Ergebnis des grausamen Dreißigjährigen Krieges, den Westfälischen Frieden von 1648, nicht gebilligt, weil er die Existenz protestantischer Staatsgebilde garantierte, und noch anderthalb Jahrhunderte später, 1789, schrieb der Papst drohend an die deutschen Bischöfe: «Die Kirche hat diesen Frieden niemals genehmigt.» Die Luft der Toleranz in Rom wurde dünn, und sie verschlechterte sich noch durch ein Ereignis, das hauptsächlich mit Pius IX. in Beziehung gebracht wird: durch das Erste Vatikanische Konzil von 1869/70.

Das Erste Vatikanische Konzil 1869/70 als Fortführung des Konzils von Trient (1545–1564)

Der Schritt zu einem ökumenischen Konzil war fraglos mutig. Über dreihundert Jahre waren seit der letzten allgemeinen Bischofsversammlung in Trient vergangen, die 1545 noch mit der Hoffnung eröffnet worden war, es könnte die Abspaltung der Protestanten durch ein «gemein, frei, christlich Konzil in deutschen Landen» verhindert werden. Was dann am Ende Papst Pius IV. 1564 als tridentinische Beschlüsse bestätigte, war allerdings kein Unions-, sondern ein Reformwerk der katholischen Kirche: Das als 19. gezählte Ökumenische Konzil von Trient war die katholische Antwort auf die protestantische Reformation (H. Jedin), war die endgültige Hinwendung der katholischen Kirche zu einer Papstkirche unter Verzicht auf die Christen, die sich von Rom abgewandt hatten. Wie die Beschlüsse erst durch die Bestätigung des Papstes Rechtskraft erhielten, so wurde er allein befugt, die Dekrete des Konzils von Trient authentisch auszulegen. Eine vom Papst sofort eingerichtete Kardinalskongregation – die bis zur großen Kurienreform Johannes Pauls II. 1988 bestand – war für die verbindliche Interpretation zuständig. Die Konzilsväter von Trient hatten dem römischen Bischof einige bedeutsame Gegenstände zur Erledigung überlassen (so das Glaubensbekenntnis und den römischen Katechismus) und einen zentralen Bereich überhaupt ausgespart: über das Wesen der Kirche und über das Wesen des Papsttums waren Definitionen nicht abgegeben worden. Diese Lücke zu schließen, nahm sich Pius IX. vor.

Ignaz von Döllingers Kampf gegen den Ultramontanismus und das «Papalsystem»

Das 20. Ökumenische Konzil, das Erste Vatikanische, kam nicht überraschend; 1864 hatte es der Papst hinter verschlossenen Türen und 1867 öffentlich angekündigt. Bevor im Dezember 1869 das Konzil zusammentrat, war auch schon angedeutet worden, welches das Ergebnis sein sollte. In der halbamtlichen römischen Jesuitenzeitschrift «La Civiltà Cattolica», die 1850 auf Wunsch Pius' IX. gegründet worden war, stand zu Beginn des Jahres 1869 zu lesen, unter den Gläubigen erwarte man, daß die Unfehlbarkeit des Papstes

Abb. 143. Den fahrenden Zug von «Wissenschaft, Fortschritt, Zukunft» behindert der Papstkarren, bei dem die Fahne «Ökumenisches Konzil» aufgezogen ist. Zeichnung von G. Gonin aus dem Jahr 1868.

zum Glaubenssatz der katholischen Kirche erhoben werde. Diese Verlautbarung – eine «hochofficielle Provocation» (J. Friedrich) – löste unter den liberalen Katholiken Frankreichs und noch mehr Deutschlands große Erregung aus. Man hielt es für möglich, daß, so wurde formuliert, «die Unfehlbarkeitslehre, einmal zum Glaubenssatz erhoben, alle geistige Bewegung und wissenschaftliche Tätigkeit in der katholischen Kirche lahm legen» würde. Zunächst der Syllabus und jetzt die Festlegung der Glaubenslehre allein auf den Papst: die Gefahr ultramontaner Enge schien heraufbeschworen. Nicht anders sah man die Situation in deutschen nationalliberalen Kreisen. «Sie, meine Herren, haben verschuldet…, daß auf dem Boden des Ultramontanismus die höchsten geistigen Leistungen nur spärlich wachsen, daß in dem giftigen Schatten des Baumes… die Talente ausgehen», rief im Preußischen Herrenhaus wenig später Theodor Mommsen dem katholischen Zentrum zu.

Die deutschen liberalen Katholiken, die das Unfehlbarkeitsdogma nicht wünschten, fanden 1869 einen weithin sichtbaren

Abb. 144. Johannes Joseph Ignaz von Döllinger (1799–1890) griff die Absicht des Vatikanischen Konzils von 1869/70, die Unfehlbarkeit und den Universalepiskopat des Papstes zum Dogma zu erheben, scharf an. Er hatte bereits 1863 mit seinen Untersuchungen über «Die Papst-Fabeln des Mittelalters» (darunter auch die Konstantinische Schenkung) unliebsames Aufsehen erregt; die Jesuitenzeitschrift «La Civiltà Cattolica» bezichtigte ihn «fein durchdachter Hypothesen». Nach seiner Exkommunikation 1871 gab Döllinger sämtliche kirchlichen Funktionen ab, wandte sich anderen Themen zu und wirkte hauptsächlich als Präsident der Bayerischen Akademie der Wissenschaften (seit 1873).

Sprecher in dem Münchner Stiftspropst und Professor Ignaz von Döllinger (1799–1890). Unter dem Pseudonym «Janus» griff er in Zeitungsartikeln, die wenig später auch in Buchform erschienen, die päpstliche Unfehlbarkeitslehre scharf an. Die Aufregung war groß, denn mit Döllinger sprach der Nestor der katholischen Kirchengeschichtsforschung. Die Anerkennung der Unfehlbarkeit des Papstes führe eine Entwicklung zu Ende, die durch einen Betrug eingeleitet sei, denn es sei – so Döllinger wörtlich – «nun einmal nicht zu läugnen, daß für jeden Kenner der Geschichte mit Pseudo-Isidor auch der ganze historische Boden des Papalsystems» verschwinde; mit «Pseudo-Isidor»: d. h. mit den Dekretalen des Isidor Mercator, denn unter diesem Namen verbarg sich eine um die Mitte des 9. Jahrhunderts entstandene kirchenrechtliche Sammlung mit einer großen Zahl gefälschter Briefe ur- und frühkirchlicher Päpste.

Eine ganze Reihe dieser erfundenen Sätze betraf päpstliche Primatsrechte, und sie sind im Hochmittelalter in die gängigen kirchenrechtlichen Werke übernommen worden. Vom 16. Jahrhundert an wurde die Fälschung Zug um Zug aufgedeckt, «aber die Grundsätze (der pseudoisidorischen Dekretalen) haben» – das war Döllingers wissenschaftliches Credo – «so tiefe Wurzeln in den Boden der Kirche getrieben und sind so verwachsen mit dem kirchlichen Leben, daß die Aufdeckung des Betrugs nicht einmal eine nachhaltige Erschütterung des herrschenden Systems zur Folge gehabt hat.»

Die Unfehlbarkeitslehre eine Folge der pseudoisidorischen Fälschungen? Manche Erfindungen Pseudoisidors sind in der Tat unter die Belege für den Primat und für die päpstliche Unfehlbarkeit eingereiht. Sie werden bei den Quellen des Kirchenrechts offiziell angeführt. Um ein Beispiel zu nennen: Für den Rechtssatz, der dem Papst das alleinige Einberufungsrecht für ein ökumenisches Konzil vorbehält, gibt das bis 1983 gültige kirchliche Gesetzbuch sechs Be-

Abb. 145. Das Bild (eine Art Photomontage) zeigt den Augenblick, da Antonio Maria Valenziani, Bischof von Fabriano-Matelica, im rechten Querschiff der Peterskirche auf der Schlußsitzung des ersten Vatikanischen Konzils am 18. Juli 1870 die päpstliche Konstitution über das Dogma der Unfehlbarkeit verliest; etwa zwanzig Prozent der Konzilsbischöfe waren der Sitzung ferngeblieben. Rechts auf dem Thron unter dem Baldachin Papst Pius IX.

legstellen an: Drei stammen direkt aus den pseudoisidorischen Dekretalen, drei sind von ihnen abgeleitet.

Dennoch war – wie Untersuchungen der jüngsten Zeit ergeben haben – die Übernahme pseudoisidorischer Sätze zunächst in das mittelalterliche und dann in das moderne Kirchenrecht nicht der Hebel, sondern eher das Zeichen für ein sich stärker auf Rom ausrichtendes Kirchenverständnis; auch ohne Pseudoisidor wären Stellung und Rechte des Papstes zu solcher Höhe gesteigert worden.

Döllinger jedoch hatte es anders gesehen: Für ihn stand «die gesammte ächte Tradition der Kirche» dem Universalepiskopat und der Unfehlbarkeit des Papstes «unversöhnlich entgegen». Trotz Döllinger und trotz des Widerstrebens mancher Bischöfe hat das Vatikanische Konzil im Juli 1870 die Dogmen des päpstlichen Universalepiskopats und der päpstlichen Unfehlbarkeit beschlossen. Döllinger blieb bei seiner ablehnenden Haltung und wurde ein knappes Jahr später exkommuniziert. Dennoch trat er nicht der «Altkatholischen Kirche» bei, die sich von Rom trennte und die Papstdogmen nicht anerkennt.

Die Dogmen des päpstlichen Universalepiskopats und der päpstlichen Unfehlbarkeit als Werk Pius' IX.

Was bedeuten die beiden Glaubenslehren? Universalepiskopat heißt: Der Papst besitzt die unmittelbare und ordentliche Gewalt über die ganze Kirche und sämtliche Einzelkirchen. Unfehlbarkeit heißt: Der Papst als Nachfolger Petri trifft unter Beihilfe des heiligen Geistes irrtumsfreie Lehrentscheidungen in Sachen des Glaubens und der Sitten; seine Lehrentscheidungen sind «ex sese, non autem ex consensu ecclesiae irreformabiles», sie sind aus sich heraus, nicht auf Grund der Zustimmung der Kirche unveränderbar.

Daß die Väter des Ersten Vatikanischen Konzils bei ihren Beschlüssen einem gewissen Druck ausgesetzt waren, ist kaum zu bezweifeln. Vor allem ist nicht zu bezweifeln, daß Pius IX. selbst an der Dogmatisierung der Lehre vom päpstlichen Primat größtes Interesse gezeigt hat. Es ist in der jüngeren Forschung ernsthaft die Frage erörtert worden, ob dieser Wunsch und seine Durchführung nicht Ausdruck irgendeiner Krankheit gewesen seien. «War Pius IX. zur Zeit des Konzils noch voll zurechnungsfähig?» so lautet wörtlich die Frage (A. B. Hasler). Erwiesen ist, daß der Papst in seinem zweiten und dritten Lebensjahrzehnt unter epileptischen Anfällen gelitten hat und zuweilen von einem ungewöhnlich übersteigerten Selbstgefühl durchdrungen war.

Ferdinand Gregorovius, ein Mann freilich von besonderer Katholikenfeindlichkeit, notierte im Juni 1870, kurz vor Ende des Vatikanischen Konzils, in seinem Tagebuch: «Der Papst hat vor kurzem seine Infallibilität probiren wollen...; auf einem Spaziergang hat er einem Paralytischen zugerufen: erhebe dich und wandle. Der arme Teufel versuchte es und stürzte zusammen. Dies hat den Vicegott sehr verstimmt. Die Anecdote wird bereits in Zeitungen besprochen. Ich glaube wirklich, daß er verrückt ist.» Wenn auch an diesem Bericht, der damals offenbar in Rom die Runde machte, nichts Wahres dran sein dürfte, so kennzeichnet er doch das Bild, das man hie und da von Pius IX. entwarf. Eine eindeutige Krankheit hat sich nicht diagnostizieren lassen, doch attestiert ein moderner Psychologe Pius IX. «eine abnorme Persönlichkeit», wobei nicht zu entscheiden sei, «ob die abnormen Züge mit dem Krampfleiden (Epilepsie?) oder anderen, mehr psychogenen Ursachen zusammenhängen». Ein zweiter Psychologe meint, manche Symptome seien eher «unter dem schizophrenen Formenkreis zu rubrizieren».

Dies alles sei beiseite gesetzt. Im weltgeschichtlichen Ablauf zählen diese Krankheiten nicht. Was verschlägt's, wenn wir von Alexander dem Großen, von Julius Caesar, von Alfred dem Großen wissen, daß sie Epileptiker waren, wie Napoleon Bonaparte wahrscheinlich auch. Es ist gefährlich, das Akzidenz in die Substanz zu ziehen, als habe dies erst die Tat bewirkt. Die Dogmen des päpstlichen Universalepiskopats und der päpstlichen Unfehlbarkeit stehen am Ende einer in der Kirchenstruktur selbst angelegten Entwicklung. Mögen manche ihrer Wurzeln formal bis in die Erfindungen Isidor Mercators zurückreichen, so sind sie doch die ekklesiologisch folgerichtige Vollendung dessen, was ein Leo der Große, was ein Gregor VII., was so viele Päpste in allen Jahrhunderten aufgebaut und verkündet haben. Mag es einer gesteigerten, am Ende sogar krankhaft gesteigerten Persönlichkeit bedurft haben, um ihre letzte Ausformung durchzusetzen, so sollte doch ihre Folgerichtigkeit aus früher bezeugtem Kirchenverständnis außer Frage stehen.

Abb. 146. Papst Leo XIII. (1878–1903). «Sein Aussehen – die konventionellen Papstbilder für andächtige Verehrer sind so gut wie wertlos – ist vor allem durch Lenbachs (hier wiedergegebenes) Gemälde bekannt oder richtiger verdeckt. Denn ich muß gestehen, daß ich zwischen diesem und dem wirklichen Leo, wie ich ihn sah, niemals einige Ähnlichkeit habe entdecken können. Der fuchsartige listige Ausdruck, den Lenbach ihm verliehen hat, fehlte in der Wirklichkeit vollständig; statt dessen sah man einen milden und gütigen Greisenkopf.» So der protestantische Papsthistoriker Johannes Haller (1865–1947).

Abb. 147. Der Versuch Pius' X., den «Modernismus» und den Fortschritt mit Bullen und Enzykliken aufzuhalten. Karikatur in der satirischen Zeitschrift Pasquino 1907.

No Splendid Isolation
Das Papsttum bis zu den Lateranverträgen Pius' XI. (1922–1939)

Die Ereignisse unter Pius IX. – der Verlust des Kirchenstaates, der Syllabus, die Dogmen der Unbefleckten Empfängnis Mariens, des päpstlichen Universalepiskopats und der päpstlichen Unfehlbarkeit – haben die Politik der nächsten Päpste bestimmt. Sollte der Widerspruch zur modernen Umwelt aufrechterhalten werden oder nicht? Leo XIII. (1878–1903), der Nachfolger Pius' IX., nahm sich wohl der Arbeiterfrage an und umschrieb die Grundlagen katholischer Sozialordnung, doch stand er einer republikanisch-demokratischen Staatsform fremd gegenüber. Hielt nicht Thomas von Aquin die Monarchie für naturgegeben, wie auch ein Bienenvolk einen König (wie man damals meinte) kennt? Leo XIII. wandte sich gegen eine Anpassung der katholischen Kirche an das politische Leben, gegen jeden «Amerikanismus», wie man verächtlich die Versuche nach Übereinstimmung nannte. In einer berühmten Enzyklika zu Beginn seines Pontifikats («Aeterni patris», 1879) rief er zur Erneuerung der «Christlichen Philosophie» (so im Titel) auf und verwies auf die Schriften des Aquinaten, deren Gesamtausgabe er veranlaßt hat. Die hier sich anzeigende Hinwendung zur Wissenschaft fand ein noch deutlicheres Zeichen, als das Vatikanische Archiv 1881 für die historische Forschung großzügig geöffnet wurde (s. unten S. 262 ff.), nur wenig mehr als ein Jahrzehnt nach der Ablösung des Präfekten Augustin Theiner (1804–1874), der die «Geheimhaltung» durchbrochen hatte.

Der heilige Pius X. (1903–1914) fürchtete eine Überfremdung durch die moderne Umwelt und forderte 1910 den nebulosen Antimodernisteneid: einen für den gesamten Klerus vorgeschriebenen Eid in Form eines Glaubensbekenntnisses, daß man anthropozentrische Lehren und offenbarungsfeindliches Gedankengut ablehne.

Der Pontifikat Benedikts XV. (1914–1922) war überdeckt von den Geschehnissen des Ersten Weltkriegs, und erst der Nachkriegspapst Pius XI. (1922–1939) brachte den notwendigen Wandel. Sollte der Vatikan sich weiterhin den Widersinn leisten, seinen italienischen Gläubigen die Teilnahme an Parlamentswahlen zu verbieten? Und sollte allen Ernstes ein die Stadt Rom einschließender Kirchenstaat wiederhergestellt werden, der das Papsttum seinem Wesen entfremdete und in die Niederungen staatlicher Politik zwang?

Abb. 148. Papst Pius XI. (1922–1939). Er war der erste Gelehrte auf dem Papststuhl seit dem Kanonisten Benedikt XIV. (1740–1758). Sein Verdienst war es, die aus dem Modernismusstreit kommenden Spannungen in aller Stille abgebaut zu haben. Bleibend ist sein Einfluß auf die Wissenschaft: er erweiterte die Vatikanische Bibliothek und erhob drei ihrer gelehrten Präfekten in den Kardinalsrang; das Vatikanische Observatorium wurde modernisiert und nach Castel Gandolfo verlegt, in der Vatikanstadt ein Radiosender installiert. 1936 gründete er die Päpstliche Akademie der Wissenschaften, deren sich sein Nachfolger Johannes Paul II. zur Meinungsbildung intensiv bedient. Wie er die italienischen Bischöfe anwies, sich des reichen Schatzes ihrer Archive anzunehmen, so stellte er Geldmittel für die Erforschung des frühen päpstlichen Urkundenwesens zur Verfügung; mit diesen begründete man die nach ihm benannte und heute noch bestehende Pius-Stiftung.

Nach langwierigem Konklave hatte man 1922 Achille Ratti (Pius XI.) gewählt, einen Mann der Wissenschaft, zugleich einen begeisterten Alpinisten, dessen nüchterner Sinn gelobt wurde. 1920 war er als päpstlicher Delegierter in den damals ostdeutschen Abstimmungsgebieten tätig gewesen, hatte sich jedoch ziemlich unverhohlen für den polnischen Katholizismus eingesetzt, so daß nach Protesten der Vatikan ihn zurückrief.

Pius XI. begann seinen Pontifikat mit einer symbolischen Handlung. Während die Päpste von Leo XIII. bis Benedikt XV., entsprechend ihrer selbstgewählten Rolle als «Gefangene des Vatikans», den ersten öffentlichen Segen im Innern der Peterskirche erteilten, trat Pius XI. auf die Benediktionsloggia der Fassade von Sankt Peter und

Abb. 149. Nach Unterzeichnung der Lateranverträge am 11. 2. 1929 stellten sich der päpstliche Staatssekretär Pietro Gasparri und der Capo del Governo und Duce der faschistischen Partei Benito Mussolini dem Photographen.

Abb. 150. «Der Schacher»: Darunter steht folgender Text: «Was gab der Papst für die Millionen Mussolinis?» «Er gab Millionen von Katholiken, die dem Faschismus gegenüber fortan das Maul zu halten haben.» Karikatur der linksgerichteten Zeitung «Der wahre Jacob» 1929.

spendete den Segen «Urbi et Orbi» mit dem Blick auf den Petersplatz und auf Rom. Die Lösung der seit 1870 offenen «römischen Frage» hatte dieser Papst von Anfang an ins Auge gefaßt. Jahrelang wurde hinter verschlossenen Türen verhandelt. 1929 war es soweit: Die sogenannten Lateranverträge zwischen dem italienischen Staat und dem Vatikan wurden ratifiziert. Sie umfassen den Vertrag über die Gründung eines souveränen Staates der Vatikanstadt (Stato della Città del Vaticano), ein Finanzabkommen, das den Papst mit Staatspapieren und monetär mit 1,75 Milliarden Lire damaligen Wertes abfand, und ein Konkordat zwischen Italien und dem Heiligen Stuhl.

Mit diesem Konkordat lud sich der italienische Staat – damals verfassungsrechtlich ein Königreich – Schwierigkeiten auf, die aus der Distanz eines halben Jahrhunderts schwer verständlich erscheinen. Unter Verleugnung seiner liberalen Vergangenheit wurde Italien zu einem konfessionellen Staat erklärt; Artikel 1 besagt, daß «die katholische, apostolische, römische Religion die einzige Staatsreligion» ist. Die daraus sich ableitende Übernahme der Grundsätze des kanonischen Rechts in das Staatsrecht hatte weitreichende Folgen. Abtrünnigen katholischen Priestern z. B. oder Personen, die durch kirchenrechtliche Maßnahmen belangt waren, sollte der Zutritt zu öffentlichen Ämtern verwehrt sein. In der Ehefrage verzichtete der Staat auf seine zivile Zuständigkeit, und so galt die Unauflöslichkeit der Ehe entsprechend der katholischen Auffassung der Ehe als eines Sakraments. Scheidung war nicht zugelassen.

Vom Staat wurde bei diesem Konkordat offensichtlich viel Kompromißbereitschaft gefordert. Aber der Faschismus und sein Duce Benito Mussolini brauchten den Ausgleich mit dem Papst, um innenpolitisch besser bestehen zu können, und rangen gegenüber dem skeptisch abwartenden Ausland um außenpolitische Anerkennung. Der faschistische Staat feierte den Pakt mit der Anlage einer Prachtstraße à la Siegesallee, der «Straße der Versöhnung» (Via della conciliazione), für die ein ganzes Stadtviertel niedergerissen wurde: «das Rückgrat der Vorstadt» (La Spina di Borgo), wie die Römer sagten,

---

Abb. 151/152. Nach langer Planung und unter schwierigen städtebaulichen Bedingungen – so trat mit Beseitigung der «Spina di Borgo» ein erhebliches Bodengefälle zutage – wurde die Via della conciliazione (Straße der Versöhnung) in Erinnerung an die Lateranverträge in den Jahren 1936–1950 angelegt. Oben eine Luftaufnahme von 1929, unten die heutige Gestalt.

Abb. 154. Pius XII. verkündigt am 29. Mai 1954 die Heiligsprechung Pius' X. auf dem Petersplatz. – Auf der Erinnerung an Pius XII. lastet der Vorwurf, er habe sich moralisch schuldig gemacht, weil er zu den Verbrechen des Nationalsozialismus geschwiegen habe. Dazu sein zweiter Nachfolger Paul VI.: ein Protest des Papstes hätte «in der schon so sehr gequälten Welt eine noch größere Zerstörung ausgelöst, weniger zu seinem als zum Schaden unzähliger unschuldiger Opfer».

Abb. 153. Aufbahrung Papst Pius' X. zur Seligsprechung am 3. Juni 1951; drei Jahre später erhob ihn Pius XII. unter die Heiligen. Pius XII. war bis auf seine Zeit der Papst, der die meisten Heiligsprechungen vorgenommen hat (33 bei über 200 abgeschlossenen Prozessen). Er wird weit in den Schatten gestellt von Johannes Paul II., der 1983 allerdings das Kanonisationsverfahren vereinfacht hat. Seine Selig- bzw. Heiligsprechungen reichen vom Gründer des Opus Dei Josémaria Escrivá de Balaguer y Albás († 1975) bis zu Pater Maximilian Kolbe, der 1941 im Konzentrationslager Auschwitz sein Leben stellvertretend für einen zum Tode verurteilten Familienvater geopfert hat. Die Zahl der von Johannes Paul II. ausgesprochenen Kanonisationen beträgt ein Mehrfaches aller durch die bisherigen Päpste erhobenen Heiligen. Die Heiligsprechung liegt allein in der Kompetenz des Papstes. Während andere kanonische Prozesse auf ein vollstreckbares Urteil abzielen, besteht die Besonderheit des Heiligsprechung-Prozesses darin, daß eine Schlußfolgerung angestrebt wird, die der Papst «bestätigen, aber auch ablehnen kann. Beides kommt vor» (W. Schulz).

mit vielen mittelalterlichen Häusern und dem Ort, wo Raffael wohnte und starb. Die Lateranverträge überdauerten die Abschaffung der Monarchie 1946; im folgenden Jahr sind sie in die Verfassung der Republik Italien aufgenommen worden, und der Vatikan gedachte 1979 der fünfzigjährigen Wiederkehr des Vertragswerks.

Manches hat sich seit 1929 verändert. So war das Scheidungsverbot durch Jahrzehnte Gegenstand hitziger Diskussionen, die auch in der breiten Öffentlichkeit ausgetragen worden sind. Einer der erfolgreichsten italienischen Filme der sechziger Jahre mit dem Titel «Scheidung auf italienisch» persiflierte die Situation. Die Handlung: Da nach italienischem Gesetz eine Ehe für unauflöslich gilt, gibt es nur eine elegante Weise, sich vom Partner zu trennen: Man bringt ihn um. Inzwischen ist durch Plebiszit die Ehescheidung in Italien eingeführt, was einen Verstoß gegen die Lateranverträge bedeutete. Der Papst hat auch förmlich protestiert, nahm die «Wunde» jedoch folgenlos hin. Der politische Terrorismus der «Roten Brigaden», der Niedergang der vom katholischen Antifaschisten De Gasperi gegründeten staatstragenden «Democrazia Cristiana» (sie stellte nach dem Krieg bis 1981 sämtliche Ministerpräsidenten), die Wahl eines nichtitalienischen Papstes 1978 ließen die Symbiose von Papsttum und italienischem Staat auseinanderfallen. Ein revidiertes Konkordat, abgeschlossen mit dem sozialistischen und später in Mißkredit geratenen Ministerpräsidenten Craxi, billigte 1984 den politischen und religiösen Pluralismus: Die Leistungen des Staates an Priester und kirchliche Einrichtungen wurden neu geregelt: business as usual.

Merkmale des Vatikanischen Zeitalters

Was von den Päpsten nach 1870 lange Zeit als Nachteil angesehen worden ist, schlug zum Segen um: Materiell gesichert, aber dennoch nicht in den politischen Alltag hineingezogen, konnten sie sich ganz den spirituellen und ökumenischen Aufgaben widmen. Die freigesetzten Kräfte waren um so notwendiger, als es nach dem Ersten Vatikanischen Konzil darauf ankam, die Struktur der Kirche auf den päpstlichen Zentralismus auszurichten. Die kirchliche Rechtsgeschichte pflegt die Zeit nach 1870 als die Epoche des «Vatikanischen Kirchenrechts» zu bezeichnen, das in dem 1918 in Kraft getretenen kirchlichen Gesetzbuch, dem Codex Iuris Canonici, Gestalt gewann. Die Juristen fanden wenig Gutes an ihm. Er sei veraltet, das Produkt eines «verspäteten Absolutismus» (F. Elsener), «das Werk der durch das Vatikanum (von 1870) zu höchster Machtfülle gesteigerten Primatsgewalt» (U. Stutz), in seiner Sprache nicht konsequent (K. Mörsdorf). Auch das neue Gesetzbuch von 1983 wird teilweise als Fortsetzung des alten Codex empfunden (s. unten S. 232 f.).

Manche Historiker sind neuerdings geneigt, als eine eigene Epoche die Pontifikate der «Pius-Päpste» zusammenzufassen: die Zeit von Pius X. bis Pius XII. (1939–1958), von der Jahrhundertwende bis 1958, wobei die Zeit Benedikts XV. einbezogen wird; die Pontifikate des 19. Jahrhunderts seien durch ein ständiges Hin und Her, durch den Wechsel konservativer und liberaler Päpste gekennzeichnet gewesen. Unter den Pius-Päpsten des 20. Jahrhunderts habe eine Synthese stattgefunden. Es ist die Periode des Sicheinrichtens einer spirituell-totalitären Macht, eines in kunstvollem Zeremoniell abgeschirmten, stark vergeistigten Papsttums von hoher moralischer Autorität, dessen charakteristischer Vertreter Pius XII. gewesen ist. Seine dem Menschlichen geradezu entrückte Erscheinung, der ein lauter Protest auch bei schlimmen Untaten wie der Judenvernichtung fremd war, wird jedem unvergeßlich bleiben, der ihn von Angesicht erlebt hat. Konnte sich ein Hierokrat wirkungsvoller darstellen?

Abb. 155. Johannes XXIII. erteilt an seinem Krönungstage (4. 11. 1958) von der Benediktionsloggia der Peterskirche den Segen «Urbi et Orbi». Während der Krönung stellte sich Johannes XXIII. mit den Worten des Sohnes Jakobs an seine Brüder vor: «Ich bin Josef, euer Bruder.» Der Papst hieß mit seinem Taufnamen «Giuseppe».

Der Übergang zu neuer Kraft

Johannes XXIII. (1958–1963), der Papst der Überraschungen

Auf Pius XII., den römischen Advokatensohn, folgte 1958 Johannes XXIII.: Angelo Giuseppe Roncalli, dritter Sohn unter dreizehn Kindern eines Bauernpaares aus Sotto il Monte bei Bergamo. Auf den asketischen und aristokratischen Pius XII. der gedrungene bäuerliche Johannes mit großem Kopf und Riesenohren. Als der neue Papst nach seiner Wahl auf der Benediktionsloggia von Sankt Peter erschien, erscholl der überraschte Ruf: Un grasso (ein Dicker). So eigentlich hatte man sich nach Pius XII. äußerlich einen Papst nicht vorgestellt. Die Nachricht sickerte durch, die Kardinäle hätten sich nach viertägigem schwierigem Konklave auf den bereits 77jährigen Roncalli als einen Papst des Übergangs geeinigt.

Das wurde Johannes XXIII. auch, aber nicht in dem Sinne, daß nach ihm der Stil der Pius-Päpste wieder fortgeführt werden konnte, sondern als Papst des Übergangs zu einer neuen Darstellungs- und Wirkungsform. Es begann schon mit dem Namen. Roncalli wählte den in der Kirchengeschichte zwar häufigsten, doch seit über einem halben Jahrtausend ungebräuchlichen Papstnamen Johannes und zählte sich als XXIII. Aber es hatte vor ihm bereits einen Johannes XXIII. gegeben: Baldassare Cossa, dessen Karriere vom Seeräuber zum Nachfolger Petri ebenso erregend war wie seine Absetzung auf dem Konstanzer Konzil 1415. Das amtliche Papstbuch führt ihn als regulären Papst, und in der Reihe der Papstmedaillons von St. Paul vor den Mauern gibt es, nachdem Roncallis Bild 1962 angebracht wurde, Johannes XXIII. zweimal. Die präzise Bezeichnung des neuen Johannes müßte lauten: Joannes vicesimus tertius iunior (Johannes XXIII. der Jüngere), wie ihn mancher Kirchenhistoriker auch genannt hat (K. A. Fink). Johannes XXIII. wandte sich ab von der asketisch-elitären Kirchenlenkung eines Pius' XII. zu einer mehr kollegialen Zusammenarbeit. Den seit 1944 vakanten Posten des Staatssekretärs besetzte er mit Domenico Tardini (1888–1961), der ihm bei seinen Konzilsplänen eine wichtige Stütze war.

Abb. 156. Johannes XXIII., «der Ältere», 1415 auf dem Konzil von Konstanz abgesetzt. Im Auftrage des Cosimo de' Medici (1389–1464) errichtete ihm Donatello im Baptisterium von Florenz ein prächtiges Grabmal. In der ersten Zeile der Inschrift heißt es «Johannes, einstmals Papst». – «Dieses Grab ist der Markstein einer bedeutungsvollen Epoche der Völker: das Monument der großen Kirchenspaltung und zugleich das letzte Grab eines Papstes außerhalb Roms» (F. Gregorovius).

Das Zweite Vatikanische Konzil (1962–1965)

Die gleiche Unbekümmertheit wie beim Namen zeigte Johannes wenige Monate später bei der Ankündigung zweier Konzilien. Im Januar 1959 eröffnete er einem kleinen Kreis von Kardinälen, wie es in der amtlichen Verlautbarung dann hieß, «den Namen und das Vorhaben einer doppelten feierlichen Veranstaltung: einer Diözesansynode für die Stadt Rom und eines allgemeinen Konzils für die Gesamtkirche». Eine förmliche römische Diözesansynode hatte zuletzt 1461 getagt. Eine Wiederaufnahme dieses Brauchs 500 Jahre

Abb. 157. Johannes XXIII. bei seiner Eröffnungsansprache zum Zweiten Vatikanischen Konzil am 11. Oktober 1962: «Das 21. Ökumenische Konzil ... will die katholische Lehre rein, unvermindert und ohne Entstellung überliefern ... Die Kirche hat den Irrtümern zu allen Zeiten widerstanden, oft hat sie sie auch verurteilt, manchmal mit großer Strenge. Heute dagegen möchte die Braut Christi lieber das Heilmittel der Barmherzigkeit anwenden.»

später war schon erstaunlich, doch noch erstaunlicher die Absicht eines ökumenischen Konzils.

Nach dem Concilium Vaticanum von 1870 hatte kaum jemand mehr ein zweites Vaticanum erwartet. Warum auch? Ein Kirchenrechtler hat es folgendermaßen ausgedrückt: Ein ökumenisches Konzil könne der «Vertretung der Kirche nichts hinzufügen, was nicht schon durch die Person des Papstes allein repräsentiert wäre». Um gesamtkirchlich zu entscheiden, ist ein allgemeines Konzil nicht nötig. Es sei an den Beschluß der päpstlichen Unfehlbarkeit von 1870 erinnert: Des Papstes Lehrentscheidungen bestehen aus sich

Abb. 158. Auf dem Zweiten Vatikanischen Konzil wurde eine alte, aus dem frühen Mittelalter kommende römische Konzilsordnung aufgenommen: Während aller Vollversammlungen lag ein Evangelienbuch aufgeschlagen auf dem Altar.

---

heraus, nicht auf Grund der Zustimmung der Kirche. Andererseits war das Vatikanische Konzil von 1870 nicht zu einem Ende gekommen: Es fehlte das Schema über die Kirche.

Als gäbe es den engen dogmatischen Rahmen nicht, erweckte die Ankündigung eines ökumenischen Konzils durch Johannes XXIII. vorher nie gehegte Hoffnungen – häufig unberechtigte. Das ging so weit, daß von Nichtkatholiken zuweilen die Erwartung ausgesprochen wurde, das ökumenische Konzil könne Christen verschiedenen Bekenntnisses zusammenführen. Aber das Staatssekretariat winkte sofort ab: Das Konzil sei eine «innere Angelegenheit der katholischen Kirche».

In vier Sitzungsperioden tagte das 21. Ökumenische Konzil, das Zweite Vatikanische, 1962 bis 1965. Papst Johannes XXIII. hat nur noch die Sitzung des ersten Jahres 1962 erlebt; er starb im Juni 1963. Johannes XXIII. hatte sich selbst keine lange Lebensspanne als Papst zugemessen. Päpste mit Namen Johannes hätten immer nur kurz regiert, sagte der «Übergangspapst» in der Ansprache unmittelbar nach seiner Wahl.

Ein neues Kardinalkollegium, ein neues Bischofsamt

Knapp fünf Jahre dauerte der Pontifikat Johannes' XXIII., etwa so lange, wie der aus ähnlichem Milieu kommende Sixtus V. regiert hat. Dessen Dekret über die Größe des Kardinalkollegiums von 70 Mitgliedern hatte Johannes XXIII. aufgehoben, indem er die Zahl der Kardinäle fast verdoppelte. Von Sixtus war im Sinne mittelalterlicher Allegorese 1586/87 verfügt worden, daß – so wörtlich – «das Bild des Alten Bundes mit der heiligen und apostolischen Wahrheit korrespondiert, indem wir wünschen, dem Befehl des Herrn an Moses nachzukommen, siebzig der Ältesten Israels zu versammeln». Johannes XXIII. streifte eine mittelalterliche Fessel ab, als er die Größe des Kardinalkollegiums den Ausmaßen einer Weltkirche anglich.

Für die Zukunft des Papsttums hatte dieser Akt schwere Folgen, die Johannes gewiß vorausgesehen und also beabsichtigt hat. Wie naturgegeben war stets ein Italiener von den Kardinälen zum Papst erhoben worden – es sei an das Wort Alexanders von Roes erinnert, daß den Italienern die Leitung im Priestertum gebühre (s. oben S. 72 f.). Jetzt zeichnete sich die bald auch verwirklichte Möglichkeit eines nicht italienischen Papstes ab.

Aber die Radikalität ging noch weiter. Die alte Kirche hat zwischen dem Bischof und seiner Diözese eine Art geistlicher Ehe gesehen und den Wechsel von einem Bischofssitz auf einen anderen nur ungern hingenommen. Die Regel ist zwar aufgeweicht worden, und Translationen kamen je später um so häufiger vor; dennoch eignete dem Bischof so etwas wie ein character indelebilis, eine unverlierbare Wesenheit. Die Unverlierbarkeit bezieht sich auf den Weihecharakter, während die Aufgabe und die Funktion einen Wechsel und eine Beendigung zulassen. Das von Johannes XXIII. zusammengerufene Vatikanische Konzil mutet den Bischöfen zu, im Alter von 75 Jahren ihren Rücktritt anzubieten und einem Jüngeren den Platz zu räumen, als seien sie Beamte oder Angestellte, die pensioniert werden. Der für seinen grimmigen Konservativismus bekannte römische Kardinal Ottaviani (1890–1979) stellte die spitze Frage, ob dann nicht auch der Bischof von Rom an einen Rücktritt aus Altersgründen denken müsse.

«Machen wir den Spaltungen ein Ende» – die Öffnung des Papsttums

Als erwache das Papsttum aus einer Starrheit, so nehmen sich manche Handlungen Johannes' XXIII. aus. Seit 1870, seit dem Verlust des Kirchenstaats, hatten die Päpste sich einen kleinen Lebensraum zugemessen. Sie pendelten hauptsächlich zwischen Vatikan, Lateran und Castelgandolfo und waren durch ein fast byzantinisches Hofzeremoniell in eine kaum überbrückbare Ferne entrückt. Nicht nur daß Johannes XXIII. mit offensichtlicher Freude an Umgang und Gespräch mit einfachen Menschen Fabriken, Spitäler, Gefängnisse aufsuchte, meist zu Fuß, was ihm bei whiskykundigen Journalisten den Namen «Johnnie Walker» (Johann der Spaziergänger) eintrug. Der Papst fand nichts dabei, einen Wallfahrerzug zu besteigen, um nach Loreto bei Ancona zum Heiligen Haus von Nazareth, das geheimnisvolle Hände 1295 hierhin versetzt haben sollen, oder nach Assisi zu den Gedenkstätten des heiligen Franz zu reisen. Der römische Volkswitz hatte für ihn manchen Namen parat: «S. Giovanni fuori le mura» (St. Johann vor den Mauern) zum Beispiel und liebevoll pacioccone (dicker Spaßvogel). Man stelle sich vor: Papst Pius XII. in seinem leuchtend weißen Papstgewand, eine ätherische Gestalt, kommt hereingestapft, Marschtritt imitierend, nimmt «Haltung» an und meldet sich mit militärischem Gruß: Sergente Pacelli presente (Unteroffizier Pacelli zur Stelle). Nein, selbstverständlich war nicht Pius XII. der Akteur, sondern der einstige Sanitätssoldat Roncalli-Johannes XXIII. bei einem Empfang von Militärsanitätern. Dieser Papst war von einem Kranz von Anekdoten umgeben, und der Buchmarkt ließ sich die Chance nicht entgehen.

Doch in der Heiterkeit dieses Papstes Johannes XXIII. steckt ein tiefer Ernst. Er hätte sich kaum zur Vermessenheit eines Innozenz III. bekannt, der Papst sei mehr als ein Mensch, wenn auch weniger als Gott. Johannes kam es darauf an, offen zu sein zum Gespräch mit allen Menschen. Als er die Kardinäle mit seinem Konzilsprogramm im Januar 1959 überraschte, sagte er: «Wir wollen keinen historischen Prozeß aufziehen. Wir wollen nicht aufzuzeigen suchen, wer Recht und wer Unrecht hatte ... Wir wollen nur sagen: Kommen wir zu-

Abb. 159. Im Petersdom ist in der Cappella della Presentazione ein über sechs Meter hohes Bronzerelief von Emilio Greco (1913–1995) angebracht, das dem Gedenken an Johannes XXIII. gewidmet ist. Es zeigt den segnenden Papst mit einigen Bischöfen vor einer Gruppe von Armen und Kranken; im Hintergrund Gesichter von Gefangenen zwischen Gitterstäben.

Abb. 160. Unterzeichnung des «Reichskonkordats» zwischen dem Heiligen Stuhl und dem Deutschen Reich am 20. Juli 1933 im Vatikan. Im Auftrag von Papst Pius XI. nahm der Kardinalstaatssekretär Eugenio Pacelli, der spätere Pius XII., die Unterzeichnung vor; den deutschen Reichskanzler Adolf Hitler vertrat der Vizekanzler Franz von Papen (links). Der 35jährige G. B. Montini (hinten rechts stehend), der spätere Paul VI., war damals im päpstlichen Staatssekretariat als «Minutant» tätig, d. h. er war zuständig für den Entwurf (minuta) von Aktenstücken.

sammen, machen wir den Spaltungen ein Ende.» Die Öffnung galt den anderen Christen, die nicht mehr als christliche Individuen außerhalb der Kirche, als Ketzer oder Schismatiker, angesprochen werden, sondern als kirchliche Gemeinschaften: Johannes XXIII. hat als erster Papst mit anderen Christen gemeinsam gebetet. Die Öffnung galt auch den Nichtchristen, und Johannes XXIII. fand z. B. nichts dabei, Chruschtschows Schwiegersohn, den damals noch mächtigen Adschubej, den Chefredakteur der regierungsamtlichen Iswestija und lärmenden Atheisten, in Privataudienz zu empfangen.

Die Vermenschlichung des Papsttums, die Einbeziehung der Bischöfe in die gesamtkirchliche Verantwortung, die Öffnung zur gesamten Christenheit und zur Welt, wie sie jetzt ist – mit Nichtchristen und Atheisten: Auf diesen Feldern – aber nicht nur auf ihnen – vollzog sich unter Johannes XXIII. ein Übergang.

Abb. 161. Seit dem 14. Jahrhundert schmückte sich der Papst mit der Tiara und ihren drei Kronen zum Zeichen, daß er «der Vater der Fürsten und Könige» sei; es war das weltliche Herrschaftszeichen. Am 13. November 1964 legte Paul VI. die Tiara auf den Altar der Peterskirche: «als Geschenk für die Armen». Fünf Tage später übergab er sie Kardinal Francis Spellman, dem Erzbischof von New York, der sie mit einem Spendenaufruf auf «Tournee» schickte. Der Anspruch Innozenz' III. und Bonifaz' VIII. erlosch eigentlich erst mit diesem Akt (s. oben S. 132 und S. 148).

Johannes Paul II.
Ökumenische Wende und/oder katholische Rückbesinnung?

Nihil innovetur, nisi quod traditum est – nichts soll erneuert werden, was nicht überliefert ist. Man hat dieses Wort Papst Stephans I. aus dem 3. Jahrhundert den ältesten «allgemeinen Grundsatz» des Papsttums genannt (E. Caspar), und er wurde bis in die jüngste Zeit immer wieder zitiert.

Für die Art und Weise, wie der Nachfolger Johannes' XXIII., Paul VI., verfahren ist, gilt dies unbedingt. In kurialem Dienst aufgewachsen – das offizielle Standphoto der Unterzeichnung des «Reichskonkordats» 1933 zeigt im Hintergrund einen feingliedrigen Monsignore mit Vogelprofil: Giovanni Battista Montini –, fehlte ihm die Unbekümmertheit, ja Naivität seines Vorgängers. Aber er führte

Abb. 162. 1054 hat der römische Abgesandte Humbert von Silva Candida den Patriarchen von Konstantinopel Michael Kerullarios und die griechische Kirche verflucht und ein bis heute andauerndes Schisma ausgelöst. 1965 nahm Paul VI. die Verfluchung zurück. Bereits 1964 hatte ein Treffen zwischen Paul VI. und dem Patriarchen von Konstantinopel Athenagoras in Jerusalem stattgefunden.

---

auf seine Weise und geradezu demütig fort, was Johannes angestrebt hatte, nur mit wesentlich stärkerer Reflexion und einer Bedachtsamkeit, mit der er sich den Vorwurf des Verzögerns, ja Verhinderns von Reformen zuzog. Während seines Pontifikats ist das ökumenische Konzil zu Ende geführt worden, und während seines Pontifikats ist auch die Ernüchterung, die Rückbesinnung auf die Verbindlichkeiten der katholischen Lehre, erfolgt, ohne daß die Weltoffenheit und

Abb. 163. Diese Begegnung zwischen Johannes Paul I. und dem stets elegant gekleideten polnischen Kardinal Karol Wojtyla fand im September 1978 statt, kurz vor dem plötzlichen Tod des Papstes und einen knappen Monat vor der Erhebung Karol Wojtylas zu dessen Nachfolger. Das Gesprächsthema ist nicht bekannt. Es wird kaum die Enzyklika «Humanae Vitae» von 1968 gewesen sein, zu der Johannes Paul I. ein tolerantes Verhältnis gehabt haben soll, während Johannes Paul II. «mit hohem lehramtlichen Engagement» auf ihrer Durchsetzung besteht, d. h. daß jeder «eheliche Akt» von sich aus (per se) auf die Erzeugung menschlichen Lebens gerichtet sein müsse und daher jede Form empfängnisverhütender Mittel ebenso verwehrt sei wie eine Abtreibung der Leibesfrucht, zu ganz gleich welcher Zeit.

---

die zur Ökumene gehende Veränderung zurückgenommen worden wären.

Welche Wege sein Nachfolger Albino Luciani, der «Papst der 33 Tage» (26.8.–28.9. 1978) eingeschlagen hätte, läßt sich nur vermuten, aber es gab durchaus richtungweisende Erneuerungen. Es beginnt mit dem erstmals in der Papstgeschichte gewählten Doppelnamen Johannes Paul I., was sicherlich ein Progamm ankündigen sollte.

Abb. 164. Das Wappen Papst Johannes Pauls II., von dem man gesagt hat, er hätte sich gern nach dem polnischen Nationalheiligen Stanislaw (†1079) genannt, zeigt ein «M» in der Form, wie in Tschenstochau in Jasna Góra die Gegenwart der Madonna angezeigt und verehrt wird. Das M steht unter einem aus der Mitte verschobenen Kreuz (gold bzw. gelb auf blauem Grund). In der offiziellen Auslegung des Papstwappens im Osservatore Romano (12. November 1978) heißt es, das große und majestätische M solle an die Gegenwart der Madonna unter dem Kreuz und an ihren außergewöhnlichen Anteil an der Erlösung erinnern. Die Ehrerbietung gegenüber der Heiligen Jungfrau habe sich schon in der Devise des Kardinals Wojtyla gezeigt: Totus Tuus (Ganz der Deine).

Abb. 165. Während seines ersten Besuchs in der Bundesrepublik traf der Papst am 17. November 1980 auch mit dem Rat der Evangelischen Kirche Deutschlands zusammen. Die Begegnung war gefährdet, da eine anläßlich des Papstbesuchs von der katholischen Bischofskonferenz ausgegebene «Kleine Kirchengeschichte Deutschlands» die Gestalt Martin Luthers in einer – wie es von protestantischer Seite hieß – herabsetzenden Weise behandelt hatte.

Auch wenn der Papst persönliche Dankbarkeit als Grund der Namenswahl angab: Johannes XXIII. habe ihn zum Bischof, Paul VI. zum Kardinal erhoben, so las man eine Absicht für die Amtsführung heraus: So offen und frei wie Johannes XXIII., doch dogmatisch so gezügelt wie Paul VI. Hatte Paul VI. die gewichtige und weltliche Macht ausdrückende Tiara abgelegt, so ging Johannes Paul I. noch weiter: Er verzichtete auf Krönungs- und Inthronisationsfeierlichkeiten und trug seine Reden in Ich-Form vor, wodurch sie einen verbrüdernd-naiven Klang erhielten. Geistige Wendigkeit, gepaart mit einer gewissen Verschmitztheit, mögen ihm, den man den «lächelnden» Papst nannte, eigen gewesen sein. Als Patriarch von Venedig hatte er in einer Zeitschrift monatlich fiktive Pastoralbriefe an Personen der Weltgeschichte publiziert, an Goethe und Mark Twain, an König David und Goldoni, an Quintilian und Andreas Hofer. Sein plötzlicher Tod ließ Gerüchte aufkommen, die um so phantasievoller wucherten, je weiter der Autor vom Vatikan entfernt war.

Das Zweite Vatikanische Konzil und die drei Pontifikate nach den Pius-Päpsten hatten die Voraussetzungen geschaffen für die Wahl des Krakauer Erzbischofs Karol Jozef Wojtyla: wenn man von dem kurzen Pontifikat Hadrians VI. 1522/23 absieht, der erste Nichtitaliener seit 1378. Die Deutung des Doppelnamens Johannes Paul dürfte auch für ihn gelten, doch bei allem Willen zur Fortsetzung hat der Papst aus Polen (der erste slawische Papst der Kirchengeschichte) nicht die Problemsicht seiner in den Namen gezogenen Vorgänger. Ihm fehlt das innere Erlebnis des Zweiten Vatikanischen Konzils, auch wenn immer wieder an seine Beteiligung bei der Abfassung der Pastoralkonstitution «Gaudium et Spes», die Öffnung der Kirche zur Welt, erinnert wird. Seine Starrheit im Anknüpfen an konservative Rechtspositionen des Papsttums ist entmutigend. Andererseits haben seine wirkungsvoll gestalteten Reisen, die er seinem von Krebs und Parkinson geplagten Körper abringt, Kräfte freigesetzt, die dem Katholizismus und dem Christentum zufließen; das erste Jahr seines Pontifikats führte mehr als doppelt so viele Besucher zum Vatikan als das Heilige Jahr von 1975. Wiederholt wird die geradezu charismatische Wirkung des vielsprachigen Papstes hervorgehoben, aber Charisma ist kein Kurs. Woran wird Johannes Paul II. stärker anknüpfen, an die fast bis zur Leichtfertigkeit gehende Ungebundenheit Johannes' XXIII. oder an die dogmatische Strenge Pauls VI.? Viel Paul, wenig Johannes, wie eine Zeitung schrieb? Oder taucht nicht nur mit einer verstärkten Marienverehrung die Ära der Pius-Päpste wieder auf? Wie immer. Der älteste Grundsatz der Papstgeschichte wird unangetastet bleiben: Nichts soll erneuert werden, was nicht überliefert ist. Aber wie ein Kenner der Geschicke des Papsttums es formulierte: über den Pontifikat eines Papstes solle man erst urteilen, wenn sein Inhaber wirklich tot sei. In der Tat: was wäre ein Gregor VII., der vor 1080 gestorben wäre, was ein Pius IX. mit dem Todesjahr 1864? Wesentliches wäre unterblieben. Für einen Papst ist Johannes Paul II., geboren 1920, verhältnismäßig jung erhoben worden, der jüngste Papst seit 1846, seit der Wahl Pius' IX., der als einziger Papst bisher länger als Petrus, länger als ein Vierteljahrhundert, den römischen Bischofsstuhl innehatte (1846–1878). Wer über Johannes Paul II. urteilen will, wird sich Zurückhaltung auferlegen müssen.

Die Weltkirche als «polnisches Modell»?

Man hat wiederholt die Frage gestellt, ob die polnische Kirche ein Modell für die Gesamtkirche abgeben könnte, denn «die katholische Kirche profitiert in Polen von der Tatsache, daß sie gleichzeitig mächtig ist und dennoch von der politischen Macht ferngehalten wird; diesem Umstand verdankt sie, daß sie stark und zugleich unschuldig bleiben kann» (so Paul Thibaud, der Herausgeber der Zeitschrift «Esprit»). Sie sei stark, weil sie Trägerin der Sehnsüchte des Volkes sei, und sie sei unschuldig, weil sie unmittelbare politische Verantwortung nicht zu tragen und sich auch nicht mit ihr zu kompromittieren brauche. Johannes Paul II. unternimmt viele Reisen und spielt jene ambivalente Rolle aus, die in dem «polnischen Modell» steckt: Die an den katholischen Glauben gebundene moralische und lebensgestaltende Macht seines Wortes wird eingesetzt bei gleichzeitiger Abstinenz von politischer Verantwortung. Nicht immer war die Rolle leicht, so z. B. als ihn im April 1983 der damalige «Koordinator» der nicaraguanischen Junta Daniel Ortega bei einem Besuch in Managua mit einer Schmährede gegen die USA geradezu überfiel und der anschließende Gottesdienst durch technische Schikanen und organisierte Lärmtrupps gestört wurde. Der Papst hat die Klagen, Anklagen und Provokationen hingenommen und sich den Vorwurf zugezogen, er sei ohne Verständnis für mittelamerikanische Probleme. Nicht überall ist Polen, nicht überall bilden Kirche und Katholizität ein lebensordnendes und von staatlichen Stellen respektiertes Wesenselement.

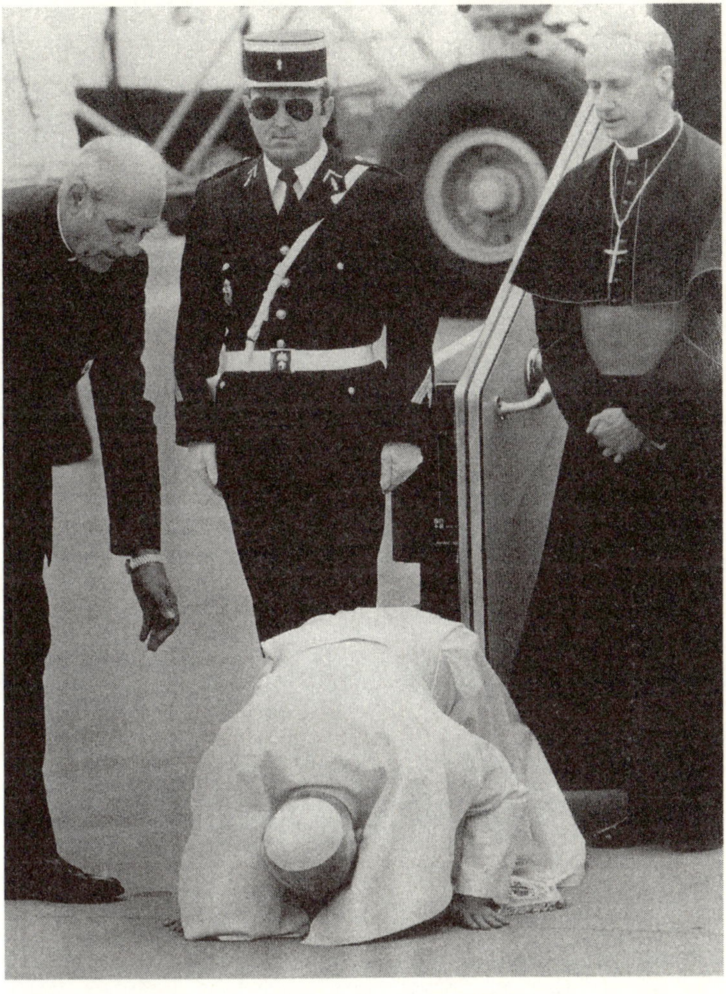

Abb. 166. Johannes Paul II. ließ es sich zum Brauch werden, die Erde des Landes zu küssen, das er besuchte. Seitdem ihn sein körperlicher Zustand am Niederknien hindert, wird ihm eine Schale mit Erde gereicht. – Hier hilft ihm bei seinem ersten Besuch in Frankreich (1980) Erzbischof Paul Marcinkus, ehemals sein Leibwächter, auf, dessen Name mit dem bald in Schwierigkeiten geratenen «Istituto per le Opere di Religione» (s. unten S. 236) verbunden ist.

Abb. 167. Johannes Paul II. wandte sich bei seinem aufsehenerregenden Kuba-Besuch im Januar 1998 gegen die USA, deren Embargo er «ungerecht und ethisch unannehmbar» nannte, denn es schade «den Ärmsten der Armen». Der Máximo Líder Fidel Castro dankte dem Papst für seine Worte, «auch für die, mit denen ich vielleicht nicht einverstanden bin». Der Papst hatte die Wahrung der Menschenrechte angemahnt. Kubanischen Regierungsvertretern ist ein Gnadengesuch mit Namen von politischen Gefangenen übergeben worden, und in der Tat wurden unter Hinweis auf die päpstliche Bitte wenig später Inhaftierte freigelassen. Johannes Paul II.: «Kuba möge sich mit all seinen wunderbaren Möglichkeiten der Welt öffnen und die Welt sich Kuba.»

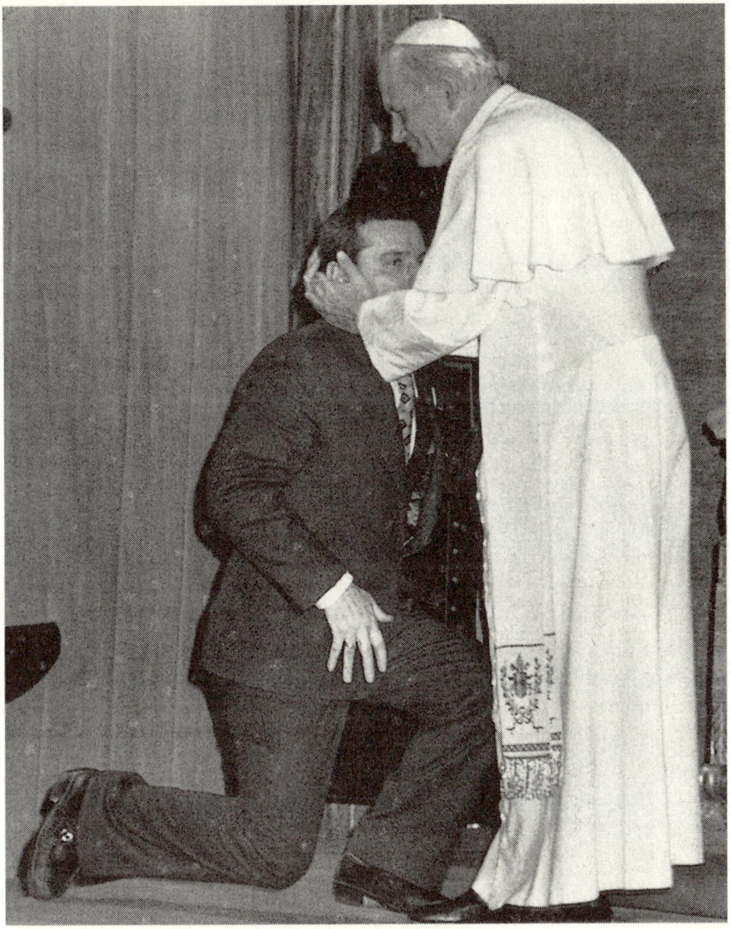

Abb. 168. Im Januar 1981 empfing der Papst den polnischen Arbeiterführer Lech Walesa in privater Audienz; im Oktober 1983 erhielt Walesa vom Norwegischen Parlament den Friedens-Nobelpreis zugesprochen, dessen Medaille er in Tschenstochau bei der «Schwarzen Madonna» niederlegte, der auch der Papst besondere Verehrung entgegenbringt (s. oben Abb. 164). Trotz der verheißungsvollen Anfänge, trotz einer Präsidentschaft des Lech Walesa, hat Polen den vom Papst empfohlenen eigenen «dritten Weg» zwischen Kommunismus und Kapitalismus nicht beschritten. Entgegen der nachdrücklichen Empfehlung des Papstes und der Kirche befürworteten die Polen zum Beispiel eine Liberalisierung der Abtreibungsgesetze: «Die Polen haben mich enttäuscht.»

Ist also der Papst zu polnisch, um mit gleichem Erfolg anderswo wirken zu können? Auch dies ist eine häufig aufgeworfene Frage. Zweifellos bedeutet ein Pole auf dem Stuhl Petri die Erfüllung eines lang gehegten polnischen Traums. Der aus seiner Heimat vertriebene polnische Romantiker Juliusz Slowacki (1809–1849), im heutigen Polen hochverehrt, dichtete im Revolutionsjahr 1848: «Mitten in den Streit / schlägt Gottes Glockenton; / ein slawischer Papst steht bereit; / ihm öffnet er den Thron.» Sieben Mal, so häufig wie in kein anderes Land, ist der Papst nach Polen gereist, und stets versuchte er, seinem Heimatland eine Botschaft zu vermitteln, auch wenn die Folgsamkeit der polnischen Bürger gegenüber der katholischen Kirche nachläßt. Kniend habe der Heilige Vater alle in Polen gehaltenen Reden geschrieben, lautete in den Anfangsjahren ein unter polnischen Katholiken umlaufendes Wort, dessen Pathos heute, nach der Wende, als überhöht angesehen werden dürfte. In den Augen Johannes Pauls II. (der dem Vernehmen nach gern den Namen des Patrons seiner Krakauer Bischofskirche, des heiligen Stanislaus, angenommen hätte) müssen Polen ein Beispiel abgeben für eine glückliche Mischung von Christentum, Staat und Kultur: eine «Speerspitze» im Kampf gegen den Materialismus, gegen eine «Zivilisation von Begierde und Genußsucht», von der die abendländische Welt bedroht sei. Die polnische Optik ist auch in Rom mächtig, vielleicht übermächtig. Radio Vatikan sendet haarscharf abgestimmte Kommentare zu innenpolitischen Vorgängen in Polen, doch haben sie zugleich die Zustände Europas und der Welt im Auge: den Frieden, den Hunger, den Glauben. Mit nicht nachlassender Hartnäckigkeit wird jede Abtreibung als Mord verurteilt, die Pille abgelehnt und der priesterliche Zölibat verteidigt.

Das Attentat

Jeden Mittwochnachmittag hält Papst Johannes Paul II. üblicherweise Audienz auf dem Petersplatz unter freiem Himmel. Am Mittwoch dem 13. Mai 1981 schoß aus einer nicht unbedingt Erfolg versprechenden Position der Türke Mehmed Ali Agca auf den im Jeep segnend vorbeifahrenden Papst und verwundete ihn schwer. Nur die sofortige Einlieferung in die modern eingerichtete Gemelli-Klinik – nicht in das einen Steinwurf entfernte Ospedale S. Spirito, einen musealen Bau aus dem 15. Jahrhundert – hat dem Papst das Leben ge-

Abb. 169. Weihnachten 1983 besuchte der Papst den zu lebenslänglichem Kerker verurteilten Attentäter Ali Agca im römischen Gefängnis Rebibbia.

rettet. Wer war der Täter, wer sind die Hintermänner? Es dauerte einige Zeit, bis der als Mörder eines liberalen Journalisten in seiner türkischen Heimat verurteilte und aus Istanbul entflohene Ali Agca identifiziert war. Der zunächst beharrlich schweigende Attentäter ließ, nachdem er erst einmal zu reden begonnen hatte, eine Flut von Beschuldigungen los, hauptsächlich gegen eine Gruppe Bulgaren, denen man geheimdienstliche Umtriebe und Kontakte zu bedenkenlosen Moskauer Kommandozentralen nachsagte. Jedoch durch eine Reihe erwiesener Falschaussagen hat sich der zu lebenslangem Kerker verurteilte Agca um seine Glaubwürdigkeit gebracht. Das

Dunkel um die eigentlichen Veranlasser und die Hintergründe des Anschlags sind noch nicht erhellt. Ein Jahr nach dem Attentat besuchte Johannes Paul II. das portugiesische Marienheiligtum von Fátima, wo jeweils am 13. der Monate Mai bis Oktober von vielen Gläubigen besuchte Wallfahrten stattfinden. In Erinnerung an den 13., an dem er fast sein Leben verloren hätte, übergab er die aus seinem Körper herausoperierte Geschoßkugel der Rosenkranzmadonna von Fátima und verurteilte in einer öffentlichen Predigt die Abtreibung als Mord.

Von der «Unbeirrbarkeit» des Papstes

Die Kirche hat ihre Strukturen, ihre Organisation, ihren Alltag, und ein Teil des «päpstlichen Geschäfts» besteht in der Steuerung dieses mächtigen Schiffes ohne Landgang und Flaggenschmuck, d. h. ohne Reisen und Fernsehauftritte. Johannes Paul II. ist offenbar kein «Verwalter». Vatikanbedienstete klagen, so heißt es, über wachsende Aktenberge, deren Erledigung von der Entscheidung des Papstes abhängt, der viele Angelegenheiten der normalen Administration an sich gezogen habe und der seine Entscheidungen häufig ohne Experten fälle; der Papst höre vielen zu, spreche mit wenigen und entscheide allein.

Immer noch steht das Papsttum unter dem Druck der Erwartungen, die das Zweite Vatikanische Konzil erzeugt hat. Was wird aus dem Abbau der hierarchischen und primatialen Strukturen? Doch statt z. B. auf die vom Konzil angeregte umfassende Bischofssynode, die freilich ein Hauch von Episkopalismus (s. oben S. 48 f.) umgibt, stützt sich der Papst lieber auf eine Versammlung der Kardinäle: eine Fortsetzung letztlich des auf das 12. Jahrhundert zurückgehenden Konsistoriums der Kardinäle. Ein analoger restaurativer Zug ist auch an dem am 1. Adventssonntag (27. November) 1983 in Kraft getretenen neuen Codex Iuris Canonici ablesbar, der das bisherige, seit 1918 gültige und manche Antiquiertheit bewahrende Gesetzbuch ablöst. Johannes XXIII. hatte 1963 bald nach Eröffnung des 2. Vaticanum eine Kommission zur Revision des Codex eingesetzt, aber die Revision gedieh zu einer Neugestaltung, und der 1977 fertiggestellte Entwurf löste eine Flut von Eingaben aus. Allerdings sollen die Einwendungen, so lautet ein Hauptvorwurf, so gut wie gar nicht berücksichtigt worden sein, und die im Entwurf vorherrschende

Abb. 170. Am 25. Januar 1983 unterschrieb Papst Johannes Paul II. den neuen Codex Iuris Canonici, der den seit 1918 gültigen Codex ablöste, dessen Struktur letztlich noch auf die mittelalterliche Dekretalengesetzgebung zurückgriff. Neben dem polnischen Papst stehen (von links) der deutsche Kardinal Joseph Ratzinger und der venezolanische Kardinal Rosalio José Castillo Lara, der Vorsitzende der Codex-Kommission, die den Text ausgearbeitet hat.

Tendenz sei beibehalten, die Reformvorstöße des Vaticanum wohl aufzunehmen, sie zugleich aber zu entschärfen: Die Rolle der Laien und der Frauen in der Kirche erscheine – schwer verständlich angesichts des katastrophalen Priestermangels – zurückgedrängt; den nichtkatholischen Kirchen sei nicht die Qualität zugestanden, «vielfältige Elemente der Heilung und der Wahrheit» zu enthalten, wie es das letzte ökumenische Konzil verkündet hatte. Reform bedeutet hier wie auf anderen Feldern eine Rückbesinnung auf katholische Traditionen – wie sich häufig Kirchenreformen verstanden haben.

Nur noch ein Papst?

In der berühmten und weitverbreiteten Papstprophetie des Pseudo-Malachias aus dem 16. Jahrhundert ist vom jetzigen Papst bis zum Jüngsten Gericht nur noch ein Papst verzeichnet (s. oben S. 77f.). Sieht es so aus, daß, wie prophezeit wird, der Papst «eine letzte Verfolgung» durchstehen muß, dann ist alles zu Ende? Angesichts des Zusammenbruchs des «real existierenden Sozialismus» und der nachlassenden Kraft des Marxismus wird es kaum von dieser Seite zu «Christenverfolgungen» kommen, auch wenn die sozialistische Idee, die es in gewandelter Form immer gegeben hat, wieder erstarken sollte. Wohl aber kann das Papsttum in Belanglosigkeit versinken.

Johannes Paul II. ist ein Reisepapst, der sich trotz zunehmender Hinfälligkeit keine Pause gönnt, und man kann ihn in die Nähe der hin- und herjettenden Staatsmänner und des Generalsekretärs der UNO rücken: Bei seinem zehnjährigen Amtsjubiläum 1988 zählte man aus, daß er 111 Reisen unternommen habe, davon allein 40 in Länder außerhalb Italiens. Diese Papstreisen sind Alltag, und sie stumpfen sich ab als Instrument der Verkündigung oder werden sogar als Gelegenheit benutzt, die eigene Distanz zu Rom deutlich zu machen. In Korea (Mai 1984), wo nur 5 % der Bevölkerung sich zum Katholizismus bekennen, wurde er als «exotisches Wesen» bestaunt, in Lateinamerika empfand man sein Auftreten als nicht immer glücklich, zumal er den Vertretern der «Befreiungstheologie» ein Zusammentreffen verweigerte, nachdem einem ihrer Repräsentanten, dem Franziskaner Leonardo Boff (1985), «eine Periode gehorsam-unterwürfigen Schweigens» (so der amtliche Text) auferlegt worden war. In den Niederlanden (1985) zeigte die Bevölkerung demonstrativ Desinteresse, der Papst segnete leere Straßen und Leute, die von ihm nicht Notiz nahmen. Die Presse des Landes fand zu solchen Sätzen wie: «Ein herzlicher Willkommensgruß für Papst Johannes Paul II. ist unangemessen» und: «Der Besuch von Papst Johannes Paul II. in der niederländischen Kirchenprovinz hat... das gebracht, was davon zu erwarten gewesen war: nichts.»

Das Papsttum unter Johannes Paul II. steht in der Gefahr, in mehrfacher Weise isoliert zu werden: in der Ökumene, denn die interkonfessionellen Gespräche – in den sechziger Jahren hoffnungsvoll begonnen – sind eingeschlafen, und die Förderung des ultrakonservativen «Opus Dei» ist nicht gerade ein Signal der Öffnung zu an-

Abb. 171/172. Proteste bei Papstbesuchen. Oben: Vom 11. bis 15. Mai 1985 war Johannes Paul II. in Holland, wo nur 40% der Bevölkerung katholisch sind. Der Papstbesuch und selbst provokative Verhöhnungsszenen blieben weitgehend unbeachtet. In Amsterdam erteilte ein junger Mann, als Papst verkleidet und in einem auf das Dreirad montierten Glaskasten, der das «Papamobil» vorstellen soll, Segenswünsche; an der Seite ein Schweizer Gardist, am Heck die niederländische Flagge. Unten: Als «Schwestern der perpetuellen Indulgenzen» (des ständigen Ablasses) verkleidete Demonstranten, Mitglieder eines eigens gegründeten «Anti-Papst-Konzils», verkünden in Berlin beim Besuch des Papstes am 23. Juni 1996 auf Plakaten ihre Parolen.

deren Religionsgemeinschaften; in der katholischen Kirche selbst, denn es ist weder gelungen, die Traditionalisten nach dem Tode des «schismatischen» Bischofs Marcel Lefebvre († 1991) in den Kirchenverband zurückzuholen, noch päpstlichen Verkündigungen hinreichend Zustimmung und Resonanz zu verschaffen. Als der Papst in den Vereinigten Staaten in öffentlicher Predigt die Pille verbot, gaben Tausende von amerikanischen Nonnen durch lautes Murren ihrer Ablehnung Ausdruck. Der hundert Jahre nach «Rerum novarum» 1991 erlassenen Sozialenzyklika «Centesimus annus» wird von katholischen Wirtschaftsethikern vorgeworfen, sie sei mit «viel Unkenntnis der Funktionszusammenhänge moderner Wirtschaften» verfaßt. In der vom Papst vertretenen Theologie entdeckt man eine «Remythologisierung der Bibel», wenn vom «Fürst dieser Welt» und von der geradezu personellen «Anwesenheit Satans in der Geschichte der Menschheit» die Rede ist, und das zu einem Zeitpunkt gesagt, als die Kirche von England die Lehre von der Hölle als antiquiert abtut (s. oben S. 10). So ließe sich fortfahren: Durch Ernennung unerwünschter Bischöfe in Köln, St. Pölten, Chur und anderswo fühlen sich die Ortsdiözesen übergangen, und der Unmut wächst; ein Drittel des französischen Episkopats ist von Johannes Paul II. ernannt worden, und die Blitzkarriere eines Papstfavoriten wie des Pariser Erzbischofs und Kardinals Jean-Marie Lustiger (* 1926), der innerhalb eines guten Jahres (Dez. 1979 bis Jan. 1981) vom Pariser Gemeindepfarrer zum Oberhirten der angesehensten Diözese Frankreichs hochgeweiht wurde, ist symptomatisch, symptomatisch ist aber auch, daß Erzbischof Lustiger, der mit der Öffentlichkeit umzugehen versteht, dem Papst 1997 einen katholischen Weltjugendtag ausrichtete, wie man ihn noch nie erlebt hatte.

Auch in Italien, dessen Diözesenzahl um fast ein Drittel von 325 auf 228 vermindert wurde, scheint das Ansehen des Papsttums zurückgegangen zu sein. Durch das Konkordat von 1984 zwischen dem italienischen Staat und dem Vatikan ist die katholische Kirche eine «freie Kirche im freien Staat», nicht viel anders als die religiösen Minderheiten der Waldenser, Methodisten und Juden, mit denen – wie mit dem Vatikan – der Staat bilaterale Verhandlungen führt. Sowohl in der Ehegesetzgebung wie in der Frage des Religionsunterrichts in der Schule mußte der Vatikan zurückstecken. Es ist keine Frage, daß dem Vatikan die Verwicklung in den Finanzskandal um den Mailänder Banco Ambrosiano ebenso geschadet hat wie die Machenschaften des «Istituto per le Opere di Religione» unter dem von litauischen Eltern abstammenden und aus Chicago kommenden

Erzbischof Paul Marcinkus (* 1922), die dem Vatikan einen Verlust von mindestens 250 Millionen Dollar einbrachten. Das Finanzgebaren des 1990 entlassenen und heute in Florida lebenden Marcinkus bezeichnete der zur Schadensbegrenzung herangezogene Schweizer Bankier Philippe de Weck «reinsten Dilettantismus», der freilich «nicht einfach nur mit Naivität zu erklären» sei.

Dies sind nur Andeutungen, und die düstere Lage ließe sich noch weiter ausmalen. Aber gerade das gehört zur Geschichte des Papsttums: daß durch die Zeiten – mal mehr, mal weniger – von einer schlimmen, ja hoffnungslosen Lage die Rede ist, daß der Stuhl Petri aber dennoch unerschüttert wie der Fels dasteht, den Christus begründet und verkündet hat. Wie beschrieb der junge Jacob Burckhardt 1846 den hinfälligen Papst und seine Lage (siehe oben S. 188)?

> «Aufrecht steht der alte Herr, …
> Ach, du fängst die Welt nicht mehr.»

Und doch hat das damals scheinbar untergehende Papsttum die Welt gefangen, wie wir anderthalb Jahrhunderte später sagen dürfen.

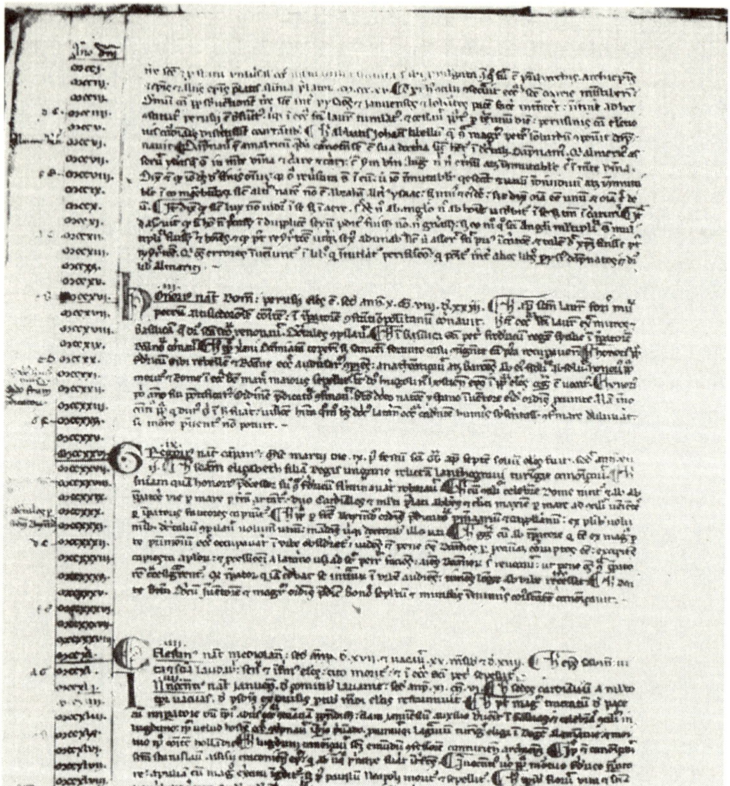

Abb. 173. Das am weitesten verbreitete Handbuch der Papst- und Kaisergeschichte war im Spätmittelalter die Chronik des Martin von Troppau (✝1278); Martin war «fast der ausschließliche Geschichtslehrer für die katholische Welt» (W. Wattenbach). Der Hauptgrund für den Verbreitungserfolg war die tabellarische Anlage; je 50 Jahre Papst- und Kaisergeschichte werden gegenübergestellt. Hier sind es die Jahre 1200 bis 1250 (linke senkrechte Leiste) mit den Päpsten Innozenz III. (bis 1216), Honorius III. (1216–1227), Gregor IX. (1227–1241), Cölestin IV. (1241), Innozenz IV. (1243–1254). Bei modernen Historikern hat diese mechanisch angelegte Chronik keinen guten Ruf: «Keine Spur von Geist oder höherem Schwung, alles dürr und unsäglich ermüdend» (H. Vildhaut). Handschrift, Florenz, Bibl. Naz. Cent., Conv. Soppr. F. 4. 733.

Ein Blick durch die Zeiten
Papstgeschichtsschreibung einst und jetzt*

Die Lage

Papstgeschichten gibt es ohne Zahl: populäre, gelehrte, fromme, aggressive, pornographische, ausführliche, solche, die sich einem einzigen Papst und andere, die sich einer Periode widmen, und es existieren Darstellungen in einem oder mehreren Bänden. Die von der Università Gregoriana herausgegebene einschlägige Zeitschrift für die Papstgeschichte, das seit 1963 erscheinende Archivum Historiae Pontificiae, verzeichnet jährlich 3500 bis 4000 Titel zur Papstgeschichte. Für ein menschliches Hirn ist hier kein Durchkommen mehr. Der folgende knappe Überblick soll lediglich einzelne Abschnitte der Papstgeschichtsschreibung aufzeigen, um den Wandel des Selbstverständnisses der Zeiten anzudeuten: Grundlinien und Etappen. Die Publikationsflut ablaufen lassen, um Grundstrukturen zu erkennen, heißt hier die Devise.

Die Gattung der «Papstgeschichten» ist einerseits alt, andrerseits ein Kind der Neuzeit: alt, denn sie setzt bereits in den ersten Jahrhunderten der Kirchengeschichte ein; jung, weil mit der Reformation und später mit der Aufklärung die Papstgeschichtsschreibung eine neue Qualität gewinnt, eine polemische oder eine apologetische, je nachdem, ob der Autor Nichtkatholik oder Katholik ist, und erst im 19. Jahrhundert wird die Polarität wenn nicht aufgehoben, so doch zumindest gemildert. Wie sich die Einstellung zum Papsttum veränderte, so auch die Quellenlage. Nicht nur daß kirchliche Archive, einschließlich des Vatikanischen, sich öffneten: die Masse der publizierten Texte und Dokumente stieg und steigt ins Unüberschaubare. Dennoch gilt: Die Papstgeschichtsschreibung ist «ein Korrelat zur Bedeutung und Stellung des Papsttums in der Kirche» (H. Tüchle); dieses Zentrum der Beachtung darf durch Stoffhuberei nicht verschüttet werden.

* Dem Kapitel liegt ein Aufsatz zugrunde, der in dem Band «Geschichte und Geschichtswissenschaft in der Kultur Italiens und Deutschlands», herausgegeben von A. Esch und J. Petersen (1989), erschienen ist; dort stehen die näheren bibliographischen Angaben, auf die hier verzichtet ist.

Das Papsttum: ein übernationales Thema

Papstgeschichte war von Anbeginn ein europäisches oder besser gesamtkirchliches Thema, an dem sich Vertreter verschiedener Nationen in gleicher Weise und mit fast austauschbarer Intention beteiligt haben; auch stellte bis in die Neuzeit die gemeinsame lateinische Sprache ein starkes nationenübergreifendes kommunikatives Element dar. Über ganz Europa waren die Papst- und Kirchengeschichten der drei Dominikaner verbreitet, des Franzosen Vincenz von Beauvais († ca. 1264), des mährischen Schlesiers Martin von Troppau († 1278) und des Italieners Tolomeo von Lucca († 1326/27). Martins synchronistisch-schematisch angelegte Papst- und Kaiserchronik stieg mit über 500 lateinischen Handschriften und vielen Übersetzungen (sogar ins Persische) zum Geschichtsbuch des Spätmittelalters auf, freilich mehr ein unterhaltsames Geschichtenbuch, war doch seine Darstellung durch viele Legenden aufgelockert; er sorgte zum Beispiel für die Verbreitung der Mär von der Päpstin Johanna, und der «an einer schmählichen Statt», auf dem Klosett, verschiedene Papst durfte auch nicht fehlen (s. oben S. 87f.).

Seit der frühen Kirche gab es – schon um die Kontinuität der Rechtgläubigkeit zu belegen – Papstkataloge. Porträtserien hielten das Aussehen der Päpste im Bilde fest, wie die zwar stark restaurierte, aber bis in die Antike zurückreichende Galerie von Papstmedaillons in der Basilika S. Paolo fuori le mura (s. oben S. 81 f.). Es gab zudem, von einzelnen Papstbiographien und hagiographischen Berichten abgesehen, den Strang des in vielen Handschriften überlieferten Liber Pontificalis, des Papstbuches, das in Rom seit dem 6. Jahrhundert offiziös von meist unbekannten Autoren geführt wurde und Ende des 9. Jahrhunderts zunächst abbrach. Von keinem Herrscherhof – wenn wir von Ostrom absehen – sind aus dem Früh- und Hochmittelalter Berichte solcher Art bekannt, die die inneren Kämpfe, zuweilen sogar das Ringen hinter den Kulissen meist mehr andeuten als erkennen lassen, wobei zuweilen auch Klatsch und abträgliche Kritik über den Papst nicht ausgelassen sind. In einer Sonderüberlieferung heißt es zum Beispiel von dem sonst als tugendhaft und tatkräftig dargestellten Papst Sergius II. (844–847), er sei ein hinfälliger und gichtkranker Greis gewesen, der Simonie getrieben und Bistümer verkauft habe, verwerflich in Körper und Geist. Der Liber Pontificalis, der sich in ein Nationenschema nicht einpassen läßt,

Abb. 174. Bartolomeo Platina (1421–1481), dessen Biographie nicht so recht zu einem Papstbiographen passen will. In Piadena (daher der Name) im Cremonesischen geboren, war er zunächst Soldat, dann Prinzenerzieher, wurde Apostolischer Abbreviator, doch warf man ihn wegen des Verdachts einer antipäpstlichen Verschwörung ins Gefängnis, wo er Folterungen erdulden mußte. Platina machte für diese Behandlung Papst Paul II. (1464–1471) verantwortlich, den er in seinen Papstbiographien sehr negativ darstellte. Sixtus IV., dem er seine Papstbiographien widmete, ernannte ihn 1475 zum Leiter der neu eingerichteten Vatikanischen Bibliothek. Fresko des Melozzo da Forlì: Platina kniet vor dem sitzenden Papst; sämtliche anderen Personen sind Angehörige der Familie della Rovere, aus der auch der Papst stammt.

blieb das Leitseil und wurde später auf verschiedene Weise bearbeitet und fortgesetzt, so im 12. Jahrhundert vom Kardinaldiakon Petrus von Pisa, von Petrus Wilhelm, Bibliothekar von St. Gilles in der Diözese Reims, vom Kardinal Boso, im 14. Jahrhundert vom Kardinal von Aragon Nikolaus Roselli, vom südfranzösischen Abt Pierre Bohier, der den Papstbiographien belehrende Glossen beifügte, um dem französischen König Karl V. (1364–1380) die Pflichten gegenüber dem Papsttum vor Augen zu stellen, das seit Jahrzehnten eng mit Frankreich verbunden war.

Den Liber Pontificalis und seine verschiedenartigen Fortsetzungen haben, wie man sieht, ausschließlich romanische Autoren gestaltet, und auch die wirkungsvollste Umformung der Papstgeschichte nach humanistischen Sprach- und Wertvorstellungen hat – um von anderen Versuchen abzusehen – ein Italiener, Bartolomeo Platina (1421–1481), vorgenommen. Sixtus IV. (1471–1484) hatte ihn zum Leiter der päpstlichen, der Vatikanischen Bibliothek ernannt und mit der Abfassung einer Geschichte der Päpste beauftragt. Platinas «entrümpelte» Papstgeschichte, die gedruckt bereits 1479 in Venedig zum ersten Mal erschien, trägt den bezeichnenden Titel: «Das Buch über das Leben Christi und aller Päpste» (Liber de vita Christi ac omnium pontificum). Christus als Stifter des Papsttums steht mit einer Lebensbeschreibung an der Spitze der Papstreihe, entsprechend der sich seit Innozenz III. durchsetzenden Vorstellung, daß der Papst Vicarius Christi, nicht bloß Vicarius B. Petri sei. Bis hierher, bis zum Spätmittelalter, hat es eine nationengebundene Papstgeschichtsschreibung kaum und nur in weitgehender Übereinstimmung mit der Amtskirche gegeben.

Der Einbruch der Reformation

Die Reformation veränderte das Bild schlagartig und grundlegend. Der literarische Austausch brach ab; es kam zu einer Polarisierung. Deutsche Protestanten hatten sich darangemacht, das Papsttum als eine evangelienferne Abirrung der Heilsgeschichte hinzustellen, so daß man formulieren konnte, die Papstgeschichte sei «als eigene Gattung der Geschichtsschreibung eigentlich eine Erfindung des Protestantismus» (H. Zimmermann). Papstgeschichte wurde zum Schibboleth für den alten und für den neuen Glauben, denn nirgendwo schieden sich die Geister so kraß wie an der Institution und der Ge-

Abb. 175. Der «Papstesel» war für Luther ein graphisches Kampfinstrument, das ihm der ältere Cranach an die Hand gab. Die Figur leitete sich ab von einer Ende des 15. Jahrhunderts gefundenen antiken Figur. Das drastische Bild des «Papstesels» fand weite Verbreitung. Gott selbst – so Luther – habe dieser Papstfigur, die den Antichrist darstelle, ein «scheußlich, häßlich, greulich» Aussehen gegeben, auf daß «die ganze welt sich dafür entsetze und erzittern muß». Die Cranach-Werkstatt hat den Holzschnitt für Luthers Schrift «Wider das Papsttum zu Rom» des Jahres 1545 hergerichtet.

---

schichte des Papsttums. Dem Protestantismus ging es nicht mehr darum, sittliche Vergehen einzelner Päpste oder überhaupt das Auseinanderklaffen zwischen Tugendanspruch und irdischer Realität zu beklagen, die Sehnsucht nach einem «Engelpapst» (s. oben S. 27 ff.) zu wecken; auch der Beweis der Irrtumsfähigkeit der Petrusnachfolger wurde nicht angestrebt, was früher meist mit Überlegungen verbunden war, wie man die aus einer dogmatischen Abirrung kommende Gefahr abwenden könnte – trotz des Grundsatzes, daß der Nachfolger des Apostels Petrus von niemandem gerichtet werden dürfe.

Der Protestantismus verweigerte dem Papsttum die Anerkennung einer von Gott begründeten heilsmäßigen Einrichtung: «Wider das Papsttum zu Rom, vom Teufel gestiftet» hat Martin Luther († 1546) seine grobe Schrift von 1545 betitelt, der die Werkstatt von Lukas Cranach dem Älteren († 1553) unflätige Kampfbilder beigegeben hat. Schon vorher hatte es ablehnende Stimmen gegen Rom gegeben, aber sie waren vereinzelt, zogen die heilsvermittelnde Rolle des Papsttums nicht in Zweifel und hatten kaum Wirkung: Bereits der

Abb. 176. Flacius Illyricus (1520–1575; als Vlačić in Labin/Istrien geboren, daher der Name), sprachbegabt und von bohrendem Forschungseifer, zugleich jedoch von dogmatischer Starrheit, wollte – im Gegensatz zum elastischen Melanchthon – an einer «reinen Lehre» Luthers festhalten. Sein Catalogus testium veritatis (Basel 1556), mit einem Mitarbeiterstab in Magdeburg erarbeitet, erschließt Quellen und Überlieferungen in einem bis dahin nicht gekannten Maße und ist für viele Schriften das erste gedruckte Zeugnis. Flacius wollte nachweisen, daß die wirklichen «Wahrheitszeugen» sich außerhalb der Amtskirche bewegten und Luthers Lehre den richtigen Weg weise.

Normannische Anonymus um 1100 machte geltend, daß Jerusalem – nicht Rom – ein bevorzugter Ort sein müßte; von dort, wo der Herr gelebt habe und gestorben sei, könne man Christi Gebot eher erwarten als vom Bischof von Rom. Marsilius von Padua († 1342/43) stellte nicht nur die Verankerung des päpstlichen Primats in der Heiligen Schrift in Frage, sondern hielt es sogar – übereinstimmend etwa mit der Auffassung des protestantischen Kirchenhistorikers K. Heussi († 1961) aus letzter Zeit (Die römische Petrustradition in kritischer Sicht, 1955) – für unbewiesen, «daß Petrus je in Rom gewesen sei»; den Papst machte er zu einem von den Bürgern zu wählenden Funktionär, für den man die Einsetzungsworte Christi in einer an Rom gebundenen Form eigentlich nicht benötigte. Wilhelm von Ockham († 1347/50) bestritt die kirchliche Omnipotenz des Papstes, wie es ähnlich die Konziliaristen taten (s. oben S. 50 ff.).

Aber das Papsttum als Schöpfung irdischer Lüge, die Schädlichkeit des Amtes – das predigten, zumal mit der Folge der Trennung von der römischen Papstkirche, erst Luther und der Protestantis-

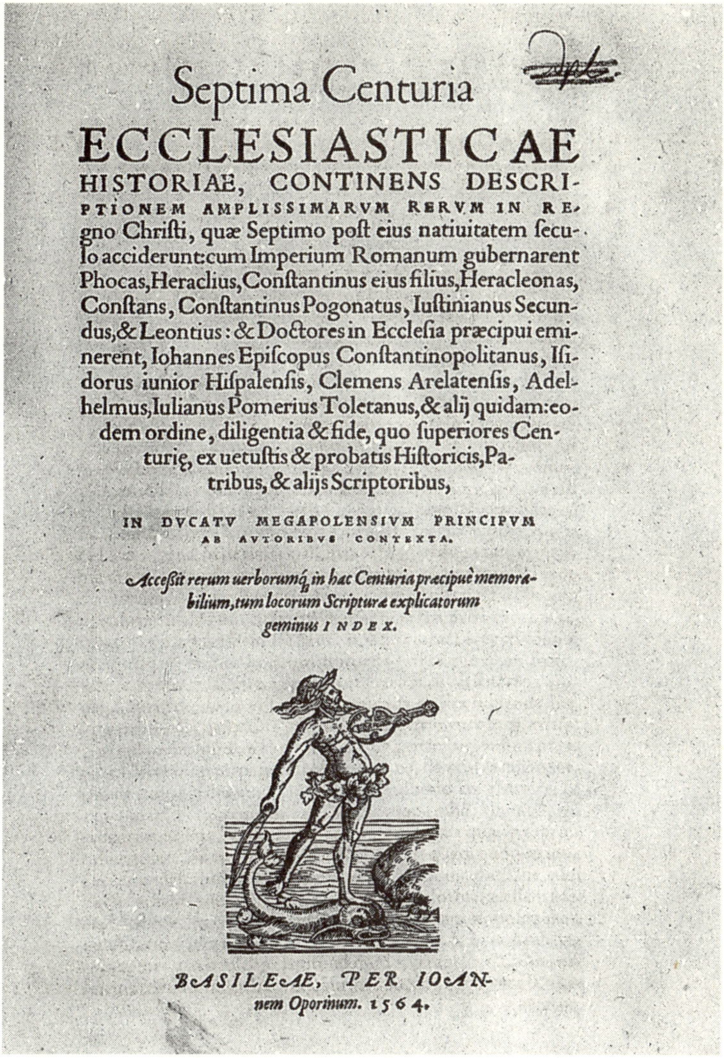

Septima Centuria
ECCLESIASTICAE
HISTORIAE, CONTINENS DESCRI-
PTIONEM AMPLISSIMARVM RERVM IN RE-
gno Chriſti, quæ Septimo poſt eius natiuitatem ſecu-
lo acciderunt: cum Imperium Romanum gubernarent
Phocas, Heraclius, Conſtantinus eius filius, Heracleonas,
Conſtans, Conſtantinus Pogonatus, Iuſtinianus Secun-
dus, & Leontius: & Doctores in Eccleſia præcipui emi-
nerent, Iohannes Epiſcopus Conſtantinopolitanus, Iſi-
dorus iunior Hiſpalenſis, Clemens Arelatenſis, Adel-
helmus, Iulianus Pomerius Toletanus, & alij quidam: eo-
dem ordine, diligentia & fide, quo ſuperiores Cen-
turię, ex uetuſtis & probatis Hiſtoricis, Pa-
tribus, & alijs Scriptoribus,

IN DVCATV MEGAPOLENSIVM PRINCIPVM
AB AVTORIBVS CONTEXTA.

*Acceßit rerum uerborumq; in hac Centuria præcipuè memora-
bilium, tum locorum Scripturæ explicatorum
geminus INDEX.*

BASILEAE, PER IOAN-
nem Oporinum. 1564.

Abb. 177. Was im Catalogus testium veritatis angedeutet ist (s. oben S. 244), sollte die Kirchengeschichte «gemäß Jahrhundertschaften» der Magdeburger Zenturiatoren aus den Quellen belegen. Erschienen sind 13 Centurien, die folgenden 14–16 blieben Manuskript. Wiedergegeben ist das Titelblatt des 7. Jahrhunderts, gedruckt in Basel bei Johannes Oporinus (Herbster; 1507–1568), der für die Schönheit seiner Bücher berühmt war.

mus. Papstgeschichte war den Protestanten ein Mittel, den niederträchtigen Weg des Bischofs von Rom zu seiner Jurisdiktionsfülle und zu seinem verwerflichen irdischen Reichtum darzustellen. Das Papsttum wurde nicht bloß deshalb abgelehnt, weil es für einen Glauben, der sich allein auf die Heilige Schrift stützt, überflüssig erschien; von ihm ging Gefahr für das Seelenheil aus. Flacius Illyricus (1520–1575) und die Magdeburger Zenturiatoren – benannt nach Centurien, nach der Jahrhunderteinteilung ihres Werkes – sahen im «Beweisen» des Anwachsens des Bösen im Papsttum einen Hauptzweck ihrer Historia ecclesiastica; der Wille, das Papsttum als ein Produkt aus Betrug und Lüge zu erweisen, schärfte den kritischen Sinn. Geschichte des Papsttums war hier die Geschichte seiner Enthüllung. Gottes Kirche liegt außerhalb der päpstlichen Amtskirche.

Die katholische Antwort

Den Zenturiatoren antwortete auf katholischer Seite, nachdem ein gewisser Schock überwunden war, umfassend Caesar Baronius (1538–1607) mit seinen «Kirchlichen Jahrbüchern», seinen Annales ecclesiastici, und dieses kontroverse Wechselverhältnis sollte die protestantisch-deutsche und katholisch-italienische Kirchen- und Papstgeschichtsschreibung für die nächsten Jahrhunderte bestimmen. Italien war und blieb – ungeachtet zunehmender Laisierung und mancher antiklerikaler und sogar antikatholischer Strömungen – weitgehend ein katholisches Land. Italien stellte, wenn man von einem kurzen Zwischenspiel absieht, von 1378 bis 1978 die Päpste, und es sei daran erinnert, daß bis 1984 der Katholizismus Staatsreligion war: Der Staat war gehalten, Aktionen, die dem Papst und dem römisch-katholischen Glauben abträglich waren, mit rechtlichen Mitteln entgegenzutreten. Der Index librorum prohibitorum, das «Verzeichnis der verbotenen Bücher», hatte noch in seiner letzten Ausgabe von 1948, um nur ein Beispiel zu nennen, die Lektüre von Kants «Kritik der reinen Vernunft» verboten.

Johannes Haller (1865–1947), der Papsthistoriker, will bemerkt haben, daß die Deutschen, auch die deutschen Katholiken, «im Vatikan nicht sonderlich beliebt waren». «Man hatte den Eindruck», so schreibt Haller in seinen Erinnerungen (erschienen 1960) über seine Eindrücke um die Jahrhundertwende, «Deutschland sei für viele und

Abb. 178. Der bescheidene Oratorianer Caesar Baronius lebte ganz seiner Gelehrsamkeit. Seine 12 Bände «Kirchliche Jahrbücher» (Annales ecclesiastici) reichen bis 1198 und verstehen sich als Antwort auf die Darstellung der Zenturiatoren. Er genoß die Förderung durch Clemens VIII. (1592–1605), der ihn zum Beichtvater erkor, zum Kardinal erhob (1596) und zum Leiter der Biblioteca Vaticana ernannte (1597). Im Konklave nach dem Tod Clemens' VIII. scheiterte seine Wahl am Widerspruch der spanischen Partei. Sein Werk wurde mehrfach nachgedruckt und fortgesetzt; die nicht wenigen Fehler und Versehen – angesichts des Riesenstoffes kein Wunder – haben die beiden Pagi, Onkel († 1699) und Neffe († 1722), in kritischen Ausgaben zu beheben versucht.

---

maßgebende Stellen der Kirchenregierung ein für alle Male belastet mit dem Andenken an den Abfall im 16. Jahrhundert, der das Zeichen gab zum Zusammenbruch der päpstlichen Weltmacht. Das ist nicht verziehen worden, Deutschland war und ist das Land der Reformation, das Vaterland Luthers.» Dies mehr als Aperçu. Aber auch der Handschriftenforscher Hermann Pabst († 1870), ein strammer Preuße freilich, wußte 1870 über seine Arbeiten in Rom nach Berlin zu berichten, daß es von kirchlichen Oberen den «strengsten Befehl» gegeben habe, «den Deutschen, welche ‹die italienischen Bibliotheken überschwemmten, die Codices verdürben, der Geistlichkeit den Ruhm der Arbeit wegnähmen und die Ergebnisse derselben schließlich noch gegen die heilige Kirche richteten›, nicht das Geringste mehr zu zeigen.» In dieser Atmosphäre wurde sogar dem berühmten Geschichtsschreiber der Stadt Rom Ferdinand Gregorovius (1821–1891) in der Vatikanischen Bibliothek die Einsicht in «gewisse Handschriften» verwehrt; Gregorovius glaubte, wie er im Tagebuch notierte, ein «boshaftes Lächeln» des Skriptors wahrzunehmen. Im allgemeinen aber herrschte Großzügigkeit, sonst hätten Haller nicht sein Papsttum, Gregorovius nicht seine Geschichte der Stadt Rom schreiben und Pabst nicht seine Handschriften benutzen können.

Für die Geschichtswissenschaft und speziell die Papstgeschichte bedeuteten die protestantische Kritik und die herausgeforderte katholische Überprüfung eine neue Stufe. Nicht mehr Darstellungen waren gefragt, die sich auf ein nach allgemeiner Überzeugung dogmatisch abgesichertes Überlieferungsmaterial stützten, sondern eine kritische Aufarbeitung der gesamten Tradition. Es wäre nun eine eigene Aufgabe, die Behandlung einzelner Quellenkomplexe, die feste Bestandteile einer Geschichte der Päpste und des Papsttums bilden, in diesem Wechsel aufzuzeigen.

Der Beweis, daß die Konstantinische Schenkung – Stütze der irdischen Macht des Papstes und des Kirchenstaates – eine Fälschung sei, war schon im 15. Jahrhundert und nicht nur von Lorenzo Valla († 1457) vorgebracht worden, aber es war mehr Vallas Name, der für eine gewisse Verbreitung sorgte, als der Gegenstand, und politisch blieb die Schrift ohne Einfluß. Erst Hutten und Luther haben für Verbreitung dieses Urteils und sozusagen für seinen Vollzug gesorgt. Auf katholischer Seite wehrte man sich; so behaupteten Augustinus Steuchus († 1548) und einige altgläubige Gelehrte die Herkunft der Konstantinischen Schenkung aus dem Griechischen, und selbst Baronius ist dieser Meinung beigetreten: Den Griechen – nicht Rom und päpstlichen Helfern – sei dieser Betrug anzulasten.

Ein anderes Beispiel: die Magdeburger Zenturiatoren haben die Unechtheit der frühen und den römischen Primat stützenden Papstdekretalen zu erweisen gesucht, die angeblich ein Isidor Mercator zusammengestellt hat. Der Nachweis war insofern nicht einfach, als das Werk des Isidor Mercator von den mittelalterlichen Juristen gleichsam in Einzelabschnitte aufgelöst worden war. Gratian (um 1140) hatte in seinem Dekret, das als Teil des Corpus Iuris Canonici bis 1918 in Kraft blieb, etwa 10% seiner 4000 Kapitel aus diesen falschen Papstdekretalen bezogen. Einer der Beweisgründe, die Unechtheit der im 9. Jahrhundert gefälschten Dekretalen des erfundenen Isidor Mercator anzunehmen, war für die Magdeburger Zenturiatoren das Vorkommen späterer Papstbriefe in angeblich frühkirchlichen. Umgekehrt versuchte nun der spanische Jesuit Francisco Torres († 1584), ein Mitglied der für eine Neuausgabe des Corpus Iuris Canonici eingesetzten Kommission, den Echtheitsbeweis dadurch zu erbringen, daß er die späteren Dekretalen aus älteren Schriften abzuleiten suchte. Die Nachweise der Zenturiatoren blieben zu einem guten Teil erhalten, aber eben zu einem gegenteiligen Schluß gewendet. Mindestens fünf Auflagen hat Torres' umfangreiches Werk «Gegen die Magdeburger Zenturiatoren für ... die päpstlichen Dekretalen» in der Zeit von 1572 bis 1604 erlebt, und es provozierte den reformierten Prediger David Blondel († 1655) zu einer überaus scharfsinnigen und in vieler Hinsicht bis heute gültigen Quellenanalyse: «Pseudoisidor und Torres, die Prügelknaben» (Pseudo-Isidorus et Turrianus vapulantes, Genf 1628). Ernsthaft konnten die pseudoisidorischen Dekretalen nicht mehr als echt angesehen werden; ernsthaft konnten sie nicht mehr als Stützen päpstlicher Jurisdiktion angeführt werden, auch wenn sie in romfreundlichen Publikationen bis ins 20. Jahrhundert auftauchen.

Die kritische Sichtung und Sicherung der Tradition

So ließe sich fortfahren: Für die Geschichte des Papsttums und der katholischen Kirche wichtige Quellenbereiche wurden kritisch durchgesehen, und es gab durchaus altgläubige Gelehrte, die scharfsinnige und im Sinne der Amtskirche traditionsschädliche Analysen der Überlieferung vorlegten, zum Beispiel eben die Fälschungstatsache der pseudoisidorischen Dekretalen bestätigten, wie der quellenkundige und durch ein selbständiges Urteil ausgezeichnete Antonio Agustin (1517–1568). Aber der analytische Drang, zumindest die Bekanntgabe mancher dem katholischen Traditionsgut abträglicher Forschungsergebnisse war gezügelt.

Um ein Beispiel anzuführen: Ein von Robert Bellarmin (1542–1621) erstelltes Gutachten über die pseudoisidorischen Papstdekretalen ist nicht erschienen. Bellarmin hatte bereits in seinen «Controversiae» 1586 eingeräumt, daß diese Papstbriefe «nicht unbezweifelt» seien, aber noch nicht direkt von Fälschung gesprochen. Wenig später, um 1589, scheint man im Rahmen der von Kardinal Antonio Carafa betriebenen Ausgabe der Papstbriefe (Epistolae decretales summorum pontificum, 3 Bände, Rom 1591) an Bellarmin herangetreten zu sein und ihn um ein Gutachten gebeten zu haben. Bellarmin kam bei seiner Prüfung zu dem Ergebnis, «daß die Briefe der Päpste ... vom heiligen Clemens bis Siricius unterschoben seien» (epistolas Summorum Pontificum ... a sancto Clemente usque ad

Abb. 179. Der Jesuit Robert Bellarmin war der führende Kontroverstheologe um 1600. Auf ihn gehen eine Reihe historischer Wertungen zurück, zum Beispiel die Definition und Festlegung der Ökumenischen Konzile von Nikäa (325) bis Trient (1545–1563); mit seinen Katechismen ordnete er das katholische Glaubensgut. 1930 wurde er heiliggesprochen, seit 1931 zählt er zu den Kirchenlehrern. Es war nicht nur sein unbedingter Papstgehorsam, sondern auch eigene Überzeugung, daß er 1599 an der Verurteilung Giordano Brunos zum Feuertod Anteil hatte; 1616 überbrachte er Galileo Galilei die Zurückweisung der kopernikanischen Lehre, nahm jedoch mildernden Einfluß auf den Prozeß. Aus den Nachlaßpapieren Bellarmins wird ein durchaus kritischer Sinn deutlich.

Siricium supposititias esse). Die von ihm vorgebrachten Gründe nehmen in nicht wenigen Punkten die Argumentation David Blondels vorweg und stellen in ihrer nüchternen Unbeirrbarkeit und Präzision die von Polemik überladenen flüchtigen Ausführungen der Zenturiatoren in den Schatten. Gegen Bellarmins Urteil sind die falschen Briefe der frühen Päpste bis Siricius dennoch in die Carafa-Ausgabe aufgenommen worden, als wären sie echt. Erst 1913, als handschriftliche Texte des Bellarmin-Nachlasses durchgesehen und publiziert wurden, trat der Sachverhalt zutage. Es stellt sich die Frage, weshalb Bellarmins Votum nicht erschienen ist. Die Antwort liegt nahe, daß den Protestanten keine Waffen gegen die eigene Tradition an die Hand gegeben werden sollten.

Doch was immer der Grund für das Zurückhalten des Bellarminschen Gutachtens gewesen sein mag: wenige Jahrzehnte später setzte eine kritische Aufarbeitung verschiedener Quellenbereiche ein, vornehmlich betrieben von Ordensangehörigen. Der Hagiographie nahmen sich die Jesuiten um Jean Bolland († 1655) mit ihren Acta Sanctorum, den «Heiligenakten», an, deren erster Band 1643 herauskam; die nach Jean Bolland benannten «Bollandisten» sind in Brüssel noch heute auf diesem hagiographischen Felde tätig. Die Diplomatik, die Urkundenlehre, begründete der Benediktiner Jean Mabillon († 1707) mit seinen «De re diplomatica libri sex», erschienen 1681. Die frühen Papstbriefe gab der Benediktiner Pierre Coustant († 1721) heraus. Hinzu kamen kritische Editionen von Kirchenväterschriften. Dieser kritische Eifer trieb freilich auch seine Blüten. So behauptete der hochgelehrte Jesuit Jean Hardouin († 1729), bekannt als verdienstvoller Konzilienherausgeber, die antike Literatur sei eine spätmittelalterliche Erfindung. Der Argwohn der Orden untereinander ließ auch manche moderne Fiktion auffliegen; die sogenannten Papstprophetien des Malachias (s. oben S. 74ff.), erst 1590 in Benediktinerkreisen komponiert, wurden von den Bollandisten entlarvt. Der Quellenstoff wurde kritisch bearbeitet, aber es entstanden bis zum 19. Jahrhundert auf katholischer Seite – abgesehen von panegyrischen Huldigungen – keine nennenswerten umfassenden Darstellungen, wenn man von dem mehr statistischen «Versuch» des Jesuiten Daniel Papebroch († 1714) absieht, so etwas wie ein Gerüst der Papstgeschichte zustande zu bringen: «Chronologisch-historischer Versuch für ein Verzeichnis der Päpste» (Conatus chronico-historicus ad catalogum Pontificum, 1685).

Protestantische Besinnung

Auf protestantischer Seite wurde, wenn es nicht um Papstgeschichte in polemischer Absicht ging, die Linie, wie sie Flacius Illyricus vorgezeichnet hatte, weiterverfolgt: zu zeigen, daß die wahren Glaubensträger außerhalb der päpstlichen Amtskirche zu finden seien. Für eine Geschichte der Päpste bestand hier kein Bedarf, eher für den Versuch, den von Rom unterdrückten Glaubenslehren nachzugehen, wie es Gottfried Arnold in seiner «Unpartheyischen Kirchen- und Ketzerhistorie» (1699–1700) getan hat, die Vater Goethe in drei Ausgaben in seiner Bibliothek stehen hatte und von der sich Sohn Wolfgang in seiner Vorstellung ungebundener Religiosität beeinflussen ließ. Die Aufklärung wirkte, trotz ihrer glaubensfeindlichen Komponente, entkrampfend; die Religiosität als Teil der menschlichen

Existenz wurde sichtbar, und protestantische Professoren machten sich daran, «Entwürfe» und «Pläne» zur Geschichte der römischen Päpste vorzulegen, wie es der Göttinger Christian Walch (1726–1784) und der Tübinger Johann Friedrich Gaab (1761–1832) taten. Aber diesen Versuchen und ihren Autoren fehlte meist der konsequente Wille und wohl auch die Fähigkeit zu umfassender und kritisch aus den Quellen geschöpfter Darstellung.

Immerhin hatte an der, wie es der Heidelberger Theologe Heinrich E. G. Paulus (1761–1851) umschrieb, «nach Mäßigung strebenden Universität Göttingen» Ludwig Timotheus Spittler (1752–1810) Ende des 18. Jahrhunderts Vorlesungen über Papstgeschichte «mit dem guten Vorurtheil der Unpartheilichkeit» gehalten, die Jahrzehnte später (1826/1828) von Schülern für wert befunden wurden, herausgegeben zu werden, ebenso wie seine «Geschichte der Hierarchie von Gregor VII. bis auf die Zeiten der Reformation» (1828). Wichtigen Anteil an einer positiveren Bewertung des Papsttums hatte vor allem Johannes von Müller (1752–1809) mit seinem kleinen Buch «Reisen der Päpste» (1782); er sah die Päpste bei häufig körperlicher Schwäche, aber mit geistig-geistlicher Größe und mit Hingabe Barbaren entgegentreten und Gefahren für das Abendland abwenden: gegen Hunnen, Langobarden, Franken, nach Paderborn, nach Canossa, nach Frankreich, aber es ist doch bezeichnend, daß der reformierte Schweizer Protestant, von dem wiederholt der Übertritt zum Katholizismus erwartet wurde, es für angebracht gehalten hat, seine Schrift zunächst anonym hinausgehen zu lassen.

Leopold Rankes Papstgeschichte als Ereignis

«Es gibt und gab nie auf dieser Erde ein Werk menschlicher Staatsklugheit, welches unseres Studiums ebenso wert wäre wie die katholische Kirche...» Der aufmerksame Leser dieses Buches kennt die Worte; sie stehen an seinem Anfang (s. oben S. 15) und sind 1840 vom englischen Politiker und Historiker Thomas Macaulay († 1859) niedergeschrieben. Zahlreiche moderne Papstgeschichten haben dieses einprägsame Zitat wiederholt (zuweilen ohne es zu kennzeichnen), und doch ist es nur ein Echo. Diese Sätze hat Macaulay in seine ausführliche Rezension eingerückt, die er 1840 in der Edinburgh Review über die englische Ausgabe von Leopold Rankes «Die römischen Päpste in den letzten vier Jahrhunderten» veröffentlichte. So

Abb. 180. Äußerlich war Ranke von nicht imponierender Gestalt; es war und ist das Werk, das wirkt. Theodor Fontane nannte ihn einen «kleinen, beweglichen, immer lachenden Dreikäsehoch», und der stets zu Gehässigkeiten aufgelegte Ferdinand Gregorovius beschrieb ihn als «ein kleines Männchen mit einem leise markierten Buckel». Sein mündlicher Vortrag mit einer dünnen Stimme war nicht beeindruckend, aber seine auf den Kern gehende Urteilsfähigkeit, zugleich seine schriftstellerische Gestaltungsgabe waren kaum überbietbar. «Aus der Fülle des Stoffs wußte er stets das Charakteristische herauszufinden. Welchem Historiker ist es nicht schon begegnet, daß er sich um die Darstellung des geistigen Gehalts einer Epoche in hingebendster Arbeit bemüht hat, um dann zu finden, daß bei Ranke auf wenigen Seiten alles Wesentliche bereits gesagt ist!» (A. Harnack). Und gerade Rankes Papstgeschichte gilt als «sein Meisterwerk» (F. Baethgen).

---

lautet der Titel des Rankeschen Frühwerks von der 6. Auflage (1874) an; erschienen war es unter der schlichten umschreibenden Überschrift «Die römischen Päpste, ihre Kirche und ihr Staat im 16. und 17. Jahrhundert» (1834–1836). Bereits 1840, wenige Jahre nach Erscheinen des dritten und letzten Bandes, kam eine vollständige englische Übersetzung heraus, hervorragend besorgt von Sarah Austin (1793–1867), und unter dem Eindruck von Rankes Papstgeschichte («Professor Ranke has thrown far more light than any other person who has written on it») findet der Nichtkatholik Macaulay diese bewundernden Worte über das Papsttum.

Rankes Papstgeschichte wird von nicht wenigen als das größte Ereignis der Papstgeschichtsschreibung seit der Reformation bis heute aufgefaßt; sie habe die konfessionelle Verkrampfung zu einem Teil aufgehoben und «bewirkte», wie der katholische Kirchenhistoriker Hermann Tüchle (1905–1986) befand, «eine wahre Umwandlung in der Beurteilung der katholischen Kirche». Dabei sollte das Werk ursprünglich nur ein Kapitel «Papsttum» für die von Ranke begonnene Bandreihe «Fürsten und Völker von Süd-Europa» abgeben, und der anfangs gewählte Titel («Die römischen Päpste, ihre Kirche und ihr Staat») deutet das Konzept noch an. Das Thema hatte an Eigenständigkeit gewonnen, je mehr Ranke, der im protestantischen Thron- und Altarverständnis aufgewachsen war, die katholische Papstkirche mit ihren übergreifenden Strukturen und mit ihrer heilsvermittelnden Ausstrahlung wahrnahm, die sich nicht einem beliebigen Fürstenhof und den von diesem beherrschten Völkern gleichsetzen ließen. Sein theologisch geschulter Blick, dem die altprotestantische Enge nicht behagte, war frei für eine Bewunderung eines aus dem Glauben gestalteten Machtgebildes. «Unzweifelhaft ist», so schrieb Ranke: «es sind immer Kräfte des lebendigen Geistes, welche die Welt... von Grund aus bewegen». Ranke öffnete sich katholischen Überzeugungen so verständnisvoll, daß das Gerücht aufkommen konnte, er neige der Konversion zu. Doch sein dogmatisch nicht starr festgelegter Protestantismus blieb unerschüttert, zumal seine Bewunderung für die römische Kirche nicht so weit ging, das, was einem protestantischen Auge als Abirrung erschien, nicht wahrzunehmen.

Zur respektvollen Behandlung des Papsttums, zur sprachlichen Könnerschaft, zum psychologischen Einfühlungsvermögen, zur Weite des Blicks und was immer sich über Rankes Darstellungskunst sagen ließe, kommt seine besondere Fähigkeit der Quellenauswertung, über die er verfügte, ohne in der damals aufkommenden historisch-philologischen Methode geübt oder ausgewiesen zu sein oder eine Textedition versucht zu haben.

Zeitig war es Ranke klar geworden, daß eine gründliche Darstellung sich mit dem gedruckten Material nicht zufriedengeben konnte; andererseits waren ihm die zentralen päpstlichen und geistlichen Archive nicht nur in Rom und Italien verschlossen. Er umstellte gleichsam das römische und das von Rom ausgehende Geschehen, indem er seine Informationen hauptsächlich aus allgemein zugänglichen und aus privaten Archiven und Bibliotheken bezog; wichtig waren ihm am Anfang seiner Recherchen jene 46 Quartanten «Informazioni politiche» der venezianischen Gesandten von der Mitte des 16. bis zur Mitte des 17. Jahrhunderts, die in der königlich preußischen Bibliothek in Berlin lagerten. Hierher, an die Berliner Universität, ist Ranke im Frühjahr 1825 berufen worden. Es waren später – 1828 bis 1831 –, nach Wien, Florenz und Venedig, die römischen Bibliotheken und Archive der Altieri, Albani, Barberini, Chigi, Corsini, die Biblioteca Vallicelliana, um nur einige zu nennen, wo er häufig aus indirekten Quellen – aus solchen, an denen päpstliches Wirken und kuriale Tätigkeiten sich ablesen ließen – seinen Stoff sammelte und seine Schlüsse zog, «von seiner einzigartigen Gabe geleitet, das Neue und Wesentliche gleichsam im Fluge zu erfassen» (F. Baethgen).

Die europäische Resonanz und die gespaltene Aufnahme in Italien

Im Rückblick können wir ermessen, wie groß die Wirkung von Rankes «Päpsten» in ihrer Zeit gewesen ist. Schon die an manchen Stellen zu poetischer Höhe sich aufschwingende Sprachkraft zog viele Leser in den Bann, und es will etwas heißen, wenn der alternde Jacob Burckhardt (1818–1897) einem Freunde gestand, daß er «Rankes Päpste schon in (seinen) Studentenjahren (verschlungen) und stellenweise auswendig (gewußt habe)«. Burckhardts Bemerkung bezieht sich auf die Jahre um 1840 und ist zugleich ein Indiz für die Art der Aufnahme des Werkes, das damals so etwas wie eine europäische Rezeption erfuhr.

Von 1840 bis 1851 erschienen vier verschiedene englische Übersetzungen und diese wiederum in mehreren Auflagen. Bereits zwei Jahre nach Rankes zweitem Teil, einem Doppelband (1836), gab es eine französische Fassung, später folgten weitere: russische, ungarische, um bei den ersten Jahrzehnten zu bleiben. Italien stand nicht abseits, aber die politische und geistige Situation des Landes – katholischer Doktrinarismus hier und laizistisches Risorgimento dort – brachte merkwürdige Schöpfungen hervor: Am 16. September 1841 waren Rankes Päpste auf den Index der verbotenen Bücher gesetzt worden. «Romani Pontifices, eorum Ecclesia, eorumque dominium saeculis XVI et XVII», wie das Werk in der etwas hölzernen lateinischen Übersetzung hieß. Soweit sich die Argumente erkennen lassen, die zur Indizierung führten, war es neben dem Vorwurf protestantischer Gesinnung, die dem Papsttum den Rang einer übernatürlichen Institution verweigere, die Behandlung des Jesuitenordens und ihres Stifters, die die Hauptgründe zur Zurückweisung abgaben. Man möchte es deshalb nicht für ausgeschlossen halten, daß vornehmlich von jesuitischer Seite auf eine Indizierung des Werkes hingewirkt wurde. Wie sehr das Werk trotz Leseverbot auf historisch interessierte Katholiken Eindruck machte, zeigt die Haltung König Ludwigs I. von Bayern (1825–1848), der sich vom Erzbischof von München-Freising förmlichen Dispens einholte, Rankes «Römische Päpste» lesen zu dürfen.

In Italien aber verhinderte der Platz auf dem Index nicht, daß der neapolitanische Schriftsteller und Journalist Emanuele Rocco (1811–1892) 1862 – ein Jahr, nachdem Neapel dem neuen Königreich Italien einverleibt worden war – eine zweibändige italienische Übersetzung herausgebracht hat, der ein Vorwort und ein Kommentar des Franzosen Alexandre de Saint-Cheron beigegeben waren. De Saint-Cheron hatte 1837 Rankes Darstellung als Beispiel genommen, um zu zeigen, wie sehr sich der drangsalierende politische Geist Preußens, das in brutalem Zugriff soeben den Erzbischof von Köln Droste zu Vischering interniert hatte, vom historisch-literarischen eines Ranke unterscheide. Die damalige französische Übersetzung mit der Einleitung und den Noten wird auch jetzt noch für so interessant gehalten, daß man sie 1986 nachdruckte.

In Rom selbst war das Urteil über Rankes Werk gespalten. Obwohl es den verbotenen Büchern zugeordnet war und obwohl schon 1840 in einer römischen Zeitschrift von Ranke und seinem «Geist protestantischer Bosheit» die Rede war, sprach sich Mons. G. Grassellini (1796–1875) 1841 in der römischen Accademia di Religione cattolica durchaus anerkennend über die Quellenarbeit nichtrömischer Erforscher des Papsttums aus, die ihre Mitbrüder zu einer «wahrheitsliebenden» Geschichtsbetrachtung zurückzurufen sich bemühten. Rankes Name wird in diesem Vortrag, der am selben Tag gehalten wurde, als sein Werk einen Platz auf dem Index erhielt, in einem Atemzug genannt mit dem zum Katholizismus konvertierten Friedrich Hurter (1786–1865), der umfangreich den Pontifikat Innozenz' III. dargestellt hatte, und dem englischen Katholiken John Lingard (1771–1851), einem Vorkämpfer für die bürgerlich-rechtliche Gleichstellung der Katholiken in Großbritannien. Grasselini, der seine Ausführungen 1842 in derselben Zeitschrift publizierte, in der zwei Jahre früher der massive Angriff auf Ranke erschienen war, sieht das Proprium dieser Forscher nicht unbedingt in der Konfession, sondern in dem nichtrömischen Standort und fordert nach so viel Quellenarbeit zu einer Darstellung der wahren Größe des Papsttums auf, das dank der göttlichen Vorsehung durch die Geschichte als makellose Institution bestanden habe. Geschichtsschreibung bestätigt, was man ohnehin weiß.

Aufs Ganze gesehen jedoch war die italienische Resonanz verständlicherweise nicht so nachhaltig und unisono wie etwa in England, zumal außerhalb katholischer Kreise vielen Risorgimento-Anhängern Rankes ehrfurchtsvolle Behandlung des Papsttums, das einer Einigung Italiens ärgerlich im Wege stand, sicherlich zu zahm war und weitab lag von der Forderung des Tages: Roma capitale (Hauptstadt Rom).

Papstgeschichtsschreibung und konfessionelle Polarisierung

Rankes Päpste waren aus katholischer Sicht nicht nur deshalb nicht akzeptabel, weil sie das Werk eines acattolico, eines Nichtkatholiken, waren. Ranke hatte den Gegenstand zwar weitgehend konfessioneller Polemik entzogen, zugleich aber theologisch neutralisiert und dem Bereich bürgerlicher Bildung protestantischer Prägung zugewiesen. Für Ranke bedeute die Papstgeschichte, so formulierte es der sensible Katholik Philipp Funk (1884–1937) im «Hochland» 1934, ein im Grunde doch nur ästhetisch zu genießendes Drama, dessen Ablauf «gewissermaßen vom bequemen Parkettsessel zu beobachten» sei. Das Numinose gehe verloren. «Daß die Geschichte des Papsttums ein der geschichtlichen Forschung und Darstellung im allgemeinen gegebener Stoff sei und nicht etwa nur eine Aufgabe der Kirchengeschichte darstelle, ist erst eine Meinung des ‹historischen› Zeitalters», so Funk. Der katholische Vorbehalt gilt für so gut wie alle nichtkatholischen Papstgeschichten: Kirchengeschichte und in gleicher Weise Papstgeschichte sind aus der Sicht der katholischen Kirche letztlich ein theologisches Geschäft, das bei profaner Behandlung äußerlichen Geschehens einen den Glauben berührenden Substanzverlust erleidet, und daher steckt durchaus ein Sinn in der Tatsache, daß Rankes Päpste bis zur letzten Ausgabe Pius' XII. von 1948 auf dem Index blieben, der erst nach dem Zweiten Vatikanischen Konzil außer Kraft gesetzt wurde.

Wer ein Buch allgemeiner Lektüre entzieht, stiftet Voreingenommenheit und will es auch. Diese Präokkupation im Urteil hat katholischen Historikern den Ruf eingetragen, sie seien von Dogmen eingeschnürt, zu großen geistigen Leistungen – und so auch auf dem

Gebiet der Geschichtsforschung und der Geschichtsschreibung – nicht fähig. In Deutschland hatte der Kulturkampf solche Urteile oder besser Vorurteile provoziert. Theodor Mommsen sprach davon, daß der «Ultramontanismus» höchste geistige Leistungen «verhindere» (s. oben S. 197), Heinrich von Treitschke bezweifelte «eine nachhaltige Erhebung der freieren Gedanken» innerhalb der katholischen Kirche und sah dort nur «wenige wirkliche Talente» am Werk, Heinrich von Sybel schließlich machte die Rechnung auf, daß auf dem Gebiet der Historie neben den Werken der Mommsen, Waitz, Giesebrecht, Droysen – alles nichtkatholische Autoren – kein einziges katholisches ultramontanes Buch standhalten könne.

Speziell auf dem Felde der Papstgeschichtsschreibung wurde der Eindruck amtskirchlicher Reglementierung noch verstärkt durch Vorfälle um das Erste Vatikanische Konzil von 1870. Als der führende katholische Kirchenhistoriker Ignaz von Döllinger (1799–1890) das Papsttum als eine Institution hinstellte, die ihren dogmatischen Anspruch auf den Universalepiskopat und auf die Unfehlbarkeit bei Kathedralentscheidungen mit Fälschungen abstütze, wurden seine Ausführungen indiziert, ihr Verfasser exkommuniziert. Aus der Feder Josef Langens (1837–1901), eines der Altkatholiken, die dem Ersten Vatikanischen Konzil die Anerkennung verweigert hatten, kam eine vierbändige «Geschichte der römischen Kirche bis Innozenz III.» (1881–1893), die von der Amtskirche ebenso abgelehnt wurde wie die Neubearbeitung von Döllingers «Janus»-Beiträgen (s. oben S. 198), die dessen altkatholischer Schüler Johann Friedrich (1836–1917) unter dem Titel «Das Papstthum» 1892 herausgab, wie Friedrich auch kurz zuvor (1890) eine zweite Auflage von Döllingers «Papst-Fabeln des Mittelalters» (1. Auflage 1863) besorgt hatte; hier war die seit Baronius geradezu als offiziöse Meinung gehandelte Behauptung zurückgewiesen, die Konstantinische Schenkung sei griechischen Ursprungs (s. oben S. 248); sie sei vielmehr in Rom entstanden.

Das Areal der Papstgeschichtsschreibung schien in nicht geringem Umfang katholischen Autoren, die sich von der römischen Kirche getrennt hatten, oder Nichtkatholiken wie dem Bonner Privatdozenten der evangelischen Theologie Rudolf Baxmann (Die Politik der Päpste von Gregor I. bis auf Gregor VII., 2 Bde. 1868/1869) oder protestantischen Mediävisten wie Wilhelm Wattenbach (Geschichte des römischen Papsttums, 1876) überlassen zu sein, der ausdrücklich da aufhörte, wo Ranke einsetzte. Klingende Namen hatten sich hier eingeschrieben, die der römischen Kirche kritisch, zumindest mit

Distanz gegenüberstanden: Jacob Burckhardt mit seiner Kultur und Geschichte der Renaissance in Italien (1860 und 1867), das einzige Werk, das Burckhardt selbst noch in einer zweiten Auflage betreute; Ferdinand Gregorovius mit seiner Geschichte der Stadt Rom im Mittelalter (1859–1872); der anglikanische Bischof Mandell Creighton (1843–1901) mit seiner History of the Papacy from the Great Schism to the Sack of Rome, 1378–1527 (1882–1894).

Ludwig Pastors «Geschichte der Päpste»
Stoffülle gegen Rankes Wurf

1873 erhält der noch nicht zwanzigjährige Ludwig Pastor (1854–1928), den seine fromme katholische Mutter nach dem Tode ihres protestantischen Mannes zwölfjährig der römischen Kirche zugeführt hatte, aus der Hand seines väterlichen Freundes Johannes Janssen (1829–1891) Rankes «Römische Päpste» zur Lektüre. Die katholische Kirche befand sich damals in einer schwierigen Lage. Der Papst hatte sein Territorium verloren und begriff sich als Gefangenen des italienischen Staates im Vatikan; die Aufregung über die Dekrete des Ersten Vatikanischen Konzils war noch nicht abgeklungen; in Preußen tobte der Kulturkampf. Pastor notierte in seinem Tagebuch (zum 29.4. 1874): «Es ist eine Schande, daß wir dieses Territorium (d.h. die Geschichte der wiedererstarkenden Kirche besonders im 16. und 17. Jahrhundert) den Protestanten Ranke, Macaulay und Maurenbrecher [der den Begriff der «katholischen Reformation» geprägt hatte] überlassen haben... Was wird erst ein Katholik bei Durcharbeitung jener Zeiten finden, wenn schon Preußen und Protestanten... in begeistertes Lob ausbrechen! Möge Gott mir einst die Gnade geben zur Abtragung dieser Schuld, die alle studierenden Katholiken tief fühlen sollten, mein Scherflein beizutragen.» Es ist erstaunlich, mit welcher Energie und Unbeirrbarkeit Pastor seinen Lebensweg auf dieses Ziel ausgerichtet hat. 1886 erscheint der 1. Band seiner «Geschichte der Päpste seit dem Ausgang des Mittelalters», die auf 16 Bände anwachsen sollte (1886–1933): ein Werk «stupender Entschlossenheit» (H. Lutz) und eisernen Fleißes, auch wenn dem Autor in wachsendem Maße Hilfen und sogar Vorformulierungen zuteil wurden. Pastor setzt im 15. Jahrhundert ein – der Fall Konstantinopels 1453 dient ihm als Grenzscheide – und führt die Darstellung bis zur Französischen Revolution wie Ranke, und deutlich ist die Tendenz, Ranke zu korrigieren, zu übertrumpfen, den Leser durch die Fülle des Materials von der heilsnotwendigen Rolle des Heiligen Stuhles und seiner stets von Gott geleiteten Inhaber zu überzeugen. Es herrscht der Geist des Positivismus, daß derjenige überlegen sei, der mehr biete, so daß dort Breite herrscht, wo Reflexion, Verknüpfung mit anderen Phänomenen und direkte menschliche Ansprache den Leser oder besser Benutzer – denn wer vermag 16 Bände (teilweise Doppelbände) zu lesen? – reicher beschenkt hätten. Deutlich ist auch die apologetische Tendenz. Von daher haftet dem Werk etwas Rückwärtsgewandtes an. Es sind sozusagen die Annalen des Baronius auf die Forschungssituation des 19. Jahrhunderts übertragen, indem der Stoff ohne Gestaltung nach Höhe- und Schwerpunkten chronologisch, d. h. pontifikatsweise, ausgebreitet ist.

Daß er sein Werk im Schatten Rankes schaffen müsse, war Pastor klar. Beim Erscheinen des ersten Bandes schrieb Pastor 1886 an den bayerischen Zentrumspolitiker Joseph Jörg (1819–1901), einen scharfen Gegner Bismarcks, sein Plan sei es gewesen, «diesem Buche des Berliner Historikers [d. i. Rankes Papstgeschichte] ein katholisches Werk entgegenzustellen». Die Eingangssätze erinnern an Macaulays Ranke-Rezension: Pastor spricht von dem hervorragenden «Interesse, welches die Geschichte dieser ältesten und doch noch so lebenskräftigen Dynastie gerade in unserer Zeit» einflöße, um dann auf Rankes «vielgelesenes Werk ‹Die römischen Päpste›» hinzulenken. Seinen Vorsatz, sein Werk neben das Rankes zu setzen, begründet er mit der 1881 erfolgten «Wiedereröffnung» des päpstlichen Geheimarchivs, das Ranke ebensowenig wie später Burckhardt, Gregorovius und Creighton hätten benutzen können, und Pastor setzt den Hinweis, daß seine Bände aus dem Vatikanischen Archiv gearbeitet seien, in den Titel.

Pastors Werk erhielt dadurch den Anflug des Offiziellen, zumal bei manchen Übersetzungen kirchliche Stellen mitwirkten. Die erste Übertragung ins Italienische (Bände 1–3; 1890–1896) hatte Clemente Benetti, ein Priester, übernommen, der auch F. X. Kraus' Savonarola-Aufsätze (1900) übersetzt hatte, und an der zweiten vollständigen italienischen Ausgabe (1910–1934) war Angelo Mercati (1870–1955) beteiligt, der spätere Präfekt des Vatikanischen Archivs; die äußerst wertvollen Indices legte Prälat Amato Pietro Frutaz an (1963). Ähnlich steht es mit den Übersetzungen ins Spanische und ins Englische, möglicherweise auch bei der französischen Version. Pastors Werk wurde nicht unbedingt wegen seines literarischen

Abb. 181. Den rheinischen Protestanten Ludwig Pastor (1854–1928), der unter dem Einfluß seiner frommen katholischen Mutter nach dem frühen Tod des Vaters konvertierte, hatte nicht zuletzt der von Preußen brutal geführte Kulturkampf zum leidenschaftlichen Katholiken werden lassen. Nach Studien u.a. in Bonn, Berlin und Wien fand er in Österreich eine seiner Geistigkeit entsprechende Heimat, wurde Professor in Innsbruck und Leiter des Österreichischen Historischen Instituts in Rom. 1916 in den Freiherrnstand erhoben, vertrat er Österreich 1921 beim Heiligen Stuhl. Die aus dem Aktenstudium kommende Originalität und Informationsfülle von Pastors Papstgeschichte fand den nachhaltigen Beifall des alten Jacob Burckhardt, dem dickleibige Werke «hochgelehrter» Kollegen eigentlich zuwider waren. Als Pastor das ungeheure Anschwellen seines Werkes beklagte, antwortete Burckhardt: «Wegen des veränderten Maßstabes Ihres Werkes und der Ausdehnung auf noch weitere Bände, wäre es gut, wenn Sie ... sich keine Sorgen machten.»

Rangs so umfassend übersetzt (die englische Fassung z.B. ergab 40 Bände und kam in der langen Zeit von 1891 bis 1953 heraus), sondern eher als ein die Bestände des Vatikanischen Archivs erschließendes Findbuch. Die Leistungen und Eigenheiten von Pastors und Rankes Darstellungen sind häufig miteinander verglichen worden; über allen Divergenzen beider Historiker bestehen auch Gemeinsamkeiten in Sichtweise, Einteilung und Beschränkung, die für die weitere Erforschung des Papsttums nicht unbedingt förderlich gewesen sind.

Abb. 182. Leo XIII. ließ nach Öffnung des Vatikanischen Archivs (s. oben S. 203) eine Medaille prägen, die die Förderung der kritischen Geschichtswissenschaft feiert. Auf der Rückseite halten allegorische Figuren eine Tafel «Historia lux veritatis» (Die Geschichte ist das Licht der Wahrheit), die umlaufende Legende lautet: «Die Geschichte als Zeugin entfliehender Zeiten bringt das Licht der Wahrheit der gelehrten Nachkommenschaft, nachdem die ruchlose Lüge zurückgewiesen ist» (Historia fugientium testis temporum veritatis lucem adfert eruditae posteritati mendacio profligato reiecto).

«Der Heilige Stuhl hat nichts zu verbergen» Die Öffnung des Vatikanischen Archivs

Die Öffnung des Vatikanischen Archivs 1881 war nicht nur für die Geschichtsforschung ein wichtiges Ereignis; das Papsttum hatte seine Einstellung zur wissenschaftlichen Öffentlichkeit verändert und nahm in einem neuen Selbstverständnis eine Haltung ein, die in die Formulierung gekleidet wurde: Der Heilige Stuhl habe nichts zu verbergen. Schon lange hatten manche Nichtkatholiken ermunternd eine ähnliche Meinung vertreten; ein bereits 1823 ausgesprochenes Wort von Georg Heinrich Pertz (1795–1876), der als Quellenkenner und Herausgeber der Monumenta Germaniae Historica internationales Ansehen genoß, machte die Runde: «Die beste Verteidigung der Päpste ist die Enthüllung ihres Seins». Ludwig Pastor, der sich auf die Benutzung des «Päpstlichen Geheim-Archivs» viel zugute hielt, setzte Pertzens Ausspruch als Motto an die Spitze seines ersten Bandes. Aber es gab außerhalb wie innerhalb der katholischen Kirche auch andere Stimmen, zumal die Vorgänge um 1870 – die Eroberung des päpstlichen Rom und das Erste Vatikanische Konzil –

Abb. 183. Louis Duchesne (1843–1922), gebürtiger Bretone, der auf diese Herkunft großen Wert legte, hat das «Papstbuch», den Liber Pontificalis, die erste offiziöse Papstgeschichte (s. oben S. 83 f.), schon in seiner Doktorarbeit behandelt und eine leicht überschaubare Textedition in zwei Quartbänden 1886–1892 vorgelegt (mit Ergänzungen 1955–1957 nachgedruckt), die selbst Theodor Mommsens Beifall fand, der eine Konkurrenz-Ausgabe veranstaltete. Seine geradezu rationalistisch geschriebene dreibändige Alte Geschichte der Kirche (1906–1910) brachte den Autor in Modernismus-Verdacht, aus dem ihn erst der Tod des Papstes Pius X. befreite.

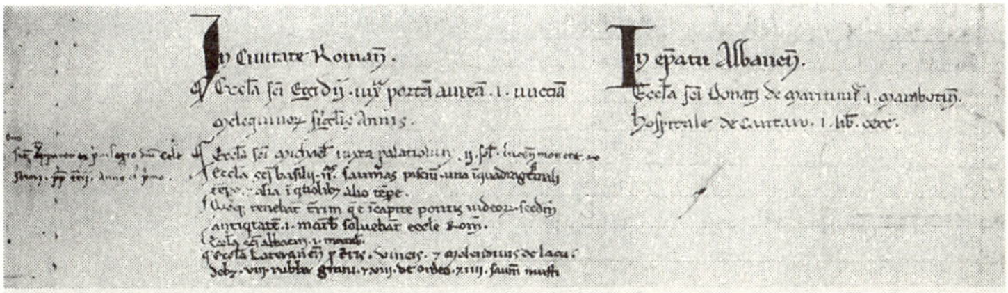

Abb. 184. Der Liber censuum Ecclesiae Romanae, das Zinsbuch der Römischen Kirche, 1192 angelegt vom Kämmerer Cencius Savelli, dem späteren Papst Honorius III. (1216–1227), war an der Kurie mit vielen Nachträgen bis Eugen IV. (1431–1447) in Gebrauch. Auch diese wichtige, über die materiellen Grundlagen des Papsttums Auskunft gebende Quelle, die zum Beispiel auch den Peterspfennig notierte, erschien in kritischer Ausgabe erst nach Öffnung des Vatikanischen Archivs (1889–1910). Abgebildet sind einige Zeilen über die Stadt Rom und das suburbikarische Bistum Albano.

die Gemüter in der Frage des Für und Wider erhitzt hatten. Als piemontesische Truppen den Vatikanbezirk besetzten, soll man nach der römischen Handschrift des Liber Diurnus, des päpstlichen Formelbuchs, gesucht haben, der ja die Verurteilung Papst Honorius' I. (625–638) als Ketzer enthielt und somit der Behauptung päpstlicher Unfehlbarkeit zu widersprechen schien, und der Präfekt des Vatikanischen Archivs Augustin Theiner (1804–1874) wurde auf der Stelle entlassen, als er während des Ersten Vatikanum Infallibilitätsgegnern die im Archiv liegende Geschäftsordnung des Konzils von Trient zugänglich gemacht hatte. Wie sehr dieser Punkt – die Furcht vor abträglichen Entdeckungen im Archivmaterial – eine Rolle gespielt haben dürfte, zeigt eine 1902 sich zutragende Szene, als der berühmte französische Papst- und Kirchenhistoriker Mons. Louis Duchesne (1843–1922), ein Mann von Witz und etwas unkontrolliert liberaler Gesinnung, Papst Leo XIII. bei einer Audienz scherzend den Rapport erstattete: Man habe bereits 80 000 Dokumente publiziert, jedoch bisher nichts Peinliches für den Heiligen Stuhl gefunden («...jusqu'ici rien de gênant pour le Saint Siège»). Trotz aller in der Sache liegenden Argumente und trotz einer immer dringender werdenden Erwartung von seiten der Wissenschaft war es letztlich Papst Leos XIII. eigene Entscheidung, die Benutzung freizugeben: «... wer die Beharrungs- und Widerstandskraft (der am Alten und Hergebrachten hängenden bureaukratischen Tradition) kennt, vermag die Kühnheit des Entschlusses Leos XIII. recht zu würdigen, der mit der vorbehaltlosen Öffnung des Vatikanischen Archivs eine mehr als tausendjährige Tradition gebrochen hat», so urteilte der Kenner der vatikanischen Szene Paul Fridolin Kehr (1860–1944).

Für die Geschichtswissenschaft – speziell die Papstgeschichtsforschung – beginnt hier ein neuer Abschnitt, an dessen Anfang zum Beispiel 1888 die Gründung des Deutschen Historischen Instituts (damals unter anderem Namen) wie anderer historischer Auslandsinstitute steht. Lang entbehrte kritische Textausgaben erscheinen: das Privilegium Ottonianum (1883), die Purpururkunde, die König Otto I. 962 nach seiner Kaiserkrönung dem Papst ausstellte und die heute noch am Ort des Empfängers liegt; der Liber Diurnus (1889), das päpstliche Formelbuch; der Liber Pontificalis (1886–1892), das durch die Jahrhunderte geführte Papstbuch; der Liber censuum (1889–1910), das Zinsbuch der römischen Kirche. Projekte werden ins Leben gerufen, die mit der Papstgeschichte aufs engste verknüpft sind, wie die Ausgabe der Nuntiaturberichte oder der Papsturkunden. Frankreich beginnt seine große Registerserie, Belgien und andere Länder schließen sich an. Die Vorstellung nationaler Quellenwerke zur Papstgeschichte wäre ein eigenes und höchst nützliches Thema.

Die letzten großen Werke deutscher Papstgeschichtsschreibung

Ein Werk solchen Umfangs wie das Pastors und solcher Wirkung wie das Rankes ist in den letzten Jahrzehnten nicht erschienen. Wer im deutschen Sprachraum Umschau hält nach großen Einzelleistungen in der Papstgeschichtsschreibung der letzten Jahrzehnte, wird drei Namen nennen: Franz Xaver Seppelt (1883–1956), Erich Caspar (1879–1935) und Johannes Haller (1865–1947). Der ehemals an der katholischen Theologischen Fakultät der Universität Breslau, seiner Geburtsstadt, lehrende und von dort 1946 vertriebene Seppelt ist der einzige der drei, der die fast zwei Jahrtausende Papstgeschehen erfassen wollte: «Von den Anfängen bis zur Mitte des zwanzigsten Jahrhunderts» heißt die 1931 begonnene und bis jetzt auf fünf Bände angewachsene, bis 1799 reichende «Geschichte der Päpste», die sein Münchner Schüler Georg Schwaiger (* 1925) betreut und mit einem Band über die Päpste der Gegenwart (1997) ergänzt hat. Schwaiger, dem auch eine kurzgefaßte Geschichte der Päpste von den Anfängen bis zur Gegenwart verdankt wird (1964), erweist sich über das Monographische hinaus mit zahlreichen Beiträgen in Lexika und Enzyklopädien als Kenner der Papstgeschichte. Seppelt, durch gründliche Einzelforschungen zum Beispiel über Cölestin V. (1294), den Engelpapst, ausgewiesen, hat ein solides, etwas glanzloses Werk geschaffen. Der braven, Pontifikat auf Pontifikat abhandelnden Darbietung wurde der Vorwurf gemacht, sie treibe «in altem klassischen Stil» «Heldengeschichte» (K. Bosl) und berücksichtige zu wenig das anthropologische wie das strukturelle Moment, denn auch Papst und Papsttum seien eingebettet in die wirkenden Strukturen fortgeschrittener Industrialisierung, wirtschaftlicher Veränderungen und wissenschaftlicher Umwälzungen, so daß die Einschränkung auf einen Papst als Glaubens- und Sittenbewahrer seiner umfassenden Rolle – und sei sie auch nicht immer wahrgenommen – nicht gerecht werde.

Seppelt wählte als Titel «Geschichte der Päpste», nachdem das Werk anfänglich unter der Überschrift «Geschichte des Papsttums» gelaufen war. Umgekehrt schrieb Johannes Haller im Vorwort seines

Abb. 185: Theodor Mommsen

Abb. 186: Johannes Haller

Abb. 187: Erich Caspar

Abb. 188: Franz Xaver Seppelt

1934 erschienenen ersten Bandes: «Was der Leser nicht zu erwarten hat, will die Überschrift» – sie lautet: Das Papsttum. Idee und Wirklichkeit – «andeuten: Eine Geschichte der Päpste gebe ich nicht... Die Papstgeschichte der älteren Zeiten muß notgedrungen unpersönlich gehalten sein... Nicht die Päpste also will ich zeigen, sondern das Papsttum als überpersönliche Erscheinung... die Art, wie (es) sich in wechselnden Zeiten verkörpert – Idee und Wirklichkeit.»

Was die Quellenlage betrifft, so hat Haller zweifellos recht: Über die frühen Päpste wissen wir wenig, so daß das biographische Element und die Individualität der einzelnen Amtsinhaber kaum faßbar sind. Dennoch ist die Geschichte des Papsttums im Selbstverständnis jener Frühzeit eine Geschichte der Päpste, denn in der ununterbrochenen Sukzession des römischen Bischofs steckt das Bekenntnis, glaubensbewahrend bis zu Petrus und damit bis zu Christus zurückzureichen. Die älteste Papstgeschichtsschreibung besteht aus Listen, und die Streichung eines Namens in diesen Listen bedeutete die Entfernung aus der Reihe der Rechtgläubigen (s. unten S. 277). Es sollte nicht unbeachtet bleiben, daß der unserem Wort «Papsttum» entsprechende lateinische Ausdruck «papatus» wesentlich jünger ist: ein Produkt des 11. Jahrhunderts, des Investiturstreits. Daß die Vokabel für das Amt derjenigen des Amtsinhabers nachfolgt, mag semantische Gründe haben, ist zugleich aber Ausweis personengebundener Vorstellung, aus der sich eine Transpersonalität erst entwickelt. Christus hat den Apostelfürsten Petrus eingesetzt, Petrus den Clemens usw., und der Gedanke möglicher Designation des Nachfolgers durch den Vorgänger hielt sich lange und war stabilisierendes Element der frühen Papstwahl (s. oben S. 59). Hallers kathe-

---

Obwohl von harter antiklerikaler Gesinnung (s. oben S. 197) und von agnostischer Haltung (er bezeichnete die Christen als «ausgelebte jüdische Sekte» und nannte das Christentum einen «Köhlerglauben»), hat Theodor Mommsen (1817–1903, Abb. 185) viele für die Geschichte der frühen Kirche und des Papsttums wichtige Texte ediert und die schwierige Ausgabe des ersten Teils des Liber Pontificalis (bis 715) übernommen; seine Edition steht im Annuario Pontificio an der Spitze neben der des Abbé Duchesne. Auch die Verfasser der großen Papstgeschichten haben vor ihren Darstellungen Quellenarbeit geleistet. Johannes Haller (1865–1947, Abb. 186) behandelte das Konzil von Basel, Erich Caspar (1879–1935, Abb. 187) Papstbriefe und das Register Gregors VII., Franz Xaver Seppelt (1883–1956, Abb. 188) Quellenzeugnisse zur Geschichte Cölestins V.

dralem Ton ist zu widersprechen: Die Papstgeschichte der älteren Zeiten ist von Personen getragen worden, auch wenn wir von ihnen wenig wissen.

Der von Haller gewählte Untertitel «Idee und Wirklichkeit» deutet das Konzept an: daß es zwar eine lautere Idee gegeben habe, mit der jedoch die irdische Wirklichkeit kontrastierte. Letztlich ist diese Position die des Altprotestantismus, und nicht ohne Grund bedauerte der rechtskonservative baltische Pfarrerssohn Haller, daß, wie er sich ausdrückte, «das Geschlecht der Centuriatoren ausgestorben» sei. Denn diese hätten nicht die Eigenschaft gezeigt, «in der kirchlich gebundene wie unabhängige Darstellungen sich gleicherweise begegnen»: auf den Ton der Bewunderung gestimmt zu sein. Die Zenturiatoren hätten «Werden und Wachsen des Papsttums als ein mysterium iniquitatis, ein Wunder der Ungerechtigkeit» dargestellt, wie «die römischen Bischöfe, einer auf dem anderen aufbauend, mit Vorbedacht, List und Kühnheit im Lauf der Zeiten ihre angemaßte Herrschaft über Kirche und Welt aufgerichtet hätten, bis der Antichrist selber auf dem Stuhle zu Rom sich niederlassen konnte». Wenn sich Haller, wie man ihm bescheinigt hat (K. Pivec), in eine Linie mit den Zenturiatoren stellt, so läßt er ein wichtiges Element altprotestantischer Anschauung beiseite: die echte Sorge, daß sich im Papsttum das Jüngste Gericht ankündigt, denn die Anspielung auf das «mysterium iniquitatis» des 2. Thessalonicherbriefes (nicht das Wunder, wie Haller sagt, sondern das Geheimnis der Ungerechtigkeit) gilt dem heilsgeschichtlichen Ort des Zeitalters, in das Luther und die Zenturiatoren sich versetzt sahen. Es drohe einzutreten, was der Thessalonicherbrief ankündigt; Satan wirke mit allerlei lügenhaften Kräften und Zeichen und verführe zur Ungerechtigkeit: «Darum wird Gott ihnen kräftige Irrtümer senden, daß sie glauben der Sünde.» Der eschatologische Aspekt, der wie bei Luther so auch bei den frühen protestantischen Papstgeschichten von Robert Barnes (1495–1540) und John Bale (1495–1563), erschienen 1536 und 1548, deutungsbestimmend war, fehlt bei Haller, dem als Hauptmerkmale der altprotestantischen Papstgeschichtsschreibung die Verweigerung der Bewunderung und die Behauptung gottabgewandten Aufbaus päpstlicher Macht erschienen. Papsttum: Idee und Wirklichkeit.

Provokant war Hallers These, daß – wie er es ausdrückte – das Papsttum als «Produkt der religiösen Einstellung der Germanen gegenüber dem heiligen Petrus und seinem irdischen Stellvertreter» entstanden sei. Von Wilhelm Stapel (1882–1954), der mit seiner «völkischen» Gesinnung den «Deutschen Christen» nahestand, ist deshalb 1934 der erste Band Hallers mit der süffisanten Frage begrüßt worden: «Das Papsttum eine germanische Erfindung?» Hallers Kernargument war die Haltung der in der germanischen Mission tätigen Angelsachsen, deren Devotion vor Sankt Peter, dem «Apostelfürsten und Himmelspförtner», den rechtlichen Primat mit dem zur Wirksamkeit notwendigen religiösen Inhalt gefüllt habe. Hallers Ansicht stieß sogleich auf Skepsis und hat sich in ihrer überzogenen Form nicht durchgesetzt.

Der Papsthistoriker zwischen den Stühlen

Wer Hallers Darstellung anführt, kann die Erich Caspars nicht auslassen, und es ist der Verdacht geäußert worden, daß Haller durch Caspars Werk «Geschichte des Papsttums» (1930 und 1933) zur Niederschrift veranlaßt worden sei. Mit einer herablassenden Bemerkung, Goethe zitierend, nimmt Haller auf Caspars vorausgegangenen Bände Bezug, er habe sie als «willkommenes Hilfsmittel» benutzt, ohne bei sich kaum etwas ändern zu müssen: «Es gibt verschiedene Arten, Geschichte zu schreiben, und 'sehe jeder, wie er's treibe'».

Den pointierten Urteilen und der klangvoll-pathetischen Sprache Johannes Hallers steht Caspars nüchternes, deskriptives und um Ausgewogenheit bemühtes Werk gegenüber. Man hat ihm im Vergleich zu Hallers aggressiv-schneidender Darstellung größeren Tiefgang und stärkere Reflexion bescheinigt (W. Ullmann, F. Kempf), zugleich jedoch die Breite der Darstellung und das «verschwenderische Maß» seiner Quellenübertragungen von «schulmäßiger» Wörtlichkeit gerügt, wobei die Sprache der «letzten stilistischen Ausfeilung» entbehre. Dieser mehr formale Tadel, beim Erscheinen des ersten Bandes (1930) vorgebracht vom damals noch in Berlin lehrenden Althistoriker Ernst Stein (1891–1945), schmälerte nicht das überaus positive Urteil über die große gelehrte Leistung, doch derselbe Rezensent urteilte bei Caspars zweitem Band (1933), den er als jüdischer Emigrant und katholischer Konvertit in einer amerikanischen katholischen Historiker-Zeitschrift besprach: als «Protestant und Bismarckianer» – benachbart gleichsam zu nationalsozialistischem Gedankengut – sei es Caspar einfach nicht möglich, «mit Augenmaß und Gerechtigkeit wahre Geschichte» der höchsten Einrichtung der katholischen Kirche zu schreiben; wahre Geschichte erfordere das

Band befürwortender und zur Identifizierung bereiter Sympathie. Dem Tadel des Katholiken Stein für Caspars Werk steht der Vorwurf des protestantischen Kirchenhistorikers J. Wagenmann gegenüber, Caspar sei nicht mit «primärem Interesse» am Papsttum, «sozusagen vom kirchengeschichtlichen Interesse» an den Stoff herangegangen, und dadurch fehle die religiöse Seite. «Zwar würde dadurch die Arbeit vielleicht wieder dem Vorwurf konfessioneller Voreingenommenheit ausgesetzt werden. Aber ob sie dadurch ‹unwissenschaftlich› geworden wäre und geringer an wissenschaftlichem Wert?»

Hier öffnet sich eine Kluft zwischen den innerhalb und außerhalb der katholischen Kirche stehenden Historikern, und der Verfasser einer der informativsten kurzen Papstgeschichten der letzten Zeit, Geoffrey Barraclough (1908–1984; The Medieval Papacy, 1968), bekennt in seinem Vorwort, daß er mit Gewinn Werke von Katholiken, Protestanten und Juden gleichermaßen herangezogen habe: Er könne aber seinen «protestant background and upbringing» nicht verleugnen; folgerichtig setzt er, um die konfessionelle Voreingenommenheit zu kennzeichnen, in seiner Literaturumschau hinter den Verfassernamen jeweils ein C, P oder J: Catholic, Protestant oder Jewish. Viele der zitierten Verfasser sind Protestanten wie Caspar und Haller, zumal die religiöse Provenienz häufig gar nicht wahrnehmbar ist wie bei B. Schimmelpfennigs eigenständiger Darbietung «Das Papsttum. Von der Antike bis zur Renaissance» (⁴1996), wo der Autor – als Katholik mit Liturgie und Zeremonialwesen besonders vertraut – neben der Selbstdarstellung der Päpste deren Verflechtung mit Recht, Wirtschaft und Gesellschaft herausstellt.

Der Sachverhalt wäre einer ausführlicheren Analyse wert: die vom Papsttum und seiner Geschichte ausgehende «Faszination, speziell für Protestanten» (H. Zimmermann). Diese Zuneigung besteht, obwohl Kirchen- und somit auch Papstgeschichte von manchen katholischen Historikern als theologische Wissenschaft reklamiert wird (E. Iserloh) und sämtliche nichtkatholische Bemühungen bei solcher Sicht zwangsläufig im Vorhof des Ungenügens stecken bleiben müssen (Ph. Funk; s. oben S. 257). Aber das unterschiedliche Bekenntnis stört nicht die Zusammenarbeit und wirkt nicht forschungshemmend. Barraclough hat es in die Worte gefaßt: «Koexistenz, Wiedervereinigung und Sanftmut sind die augenblicklichen Schlagworte, und sogar die beiden uralten Gegner Rom und Konstantinopel, deren leidenschaftliche Glaubensdispute so sehr viel weiter zurückreichen als die der Katholiken und Protestanten, sind bereit, einander auf beide Wangen zu küssen und Freundschaft zu schließen.» Papstgeschichte wird international und ohne Glaubensgrenzen betrieben. Daß Protestanten, soweit sie Mediävisten sind, dem Papsttum besondere Aufmerksamkeit zuwenden, hängt zunächst schlicht mit ihrem Forschungsobjekt zusammen. Wie es Georg Heinrich Pertz ausdrückte: «Petri Schlüssel sind noch jetzt die Schlüssel des Mittelalters», und auch Pertz war Protestant. Aber zur stoffbedingten Beschäftigung tritt sicherlich häufig das, was Burckhardt das «metaphysische Bedürfnis des Menschen» genannt hat: eine Hinneigung zum Religiösen und dessen Ausformungen; das anziehende Fremde mit seiner symbolhaften Pracht, das in den verschiedenen Schattierungen des Protestantismus zu unterschiedlicher Kargheit reduziert wurde; das Staunen über das vernunftfremde Phänomen, daß im Zeitalter von Gentechnik und Atombombe einem Menschen spirituelle Macht zugeschrieben wird, Verfügungen über so etwas wie Himmel und Hölle zu treffen, daß er Wunder konstatiert, Heilige erhebt und die leibliche Himmelfahrt Mariens als Glaubenssatz anweist; es könnte der Respekt und die Bewunderung vor einer Einrichtung mitwirken, die von der Antike bis in unsere Zeit hinüberreicht und durch die eine weitgehend aufgegebene Tradition in energischer Weise bewahrt wird. Vielleicht ist auch ein Stück Sehnsucht nach einer Heilsgewißheit im Spiel, deren sich der Nichtkatholik nie sicher sein kann. Der Basler Pfarrerssohn Jacob Burckhardt konnte vom «natürlichen Recht des Katholizismus» schreiben, und in seiner theologischen Sensibilität formulierte der protestantische Jurist Rudolf Sohm (1841–1917): «Der natürliche Mensch ist ein geborener Katholik.»

Selbst solche nichtkatholische Gelehrten, die dem Papsttum und seiner Politik mit Skepsis, ja mit Aversion gegenübertreten, da sie in ihr mehr die Machtausübung als die Heilsverkündigung sehen, bewahren sich nicht selten ein weitgehendes Verständnis für katholische Strukturen. Dem protestantischen «Ordnungschristen» Paul Hinschius (1835–1898), der als Berater des Ministers Falk die am Anfang des Kulturkampfes stehenden Maigesetze von 1873 ausgearbeitet hat, wird von katholischer Seite ein «erstaunliches Einfühlungsvermögen in katholische Dinge» bescheinigt und sogar der erste Platz an der «Spitze der großen Kirchenrechtler des 19. Jahrhunderts» eingeräumt (K. Mörsdorf). Der reformierte Ulrich Stutz (1868–1938) prüfte den Geist des Codex Iuris Canonici von 1918 und fand durchaus Beifall bei seinen katholischen Fachkollegen.

Von der «ungebrochenen Kraft» des Papsttums

In dem einzigen Artikel mit dem Stichwort «Papstgeschichtsschreibung», der sich in den gängigen Enzyklopädien auffinden ließ, schreibt der Autor Hermann Tüchle, nachdem er die Werke von Caspar, Haller und Seppelt vorgestellt hat: «Von der Nennung ausländischer Werke, die im allgemeinen die genannten nicht erreichen, ... wird hier abgesehen». Das Urteil ist kennzeichnend für die Lage. So groß der Austausch der Forschung ist, zumal seit 1963 das vorzügliche, mit einer umfassenden Bibliographie ausgestattete und auf Kommunikation angelegte Archivum Historiae Pontificiae der römischen Jesuitenuniversität, der Università Gregoriana, besteht – die einzige Spezialzeitschrift für Papstgeschichte –, so ist die Fluktuation zwischen den Sprachen und Ländern bei Werken, die wissenschaftlich solide, zugleich jedoch ein breiteres Publikum ansprechen wollen, recht verhalten. Caspars und Hallers Darstellungen blieben unübersetzt. Seppelts Bände sind in gestutzter Form in einer italienischen Fassung greifbar (1962–1964). Auf Italienisch sind in den letzten Jahren mehrere aufwendige, mehrbändige Papstgeschichten erschienen, die sich an den katholischen Laien wenden und einen wissenschaftlichen Anspruch nicht erheben. Sie haben in Deutschland keine Aufnahme gefunden. Gaston Castellas dreibändige konventionell-amtskirchliche Papstgeschichte, auf Italienisch, Französisch und Deutsch vertrieben (1944–1946), blieb ohne Wirkung. Der technische Fortschritt vorzüglicher Bildwiedergaben erschloß neue Möglichkeiten und Märkte. Wie Anton Haidachers wertvolle «Geschichte der Päpste in Bildern» (1965) als Dokumentation zu Pastors Papstgeschichte entstanden ist, so gibt es aufwendige, beides verbindende Bild- und Textbände, unter den erfolgreichsten Ch. Hollis' «The Papacy», das im selben Jahr (1964) auf Englisch, Französisch, Deutsch, Holländisch und Italienisch herauskam; eine gute Zukunft wird dem aus einer Fernsehserie hervorgegangenen Band von E. Duffy, einem irischen Katholiken, vorhergesagt: Saints and Sinners. A History of the Popes (1997). Letztlich indes ist das Angebot von einbändigen, bebilderten und auf ein breiteres Publikum abzielenden Papstgeschichtsbüchern unübersehbar, zumal wenn man Darstellungen über einen einzelnen Papst oder über eine Epoche einbezieht.

Besonders erfolgreich sind offenbar etwas pikante Themen wie Darlegungen über moralisch anfechtbare Päpste (E. R. Chamberlins

«The Bad Popes» erschien innerhalb zweier Jahre, 1970/1971, auf Englisch, Französisch und Deutsch), und die legendäre, im Spätmittelalter erfundene Päpstin Johanna ist innerhalb der letzten Jahre vielfach behandelt worden – Romane nicht mitgezählt. Das Interessante, das Anrüchige lockt. Beiseite bleibe auch die blühende «Anwurf- und Vorwurfliteratur» von K. Deschner (* 1924) über den irischen Pater Peter de Rosa bis E. Drewermann (* 1940), die es immer gegeben hat und deren immer noch berühmtestes Produkt der zu höchsten Auflagen gelangte «Pfaffenspiegel» des unglücklichen Otto von Corvin-Wiersbitzki (1812–1886) gewesen sein dürfte.

Vielleicht ist angesichts der Vielfalt und der Forschungsflut die Zeit der großen wissenschaftlichen Zusammenfassungen durch einen Gelehrten vorbei, und man greift zu orientierenden Übersichten – wie dem vorliegenden knappen Buch.

ANHANG

Die Papstliste
Päpste, Gegenpäpste und von der Schwierigkeit der Zählung

Eine genaue Liste von Namen, Abfolge und Regierungszeiten der Päpste zu geben, ist aus vielen Gründen nicht möglich. Schon die unmittelbaren Petrusnachfolger stehen nicht unbezweifelbar fest. Es gibt z. B. Kataloge, die auf Petrus sofort Clemens I. und Anaclet I. folgen lassen und Linus nur als Helfer des Papstes einstufen. Neben Anacletus existiert zuweilen ein Cletus. Man hat zu bedenken, daß diese Kataloge nicht eigentlich der Datenorientierung dienten, sondern mehr dem Beleg, daß es von Petrus an eine nicht unterbrochene Kette von römischen Bischöfen gegeben habe, die den rechten Glauben bewahrt und weitergereicht hätten. Die nicht unterbrochene «apostolische Sukzession» sollte die Orthodoxie beweisen und zeigen, daß Ketzereien – wie etwa gnostische, nicht der Tradition verpflichtete Anschauungen – nicht eingedrungen sind. Die christlichen Gemeinden überwachten sich gegenseitig. Es bedeutete ein Aussondern aus dem Kreis der Rechtgläubigen, wenn einer Gemeinde mitgeteilt wurde, daß man ihren Gemeindevorsteher, d. h. ihren Bischof, aus der Liste gestrichen habe. Ein eigenes Problem ist die Einordnung der Sedenzzeiten der römischen Bischöfe in die römische Reichschronologie, die immer noch nach Konsulatsjahren zählte. Wichtig ist der von Th. Mommsen scharfsinnig analysierte «Chronograph von 354», in dem ein bis Liberius (352–366) reichendes Papstverzeichnis mit den römischen Konsularfasten in Beziehung gesetzt ist. An diesen sogenannten Catalogus Liberianus schließt sich der Liber Pontificalis (s. oben S. 83) an.

Manchenorts (und in durchaus seriösen Quellen) tauchen für die Frühzeit Namen auf, die sonst nicht belegt sind: an 28. Stelle z. B. ein Märtyrerpapst Chrysogonus oder Päpste mit Namen Fabius, Martianus, Glidulfus u. a. Durch Irrtümer traten angebliche Nachfolger des Apostels Petrus in die Welt: Ein Donus des 10. Jahrhunderts wurde geboren, als mittelalterliche Chronisten die Titulierung Domnus papa für einen Eigennamen hielten; der Lucianus mancher

Abb. 189. Fehlt in der Papstliste eine Päpstin namens Johanna? Die Diskussion um diese Frage ist Jahrhunderte alt und wurde in letzter Zeit sowohl von wissenschaftlicher Seite wie von der Frauenforschung her intensiviert. Nach Döllingers (s. oben Abb. 144) Untersuchung «Die Päpstin Johanna» in seinem Buch über die «Papst-Fabeln» (s. S. 198, 258) sollte, um dessen Formulierung aufzunehmen, «nicht leicht jemand sich beigehen lassen, die Existenz der Päpstin noch ernstlich zu behaupten». Die aus einer lokalrömischen Sage entstandene Legende, die in verschiedenen und immer reicheren Versionen umlief, besagte, daß eine gelehrte und Männerkleidung tragende Notarin oder Lehrerin in Rom zum Papst erhoben worden, während einer Prozession auf dem Weg von Sankt Peter zum Lateran niedergekommen und bei der Geburt gestorben sei. Die zunächst namenlose Päpstin erhielt die weibliche Form des häufigsten Papstnamens «Johannes» und wurde hinter Leo IV. (855) plaziert. Die Legende kam in der ersten Hälfte des 13. Jahrhunderts auf, also rund vier Jahrhunderte später. Durch Martin von Troppau und seine Chronik (s. oben S. 238), später durch Platina (s. oben S. 241 f.), wurde sie Teil der Papstgeschichte, und Protestanten wie die Magdeburger Zenturiatoren (s. oben S. 244 ff.) nahmen die Nachricht begierig auf. Baronius (s. oben S. 246 ff.) widmete der Frage eine eingehende Widerlegung, aber den präzisen Nachweis der Nichtexistenz brachte erst Döllinger. Das ändert nichts daran, daß, zumal von Historikerinnen, immer wieder der Versuch unternommen wurde, die Geschichtlichkeit zu beweisen (Joan Morris, 1985; Emily Hope, 1983 u. a. m.). – Die niederkommen-

Papstreihen dürfte auf einen Schreibfehler zurückgehen, denn er nimmt die Stelle des Eutychianus (275–283) ein. Fehlzählungen kommen häufig vor. So hat es einen Johannes XX. wohl nie gegeben; Marinus I. (882–884) und II. (942–946) treten in einigen Papstlisten als Martin II. und III. auf. Gänzlich auszuscheiden sind die Päpste der Legende: der Papst Cyriakus der Ursulalegende z. B. oder Gregorius vom Stein, dessen Ödipus-Schicksal Thomas Mann in legendenfremder Ironisierung geschildert hat, und selbstverständlich eine Päpstin Johanna, die in der spätmittelalterlichen Chronistik nach Leo IV. (847–855) und vor Benedikt III. (855–858) eingereiht ist.

Ein eigenes Kapitel sind die sogenannten Gegenpäpste. Ein Fall wie der des abgedrängten Hippolyt (s. oben S. 84) liegt einfach. Aber wie steht es mit Symmachus und Laurentius? Sie sind am selben Tag (22. November 498) erhoben worden, der eine im Lateran, der andere in S. Maria Maggiore. Die Entscheidung, wer der rechtmäßige Papst sei, wurde dem Ostgotenkönig Theoderich, damals der Beherrscher Roms, übertragen. Theoderich neigte zwar Symmachus zu, hielt aber durch Jahre die Frage offen, und aus politischen Gründen – wegen der Entfremdung gegenüber Konstantinopel – sprach er sich 506 schließlich gegen den Byzanz-Freund Laurentius aus. Wesentlich verwirrender liegt der Fall des Tuskulanerpapstes Benedikt IX., dessen erste Amtszeit als legitim angesehen wird (1032–1045), obwohl Benedikt bei seiner Erhebung gewiß noch nicht das kanonische Alter erreicht hatte. 1044 wurde Benedikt vertrieben, womit für manche der Pontifikat als beendet angesehen werden müßte. 1045 kehrte er zurück, resignierte, ließ sich den Verzicht allerdings bezahlen. Dezember 1046 wurde er für abgesetzt erklärt, was er zunächst hinnahm. Doch nach dem Tode Clemens' II. (Ok-

---

de Päpstin ist vielfach dargestellt worden; linkes Bild stammt aus den Lectionum memorabilium et reconditarum libri duo (Lauingen 1600) des protestantischen Juristen Johannes Wolf (1537–1600). Beiseite bleibe die große Zahl von Romanen, die den Stoff phantasievoll aufnehmen. Literarische Erfolge waren die Bücher von Emmanuil Roidis (1866), Lawrence Durrell (1973) und Donna W. Cross (1996); letzteres wurde sogar ein Bestseller. Gegenwärtig dürften etwa ein Dutzend Romane über das tragische Leben der Päpstin Johanna auf dem Markt sein; historisch haben sie den Wert von Asterix und Obelix.

Abb. 190/191. An die Legende von der Päpstin Johanna hat sich angehängt die Geschichte des sogenannten «Kotstuhls», der sedes stercoraria. Wie dem neuen Papst bei den Krönungsfeierlichkeiten mit dem Verbrennen des Wergbüschels die Vergänglichkeit der Welt (Sic transit gloria mundi, s. oben S. 33, 63) vor Augen gestellt werden sollte, so auch sein Aufsteigen aus «Dreck» (s. oben bei Innozenz III. S. 127). Wahrscheinlich seit Paschal II. (1099–1118) nahm der Papst mit dieser Sinndeutung auf dem «Kotstuhl» Platz; der letzte Papst, der diesen Akt vollzog, war Pius IV. (1560). Nach dem Aufkommen der Geschichte von der Päpstin Johanna gab man dem Symbolakt die Deutung, es solle die Männlichkeit des neuen Papstes geprüft werden, um solche «Peinlichkeit» wie nach dem Tod Leos IV. (855) zu vermeiden. – Oben die sedes stercoraria aus den Vatikanischen Museen, rechts die Szene der Männlichkeitsprüfung, dargestellt in dem Werk des Johann Wolf (s. oben Abb. 189).

HABET

tober 1047) erneuerte er seinen Papstanspruch und wurde im Jahr 1048 endgültig vertrieben. Es gibt also drei Amtsansprüche dieses Papstes, und wenn die Absetzung von Dezember 1046 für ungültig angesehen wird (was im Annuario Pontificio ernsthaft erwogen wurde), dann sind die nach diesem Datum gewählten Päpste (Gregor VI., Clemens II.) illegitim.

Ein wahres Knäuel von Schwierigkeiten bietet das Große Abendländische Schisma (1378–1415, s. oben S. 153 f.), bei dem es schließlich mit drei Observanzen auch drei Papstreihen gab: eine römische, eine avignonesische und eine pisanische. Für die Rechtmäßigkeit des Pisaner Papstes Johannes XXIII. (s. oben S. 213) lassen sich durchaus Gründe anführen (K. A. Fink), so daß es einen Papst dieses Namens und dieser Zählung zweimal gibt.

Im folgenden ist die Papstliste des Annuario Pontificio wiedergegeben, die als offiziöse Verlautbarung gelten darf. Die Gestaltung dieser Liste ist eine Geschichte für sich. Ursprünglich hatte man sich einfach nach der Serie der Papstmedaillons in St. Paul vor den Mauern (s. S. 81 f.) gerichtet, doch wurde eine Überarbeitung unter historischen Gesichtspunkten immer energischer gefordert, denn die Abfolge und die Anlage der Bilder von St. Paul widersprechen anderen Nachrichten und vor allem dem Liber Pontificalis, dem wohl im 6. Jahrhundert auf Grund damals vorhandener Quellen angelegten und dann fortgeführten offiziösen Papstbuch. Eine solche Überarbeitung der Papstliste des Annuario Pontificio ist mehrfach vorgenommen worden, zuletzt 1947 von dem früheren Präfekten des Vatikanischen Archivs Angelo Mercati († 1955). Dennoch gibt die Liste immer noch eine größere Sicherheit vor als in Wirklichkeit besteht.

Die Ankündigung der Papstliste des Annuario Pontificio hat jetzt folgenden Wortlaut: «Die höchsten römischen Bischöfe gemäß dem Zeitansatz des Liber Pontificalis und seiner Quellen, fortgeführt bis zur Gegenwart» (I sommi Pontefici Romani secondo la cronotassi del «Liber Pontificalis» e delle sue fonti, continuata fino al presente); in einer Anmerkung ist versichert, daß «angemessene Verbesserungen gemäß den Resultaten der historischen Wissenschaft bis heute» berücksichtigt seien. Während früher die rechtmäßigen Päpste durchgezählt wurden (Pius XII. [1939–1958] trug die Nummer 262), verzichtet man jetzt auf diese Angabe; die Namen der Gegenpäpste sind eingerückt.

Hl. Petrus	64/67
Hl. Linus	67–76
Hl. Anaclet I.	76–88
Hl. Clemens I.	88–97
Hl. Evaristus	97–105
Hl. Alexander I.	105–115
Hl. Sixtus I.	115–125
Hl. Telesphorus	125–136
Hl. Hyginus	136–140
Hl. Pius I.	140–155
Hl. Anicet	155–166
Hl. Soter	166–175
Hl. Eleutherus	175–189
Hl. Victor I.	189–199
Hl. Zephyrinus	199–217
Hl. Calixtus I.	217–222
Hl. Hippolytus	217–235
Hl. Urban I.	222–230
Hl. Pontianus	230–235
Hl. Anterus	235–236
Hl. Fabianus	236–250
Hl. Cornelius	251–253
Novatianus	251
Hl. Lucius I.	253–254
Hl. Stephanus I.	254–257
Hl. Sixtus II.	257–258
Hl. Dionysius	259–268
Hl. Felix I.	269–274
Hl. Eutychianus	275–283
Hl. Cajus	283–296
Hl. Marcellinus	296–304
Hl. Marcellus I.	308–309
Hl. Eusebius	309
Hl. Miltiades	311–314
Hl. Silvester I.	314–335
Hl. Marcus	336
Hl. Julius I.	337–352
Liberius	352–366
Felix II.	355–365
Hl. Damasus I.	366–384
Ursinus	366–367
Hl. Siricius	384–399
Hl. Anastasius I.	399–401
Hl. Innozenz I.	401–417
Hl. Zosimus	417–418
Hl. Bonifatius I.	418–422
Eulalius	418–419
Hl. Coelestin I.	422–432
Hl. Sixtus III.	432–440
Hl. Leo I.	440–461
Hl. Hilarus	461–468
Hl. Simplicius	468–483
Hl. Felix III. (II.)	483–492
Hl. Gelasius I.	492–496
Anastasius II.	496–498
Hl. Symmachus	498–514
Laurentius	498. 501–505
Hl. Hormisdas	514–523
Hl. Johannes I.	523–526
Hl. Felix IV. (III.)	526–530
Bonifatius II.	530–532
Dioskur	530
Johannes II.	533–535
Hl. Agapet I.	535–536
Hl. Silverius	536–537
Vigilius	537–555
Pelagius I.	556–561
Johannes III.	561–574
Benedikt I.	575–579
Pelagius II.	579–590
Hl. Gregor I.	590–604
Sabinian	604–606
Bonifatius III.	607
Hl. Bonifatius IV.	608–615
Hl. Deusdedit	615–618
Bonifatius V.	619–625
Honorius I.	625–638
Severinus	640
Johannes IV.	640–642
Theodor I.	642–649
Hl. Martin I.	649–655
Hl. Eugen I.	654–657

Hl. Vitalianus	657–672
Adeodatus II.	672–676
Donus	676–678
Hl. Agatho	678–681
Hl. Leo II.	682–683
Hl. Benedikt II.	684–685
Johannes V.	685–686
Konon	686–687
Theodor	687
Paschalis	687
Hl. Sergius I.	687–701
Johannes VI.	701–705
Johannes VII.	705–707
Sisinnius	708
Constantinus I.	708–715
Hl. Gregor II.	715–731
Hl. Gregor III.	731–741
Hl. Zacharias	741–752
Stephan II. (III.)	752–757
Hl. Paul I.	757–767
Constantinus II.	767–769
Philipp	768
Stephan III. (IV.)	768–772
Hadrian I.	772–795
Hl. Leo III.	795–816
Stephan IV. (V.)	816–817
Hl. Paschalis I.	817–824
Eugen II.	824–827
Valentin	827
Gregor IV.	827–844
Johannes	844
Sergius II.	844–847
Hl. Leo IV.	847–855
Benedikt III.	855–858
Anastasius	855
Hl. Nikolaus I.	858–867
Hadrian II.	867–872
Johannes VIII.	872–882
Marinus I. (Martin II.)	882–884
Hl. Hadrian III.	884–885
Stephan V. (VI.)	885–891
Formosus	891–896
Bonifatius VI.	896
Stephan VI. (VII.)	896–897
Romanus	897
Theodor II.	897
Johannes IX.	898–900
Benedikt IV.	900–903
Leo V.	903
Christophorus	903–904
Sergius III.	904–911
Anastasius III.	911–913
Lando	913–914
Johannes X.	914–928
Leo VI.	928
Stephan VII. (VIII.)	928–931
Johannes XI.	931–935
Leo VII.	936–939
Stephan VIII. (IX.)	939–942
Marianus II. (Martin III.)	942–946
Agapet II.	946–955
Johannes XII.	955–964
Leo VIII.	963–965
Benedikt V.	964–966
Johannes XIII.	965–972
Benedikt VI.	973–974
Bonifatius VII. (zunächst Gegenpapst)	974. 984–985
Benedikt VII.	974–983
Johannes XIV.	983–984
Johannes XV.	985–996
Gregor V.	996–999
Johannes XVI.	997–998
Silvester II.	999–1003
Johannes XVII.	1003
Johannes XVIII.	1004–1009
Sergius IV.	1009–1012
Benedikt VIII.	1012–1024
Gregor VI.	1012

Johannes XIX.	1024–1032	Lucius III.	1181–1185
Benedikt IX.	1032–1044	Urban III.	1185–1187
Silvester III.	1045	Gregor VIII.	1187
Benedikt IX.	1045	Clemens III.	1187–1191
Gregor VI.	1045–1046	Coelestin III.	1191–1198
Clemens II.	1046–1047	Innozenz III.	1198–1216
Benedikt IX.	1047–1048	Honorius III.	1216–1227
Damasus II.	1048	Gregor IX.	1227–1241
Hl. Leo IX.	1049–1054	Coelestin IV.	1241
Victor II.	1055–1057	Innozenz IV.	1243–1254
Stephan IX. (X.)	1057–1058	Alexander IV.	1254–1261
Benedikt X.	1058–1059	Urban IV.	1261–1264
Nikolaus II.	1059–1061	Clemens IV.	1265–1268
Alexander II.	1061–1073	Sel. Gregor X.	1271–1276
Honorius II.	1061–1072	Sel. Innozenz V.	1276
Hl. Gregor VII.	1073–1085	Hadrian V.	1276
Clemens III.	1084–1100	Johannes XXI.	1276–1277
Sel. Victor III.	1086–1087	Nikolaus III.	1277–1280
Sel. Urban II.	1088–1099	Martin IV.	1281–1285
Paschalis II.	1099–1118	Honorius IV.	1285–1287
Theoderich	1100–1102	Nikolaus IV.	1288–1292
Albert	1102	Hl. Coelestin V.	1294
Silvester IV.	1105–1111	Bonifatius VIII.	1294–1303
Gelasius II.	1118–1119	Sel. Benedikt XI.	1303–1304
Gregor VIII.	1118–1121	Clemens V.	1305–1314
Calixtus II.	1119–1124	Johannes XXII.	1316–1334
Honorius II.	1124–1130	Nikolaus V.	1328–1330
Coelestin II.	1124	Benedikt XII.	1335–1342
Innozenz II.	1130–1143	Clemens VI.	1342–1352
Anaklet II.	1130–1138	Innozenz VI.	1352–1362
Viktor IV.	1138	Sel. Urban V.	1362–1370
Coelestin II.	1143–1144	Gregor XI.	1371–1378
Lucius II.	1144–1145	Urban VI.	1378–1389
Sel. Eugen III.	1145–1153	Bonifatius IX.	1389–1404
Anastasius IV.	1153–1154	Innozenz VII.	1404–1406
Hadrian IV.	1154–1159	Gregor XII.	1406–1415
Alexander III.	1159–1181	Clemens VII.	1378–1394
Victor IV.	1159–1164	Benedikt XIII.	1394–1423
Paschalis III.	1164–1168	Alexander V.	1409–1410
Calixtus III.	1168–1178	Johannes XXIII.	1410–1415
Innozenz III.	1179–1180	Martin V.	1417–1431

Eugen IV.	1431–1447
Felix V.	1440–1449
Nikolaus V.	1447–1455
Calixtus III.	1455–1458
Pius II.	1458–1464
Paul II.	1464–1471
Sixtus IV.	1471–1484
Innozenz VIII.	1484–1492
Alexander VI.	1492–1503
Pius III.	1503
Julius II.	1503–1513
Leo X.	1513–1521
Hadrian VI.	1522–1523
Clemens VII.	1523–1534
Paul III.	1534–1549
Julius III.	1550–1555
Marcellus II.	1555
Paul IV.	1555–1559
Pius IV.	1560–1565
Hl. Pius V.	1566–1572
Gregor XIII.	1572–1585
Sixtus V.	1585–1590
Urban VII.	1590
Gregor XIV.	1590–1591
Innozenz IX.	1591
Clemens VIII.	1592–1605
Leo XI.	1605
Paul V.	1605–1621
Gregor XV.	1621–1623
Urban VIII.	1623–1644
Innozenz X.	1644–1655
Alexander VII.	1655–1667
Clemens IX.	1667–1669
Clemens X.	1670–1676
Sel. Innozenz XI.	1676–1689
Alexander VIII.	1689–1691
Innozenz XII.	1691–1700
Clemens XI.	1700–1721
Innozenz XIII.	1721–1724
Benedikt XIII.	1724–1730
Clemens XII.	1730–1740
Benedikt XIV.	1740–1758
Clemens XIII.	1758–1769
Clemens XIV.	1769–1774
Pius VI.	1775–1799
Pius VII.	1800–1823
Leo XII.	1823–1829
Pius VIII.	1829–1830
Gregor XVI.	1831–1846
Pius IX.	1846–1878
Leo XIII.	1878–1903
Hl. Pius X.	1903–1914
Benedikt XV.	1914–1922
Pius XI.	1922–1939
Pius XII.	1939–1958
Johannes XXIII.	1958–1963
Paul VI.	1963–1978
Johannes Paul I.	1978
Johannes Paul II.	1978–2005

Register

Die Seitenangaben beziehen sich auch auf die Bilderklärungen. Folgende Abkürzungen werden verwendet: B. = Bischof; Eb. = Erzbischof; K. = Kaiser; Kg. = König; P. = Papst.

Bildquellennachweis

Acta Apostolicae Sedis, Vol. 67 (Città del Vaticano 1975): 40
Acta et Documenta Concilio Oecumenico Vaticano II apparando. Series I, Vol. I (Città del Vaticano 1960): 38
Alinari – Anderson (Rom): 20, 22, 24, 25, 45, 57, 58, 63, 111, 114, 118, 135, 151
Annuario Pontificio 1996: 6, 13
Archiv für Kulturgeschichte 43,2 (Köln – Graz 1961): 61
AKG – Archiv für Kunst und Geschichte (Berlin): 180
Deutsches Archiv für Erforschung des Mittelalters 41, 2 (1985): 173
Archivio Paleografico Italiano. Fasc. 29 (1908): 41
Archivio Segreto Vaticano Rom. AA. Arm. I–XVIII: 2, 16
Aus 1200 Jahren. Das Bayerische Hauptstaatsarchiv zeigt seine Schätze (München ^{3}1986): 88
Barraclough, Geoffrey: The Medieval Papacy (London 1968): 18, 59, 98, 100
Bayerische Staatsbibliothek München, Cod. lat. 21507: 46
Bibliotheca Sanctorum (VII). Istituto Giovanni XXIII della Pontificia Università Lateranense (Rom 1966): 65
Bildersaal Deutscher Geschichte, hg. von Adolf Bär und Paul Quensel (Stuttgart–Berlin–Leipzig 1890): 81
Biondi, Angelo: Sovana, città di Geremia. Guida storico-turistica (Sovana 1984): 75
Die Goldene Bulle. Das Reichsgesetz Kaiser Karls IV. vom Jahre 1356. Deutsche Übersetzung von Wolfgang D. Fritz. (Weimar 1978): 90
Carucci, Arturo: S. Gregorio VII e Salerno (Salerno 1984): 77
Cluny – Architektur als Vision, hg. von Horst Cramer und Manfred Koob (Heidelberg 1993): 85
Codex Iuris Canonici (Rom 1917): 36
Codex Iuris Canonici (Rom 1983): 37
Deus qui mutat tempora. Menschen und Institutionen im Wandel des Mittelalters. Festschrift für Alfons Becker zu seinem 65. Geburtstag (Sigmaringen 1987): 86
Ignaz von Döllinger – Lord Acton. Briefwechsel 1850–1890. 3. Band 1817–1890 (München 1971) (Ignaz von Döllinger Briefwechsel 1820– 1890, bearb. von Victor Conzemius): 144
Dokumente zur deutschen Geschichte aus dem Sächsischen Landeshauptarchiv Dresden, zusammengestellt und hg. von Hellmut Kretzschmar unter Mitarbeit von Gerhard Schmidt (Schriftenreihe des Sächsischen Landeshauptarchivs Dresden Nr. 4; Berlin 1957): 106
dpa – Deutsche Presseagentur: 167

Duffy, Eamon: Saints and Sinners (London 1997): 4, 9, 19, 21, 31, 99, 104, 123, 136, 156, 166, 174
Enciclopedia dell' arte medioevale 3 (Rom 1992): 66
Esch, Arnold (Rom): 121
Felici (Rom): 154
Fuhrmann, Horst (München): 4, 14, 15, 74, 76, 93, 102, 122, 152, 171, 187
Grabar, André: La peinture réligieuse en Bulgarie (Paris 1928): 62
Gregorovius, Ferdinand: Geschichte der Stadt Rom im Mittelalter, Band III, 1, hg. von Waldemar Kampf (München 1978): 120
Grimme, Ernst Günther: Der Aachener Domschatz (Düsseldorf 1972) (Aachener Kunstblätter 42): 26
Haidacher, Anton: Geschichte der Päpste in Bildern (Heidelberg 1965): 34, 35, 47, 101, 105, 107, 108, 110, 112, 115, 116, 124, 125, 127, 130, 131, 134, 178
Haller, Johannes: Lebenserinnerungen (Stuttgart 1960): 186
Hasler, August Bernhard: Wie der Papst unfehlbar wurde. Macht und Ohnmacht eines Dogmas (München–Zürich ^{2}1980): 139, 142, 145
Hollis, Christopher (Hg.): Urbi et Orbi. Das Papsttum und seine Geschichte (Bern–München–Wien 1964): 23, 48, 49, 51, 69, 80, 84, 87, 89, 94, 103, 113, 128, 137, 138, 149
Ingelheim am Rhein. Forschungen und Studien zur Geschichte Ingelheims, hg. von Johanne Autenrieth (Stuttgart 1964): 32
Istituto centrale per il catalogo e la documentazione (Rom): 140, 141
Jones, Roger – Penny, Nicolas: Raffael (München 1983): 29
Kaisergestalten des Mittelalters, hg. von Helmut Beumann (München ^{3}1991) (Umschlag): 72
Kirschbaum, Engelbert (SJ): Die Gräber der Apostelfürsten (Frankfurt/ Main ^{3}1974): 27, 28
KNA-Pressebild (Frankfurt): 39, 155, 157–159, 161–163
Krautheimer, Richard: Rom – Schicksal einer Stadt (München ^{2}1996): 44
Ladner, Gerhart B.: Die Papstbildnisse des Altertums und des Mittelalters, 2 Bde. (Città del Vaticano 1941–1970) (Monumenti di antichità cristiana, pubblicati dal Pontificio Istituto di Archeologia Cristiana. II Serie, IV): 64, 68, 95
Landesbibliothek Kassel 2° Ms. jur. 16: 17
Franz von Lenbach 1836–1904. Katalog Städtische Galerie Lenbachhaus (München 1987): 146
Liber pontificalis. Texte ... par L. Duchesne. Bd. 1 (Paris ^{2}1955): 183
Matt, Leonard von – Kühner, Hans: Die Päpste. Eine Papstgeschichte in Bild und Wort (Zürich 1963): 7, 60, 73
Monumenta Germaniae Historica (München): 185, 187
Moser, Bruno (Hg.): Das Papsttum. Epochen und Gestalten (München 1983): 12, 50, 132, 133
Müller-Christensen, Sigrid: Das Grab des Papstes Clemens II. im Dom zu Bamberg (München 1960): 42
Staatliche Münzsammlung München: 109, 117, 129, 182
Oberman, Heiko A.: Luther – Mensch zwischen Gott und Teufel (Berlin 1981): 175

Onofrio, Cesare D': Mille anni di leggenda: Una donna sul trono di Pietro (Rom 1978): 119, 189–191
L'Osservatore Romano (16. 10. 1978), (12. 11. 1978): 52, 164
Paravicini Bagliani, Agostino: Der Leib des Papstes. Eine Theologie der Hinfälligkeit (München 1997): 10, 43, 96, 97
Pastor, Ludwig Freiherr von: Tagebücher – Briefe – Erinnerungen, hg. von Wilhelm Wühr (Heidelberg 1950): 181
Die Pferde von San Marco. Katalog Staatliche Museen Preußischer Kulturbesitz (Berlin 1982): 91
San Pier Damiano nel IX centenario della morte (1072–1972) 2 (1972): 79
Pius XII in memoriam (Rom 1984): 153
Pleticha, Hans (Hg.): Deutsche Geschichte, Bd. 1: Vom Frankenreich zum Deutschen Reich 500–1024 (Gütersloh 1981): 70
Quellen und Forschungen aus italienischen Archiven und Bibliotheken 80 (1980): 184
Rassegna storica Salernitana, Dez. 1985: 78
Redondi, Pietro: Galilei, der Ketzer (München 1989): 179
Berühmte Regensburger. Lebensbilder aus zwei Jahrtausenden, hg. von Karlheinz Dietz und Gerhard H. Waldherr (Regensburg 1997): 176
Views of Rome Then and Now. 41 Etchings by Giovanni Battista Piranesi. Corresponding Photographs and Text by Herschel Levit (New York 1976): 56, 67
Schramm, Percy Ernst: Die deutschen Kaiser und Könige in Bildern ihrer Zeit 751–1190, Neuauflage hg. von Florentine Mütherich (München 1983): 1, 82, 83
Seppelt, Franz Xaver – Schwaiger, Georg: Geschichte der Päpste von den Anfängen bis zur Gegenwart (München 1964): 3, 92, 148
Serramonacesca, Antonio: Celestino V (L'Aquila 1968): 8, 11
Spadolini, Giovanni: Le due Rome. Chiesa e stato fra '800 e '900 (Florenz [3]1975): 143, 147, 150
Speculum 72, 4 (1997): 30, 33
Süddeutscher Verlag: 160, 165, 168– 170, 172
Traeger, Jörg: Renaissance und Religion. Die Kunst des Glaubens im Zeitalter Raphaels (München 1997): 54
Universitätsbibliothek München 2 H. eccl. 108 (6/7: 177
Vatican Treasures. 2000 Years of Art and Culture in the Vatican and Italy. [Katalog der Ausstellung Denver, Colorado] (Mailand 1993): 126
Waal, Anton de: Roma Sacra. Die Ewige Stadt in ihren christlichen Denkmälern und Erinnerungen alter und neuer Zeit. Neu bearb. von J. P. Kirsch (Regensburg o. J.): 71
Wion, Arnoldus: Lignum vitae (Venedig 1595): 55
Zimelien. Abendländische Handschriften des Mittelalters aus den Sammlungen der Stiftung Preußischer Kulturbesitz Berlin. Ausstellung 13. Dez. 1975–1. Februar 1976 (Wiesbaden): 53

Aus dem Verlagsprogramm